STEPHA QUITTERER

WELT-VERBESSERN FÜR ANFÄNGER

STEPHA QUITTERER

WELT-VERBESSERN FÜR ANFÄNGER

GERSTENBERG

Für meine Schwester

Und für Marie

1

Dass die Grinsinger und wir nicht unbedingt die beste Kombi sind, haben wir schon geahnt, als die Grinsinger noch eine Abkürzung zwischen zwei Klammern war. *(Gries)* hatte auf dem Stundenplan gestanden, der uns zu Schuljahresbeginn ausgeteilt worden war. *Latein* und gleich dahinter: *(Gries)*. Die Grinsinger heißt nämlich eigentlich Griesinger. Aber weil die Griesinger gerne breit und falsch über ihr strenges Gesicht hinweg grinst, wenn sie einen Schüler blank- und bloßzustellen beabsichtigt, heißt sie bei allen Schülern eben nur Grinsinger. Es gibt sogar ein Sprichwort bei uns am Martin-August-Gymnasium: »Wenn Grinsinger noch fröhlich grinst, Gefahr schon um die Ecke linst.«

Leider grinst die Grinsinger ziemlich oft.

Als sie heute zur Tür hereingestampft kam, ihren üblichen Automatenkaffee in der einen Hand und einen Packen Blätter in der anderen, wurde es schlagartig nadelfallstill in der Klasse. Wir werden immer nadelfallstill, wenn die Grinsinger in Sichtung kommt, weil sie sofort »hart durchgreift«, sobald sie auch nur das geringste Anzeichen eines schülerschen Respektmangels wittert. Aber heute wurden wir anders still. Wir wurden still wie Vögel, kurz bevor ein Gewitter losbricht. Und wie die Grinsinger den Blätterpacken aufs Lehrerpult knallte, einen übertrieben langen Schlürfer von ihrem Automatenkaffee nahm und sich dann erst zu uns drehte

5

mit diesem seltsamen Grinsen im Gesicht, war klar: Das Gewitter stand direkt über uns. Sogar dem Ferdi war das klar. (Der Ferdi ist Klassenschlechtester, steht in so ziemlich jedem Fach auf der Kippe, sogar in Sport, weil er ständig schwänzt, und er ist etwas schwer von Kapee. Was nicht so schlimm wäre, wenn er wenigstens Wert auf Körperhygiene legen würde. Was er aber nicht tut. Ihn umweht ständig der köstliche Geruch von ausgelatschtem Turnschuh in Dönerfritteuse.)

Die Grinsinger legte qualvoll sachte einen schweinchenrosa lackierten Zeigefinger auf den Blätterpacken und fragte leise: »Wissen Sie, was das ist?« (Die Grinsinger siezt uns, obwohl wir erst in der siebten Klasse sind. Kein vernünftiger Lehrer siezt seine Schüler schon in der siebten Klasse.)

»Wissen Sie, was das ist?«, fragte sie noch einmal, noch leiser.

Wir ahnten es. Es konnte nur die Katastrophenex der letzten Stunde sein. Die korrigierte Katastrophenex* der letzten Stunde.

»Das hier«, sagte die Grinsinger und pikste schweinchenrosa in den Blätterstapel, »das hier hat mir sehr große Freude

---

* Für alle, die das Schreiben von Exen nicht im Instrumentarium ihrer schulalltäglichen Folterkammer haben: Eine Ex ist ein nicht angesagter, aus dem Hinterhalt kommender Spontantest, der den Stoff der letzten Stunde abfragt und je nach Lehrercharakter beliebig häufig vorkommen kann. Der Vollständigkeit halber und im Grinsingersinne sei noch darauf hingewiesen, dass sich »Ex« nicht auf einen abgelegten Lebensabschnittspartner bezieht, sondern auf das Wort »Extemporale«, welches, oh Überraschung, aus dem Lateinischen kommt und so viel wie »aus dem Stegreif« bedeutet.

bereitet.« Sie funkelte uns über die Ränder ihrer Brille hinweg an. »Und nicht nur mir.«

Aber bevor uns die Grinsinger eröffnen konnte, wem das Lateindesaster der letzten Stunde denn noch so eine schier unbändige Freude bereitet hatte, klopfte es an der Tür und die Muhbalk streckte ihren Kopf herein.

Die Muhbalk mag jeder. Was nicht automatisch bedeutet, dass jeder auch Englisch fantastisch findet. Aber über die Muhbalk ist man sich einig: Sie ist der gutmütigste Lehrermensch dieser Welt. Wenn sie uns ausfragen muss, beispielsweise, ist es ihr so unangenehm, dass sie sich erst mal minutenlang dafür entschuldigt. Und vor lauter Angst, dass wir eine Antwort nicht wissen könnten, zippelt sie dann nervös an ihrem goldenen Halskettchen. Wenn sie ausfragerisch an den Ferdi gerät, ist es besonders schlimm, dann zieht und zerrt sie an dem Kettchen, dass es fast abreißt und der Muhbalkhals hinterher dünne rote Striemchen aufweist. (Vor lauter Mitgefühl flüstert sie dem Ferdi sogar noch vor und denkt tatsächlich, dass wir es nicht mitbekommen. Was natürlich völlig absurd ist, weil wir sie erstens flüstern *hören*, zweitens der Ferdi sich zur Muhbalk *vorbeugt*, damit das Vorgesagte besser an seine zugeschmalzte Ohrmuschel dringen kann, und er drittens dann auch noch die Muhbalk ungeduldig auffordert, doch bitte etwas deutlicher zu sprechen. Dass die Muhbalk trotzdem so ein Mitgefühl für ihn aufbringt, zeigt, wie unerschütterlich ihr Lehrerwille ist.) Nur wenn die Muhbalk ausfragerisch an den Timo gerät, hat das Kettchen Ruhe. Dann schließt die Muhbalk ihre Augen, lehnt

7

sich im Stuhl zurück und formt mit frommen Lippen stumm die Vokabeln mit, die ihr der Timo laut und deutlich in friedlicher Konjugation runterbetet. Zum Glück gibt es den Timo. Oder vielmehr die Timomama, die aus Australien kommt und den Timo und seine Schwestern zweisprachig erzieht. Aber wir anderen hängen uns natürlich auch rein und lernen Englischvokabeln, was das Zeug hält, damit die Muhbalk unseretwegen keinen Herzinfarkt kriegt. Ja, wir fressen der Muhbalk aus der Hand. Weil sie uns mag. Von der Grinsinger kann man weder das eine noch das andere behaupten. Weder fressen wir ihr aus der Hand, noch würde irgendjemand klaren Verstandes behaupten, die Grinsinger würde auch nur einen ihrer Schüler mögen. Ich bin nicht sicher, ob es überhaupt jemanden gibt, den die Grinsinger mag. Die Muhbalk mag sie jedenfalls auch nicht.

Als die Muhbalk den Kopf in unser Klassenzimmer gestreckt hat, hat das Grinsingergesicht wie wild zu zucken angefangen. Wie ein Saturday Night Fever hat es vor sich hin gezuckt. »Ja bitte«, hat die Grinsinger gedehnt gefragt und es war mehr als deutlich, dass sie die Muhbalk am liebsten in ihren Automatenkaffee gestippt hätte. Die Muhbalk hat natürlich sofort angefangen, an ihrem Kettchen zu fingern, und hat gesagt, sie würde nur ganz kurz stören wollen, wegen des Wettbewerbs.

Da hat das Grinsingergesicht noch mehr gezuckt. Und die Grinsinger hat wieder einen sehr langen Schluck von ihrem Kaffee genommen. Was äußerst unangenehm für die Muhbalk war, weil sie wie ein dämlicher Fünftklässler in der

Tür stehen und warten musste. Aber dann hat die Grinsinger mit ihrer Schweinchenhand eine gnädige Bewegung gemacht, die der Muhbalk gestattete, ein paar Schritte ins Klassenzimmer hineinzutrippeln. (Die Muhbalk ist Konrektorin, die Grinsinger hätte gar nichts anderes machen können, als sie reinzulassen.)

Die Muhbalk hat kurz die Augen geschlossen, als könnte sie sich die Grinsinger einfach wegdenken, dann hat sie Luft geholt und freudig gerufen:»Meine lieben Kinder!« (Aus irgendeinem Grund nennt sie uns ständig»meine lieben Kinder!«, auch wenn wir streng genommen natürlich keine Kinder mehr sind, ihre schon gleich gar nicht.)

»Meine lieben Kinder! Ich freue mich sehr, dass unsere Schule wieder an einem der großartigen Wettbewerbe teilnehmen darf, die die ortsansässige Hubert-Kanauer-AG regelmäßig auslobt.«

Die halbe Klasse hat den Basti angestarrt (die andere Hälfte hat die Unterbrechung genutzt, um schnell noch einen Blick ins Lateinbuch zu werfen). Der Basti ist der Sohn des Herrn Hubert Kanauer – und außerdem mein bester Freund und Sitznachbar. Der Basti ist rot angelaufen und hat konzentriert die Muhbalk angestarrt. Er kann es nämlich überhaupt nicht leiden, im Mittelpunkt des öffentlichen Interesses zu stehen. Was aber nicht selten vorkommt, da sein Papa ein anerkannter und leidenschaftlicher Freund und Förderer unseres Gymnasiums ist und ungefähr so ziemlich alle Projekte und Wettbewerbe an unserer Schule überhaupt nur durch die großzügige Zuwendung des Herrn Hubert Kanauer zustande kommen.

9

»Der diesjährige Wettbewerb heißt ›Weltverbessern für Anfänger‹«, hat die Muhbalk weiter erzählt, »jeder, der mitmachen will, engagiert sich in einem kleinen Bereich seines alltäglichen Lebens, den er für verbesserungswürdig hält – und verbessert ihn.«

»Was ist denn so ein kleiner Bereich?«, hat die Vanessa eifrig gefragt, ohne den Blick von ihrem Collegeblock zu heben. Die Vanessa schreibt immer alles mit, was die Lehrer sagen.

»Das könnt ihr frei aussuchen. Jede Verbesserung, die nicht nur euch, sondern auch einem möglichst großen Kreis anderer hilft, gilt. Wenn ihr also der Meinung seid, die Fahrradständer unten vor dem Fahrradkeller sollten besser auf der linken Seite aufgestellt werden, damit es zukünftig keine Kollisionen mehr mit den Autofahrern gibt, dann begründet schriftlich, warum das passieren muss, kümmert euch darum, dass es passiert, dokumentiert die Umsetzung, am besten mit Fotos, und reicht alles bis zum ersten Juni im Sekretariat ein.«

»Dann weiß ich schon, was ich mach«, hat der Stiebereder gerufen, der den Basti schon seit der Fünften nicht verknusen kann und jedes Mal die Krise kriegt, wenn Hubert-Kanauer-Rampenlicht auf den Basti fällt. »Ich bau den Klopapierhalter bei mir zu Hause von links nach rechts. Dann komm ich da besser ran!«

Wahnsinnig witzig.

Aber die Muhbalk ist ruhig geblieben: »Ich bin zum Glück nicht darüber informiert, wie groß der Kreis derer ist, die von einer solchen Maßnahme profitieren würden, lieber

Egon, aber um zu gewinnen, solltest du dich vielleicht einem etwas relevanteren Bereich deines alltäglichen Lebens zuwenden.«

»Was gibt es denn zu gewinnen?«, haben ein paar durcheinandergerufen, was die Grinsinger zum Anlass genommen hat, sich missbilligend zu räuspern. Die Muhbalk hat sofort wieder an ihrem Kettchen gezippelt und schnell gesagt, dass der Herr Kanauer wirklich sehr großzügig sei und es jede Menge Preise gebe, die sie aber jetzt nicht alle aufzählen könne, nur so viel: Die Klasse, in der man sich am herausragendsten engagiere, bekomme eine Klassenreise nach Tallinn spendiert. Und dann hat sich die Muhbalk noch mal bei der Grinsinger für die Störung entschuldigt und ist rückwärts aus dem Klassenzimmer hinausgetrippelt, auf Zehenspitzen, damit ihre Absätze nicht zu laut klackern.

2

»Ha!«, hat die Grinsinger hämisch aufgelacht, kaum dass die Muhbalk die Tür hinter sich geschlossen hatte, »*Weltverbessern für Anfänger*«. Sie schnaubte verächtlich. »Das müsste doch eher ›Weltverbessern für Amateure‹ heißen, bei dem ganzen Dilettantismus, den Sie und Ihre Generation da so aufgeblasen veranstalten. Schule schwänzen, das ist alles, was Sie zuwege bringen, und was kommt dabei raus außer schlechten Noten? Bildung ist der einzige …« Sie unterbrach sich in ihrer Tirade, als würde ihr gerade eine weitere, eine viel bessere Gemeinheit einfallen. »Wer von Ihnen weiß denn überhaupt, was ein Amateur ist?«

Keiner von uns hat den Arm gehoben. Obwohl wir natürlich wissen, dass ein Amateur irgendwas mit *amare*, dem lateinischen Wort für »lieben« zu tun haben muss. Wenn die Grinsinger schon so fragt.

»Ich sage Ihnen, was ein Amateur ist«, säuselte die Grinsinger, kippte den letzten Schluck Kaffee hinunter und zerquetschte den leeren Becher in der Faust, dass das braune Plastik splitterte, »nämlich Sie. Sie allesamt!« Sie schleuderte das Becherskelett in den Mülleimer. »Sie nehme ich davon aus, Herr Ischgl, Sie haben natürlich wieder volle Punktzahl.«

Der Javi verkroch sich halb unter seiner Bank, so unangenehm war ihm sein Lateingeniedasein, wenn es von der Grinsinger gelobt wurde.

Die Grinsinger zog einen ihrer geliebten Zeigestäbe aus ihrer imitierten Krokoledertasche. (Der Zeigestab ist die abgebrochene Antenne eines Uraltradios. So ein Metallsteckding, das man wie ein Teleskop ausziehen kann. Aus der Zeit, als Radios noch Antennen wie Langusten hatten. Die Grinsinger rennt wahrscheinlich jeden Sonntag auf alle umliegenden Flohmärkte und kauft sämtliche Bestände an Uraltradios mit Antenne auf, denen sie dann zu Hause mit ihren spitzen Fingern den Garaus macht. Damit sie immer einen Zeigestabvorrat hat. Hin und wieder bricht ihr nämlich so ein Zeigestäblein ab. Wenn sie sich mal wieder fürchterlich über eine falsche Deklination aufregen muss.)

»Das Wort ›Amateur‹«, hob die Grinsinger mit ihrer selbstzufriedenen Vortragsstimme an und dirigierte sich mit der abgebrochenen Antenne selbst den Takt dazu, »kommt, wie die meisten von Ihnen sich *nicht* denken können, von *amator, amatoris*: der Liebhaber, Verehrer. Ein Amateur ist also jemand, der eine Sache aus Liebe und Leidenschaft ausübt. Im Gegensatz zu einem Profi – *professio, professionis*: der Beruf, die Neigung –, der eine Sache zum Zwecke der Erwerbstätigkeit ausübt, beziehungsweise ausüben *kann* aufgrund seiner *qualificatio, qualificationis*: die Eignung, Qualifikation.«

»Ich hör nur »Qual – quälen«, flüsterte der Basti mit geschlossenen Lippen. Ich grunzte zustimmend.

Die Grinsinger riss ihren Kopf herum und blitzte in unsere Richtung. Ich hustete schnell ein bisschen. (Weil ich als Kind sehr oft Lungenentzündung hatte und mir davon »etwas geblieben ist«, wie die Suse sagt, kann ich glücklicherweise jederzeit husten, als wären meine Lungenflügel die reinste Abrissbaustelle.)

Die Grinsinger schaute missbilligend, ließ aber wieder von uns ab und setzte ihre Ansprache fort: »Ein Amateur also ist, wir halten fest, ein Liebhaber. In erster Definition. In zweiter Definition kann »Amateur« auch abfällig gebraucht werden. Dann ist ein Amateur nichts anderes als ein Nichtskönner und Versager.« Sie machte eine kurze Pause, in der sie unser Schweigen genoss. Dann folgerte sie zufrieden: »Da Sie der lateinischen Sprache kaum in Liebe und Leidenschaft zugewandt sind, wie sich wieder einmal bestätigt hat«, sie deutete mit ihrer Radiogliedmaße angewidert auf den Blätterstapel, »kommt für Sie wohl oder übel nur Definition zwei zur Anwendung.«

Die Äuglein der Grinsinger zuckten boshaft, während wir zunehmend unwohl auf unseren Stühlen hin und her rutschten. Wir hätten, so die Grinsinger weiter, aus purer Unlust und ihr zum Trotz einfach kein Gespür, wie das Lateinische im Allgemeinen und der Ablativ im Besonderen zu handhaben wäre. Und weil sie wegen des miserablen Notendurchschnitts der Stegreifaufgabe von letzter Stunde zum Direktor zitiert worden sei, um für das Zustandekommen der schülerschen Nichtleistung eine Erklärung abzuliefern, welche aber wiederum vonseiten des Direktors entschieden angezweifelt worden sei, werde sie hier und jetzt und auf der Stelle dem Direktor den Beweis erbringen und die Stegreifaufgabe, wie sie letzte Stunde geschrieben wurde, einfach wiederholen. Punkt. Stift raus, Unterlagen weg, Sichtsperre auf den Tisch, Tasche oder Ordner, das sei ihr egal, nur, das verstehe sich, nicht das Lateinbuch. »Und Sie, Herr Ischgl, Sie kommen zu mir nach vorne und setzen sich ans Lehrerpult, nicht, dass Sie mir die anderen mit Ihrer Liebe und Leidenschaft in Versuchung führen.«

Wir waren baff.

»Aber sie können doch nicht dieselbe Ex noch mal!«, rief der Falk.

Das Grinsen wurde Zuckerguss: »Es ist die *gleiche* Ex, Herr von Beumerin, nicht dieselbe. Und ich kann sehr wohl. Denn einer Stegreifaufgabe liegt, wie Ihnen sehr wohl bekannt sein dürfte, der Stoff der jeweils letzten Stunde zugrunde.«

»Aber wir haben doch auf heute gar nichts gelernt!«, rief die Mia.

»Eben!«, gluckste die Grinsinger fröhlich und teilte emsig die Aufgabenblätter aus. »In dieser Klasse herrschen schließlich Faulheit und Desinteresse! Und das werde ich jetzt dem Herrn Kopetzki beweisen, wenn er es nicht glauben will.«

Der Herr Kopetzki ist unser Direktor.

»Übrigens«, die Grinsinger warf einen rhetorischen Blick auf ihre Armbanduhr, »Ihre Zeit läuft bereits. Sie können sich aussuchen, ob Sie noch länger mit mir diskutieren wollen oder die verbleibenden Minuten doch lieber Ihrer Übersetzung widmen.«.

»Aber das ist ein stilles Gesetz!«, rief der Basti und sprang von seinem Platz auf. »In der Stunde nach 'ner Ex werden keine Noten gemacht!«

»Ach, ist das so?«, fragte die Grinsinger gespielt überrascht. »Dann ist es aber wirklich an der Zeit, dieses stille Gesetz abzuschaffen. Oder glauben Sie, dass Sie sich da draußen«, sie deutete aus dem Fenster, hinaus in die freie Welt, »auch hinter ›stillen‹ Gesetzen und Ihrem Papi verstecken können?«

Das war eine bodenlose Gemeinheit. Der Basti ist wirklich der Allerletzte, der sich hinter seinem Papa verstecken würde. Im Gegenteil, der Basti wünscht sich manchmal sogar etwas weniger Papaschatten. Er wurde vor Wut ganz weiß im Gesicht und sein Mund klappte auf und zu, wie bei einem Fisch, der auf dem Anglersteg in der Sonne liegt und sich wundert, dass er die Luft nicht trinken kann. Die Grinsinger war sehr zufrieden über seine jämmerlichen Trinkversuche. »Also *setzen* Sie sich«, sagte sie leise drohend, »am besten *still*.«

Der Stiebereder gluckste vor Vergnügen und Genugtuung. So etwas konnte ich nicht unkommentiert hinnehmen.

»Nein, wir setzen uns nicht!«, rief ich und sprang auch auf. »Wir lassen uns nicht in die Pfanne hauen, nur weil Sie schlechten Unterricht machen! Wir verweigern!«

»Jawoll!«, rief jetzt der Christoph und sprang auch auf, was sehr verwunderlich war, denn der Christoph ist eigentlich ein wohlerzogener, gefönter und gebügelter Schülerling voll der Strebsamkeit. Noch dazu hat der Christoph praktisch gar nichts mit uns zu tun, da war keine Freundschaft seit der ersten Klasse, die ihn zu einem derartigen Musketierverhalten verpflichtet hätte. Keine Ahnung, was ihn geritten hat. Er klatschte sogar über dem Kopf in die Hände und schwang seine Hüften dazu. Sehr seltsam. Auch die Grinsinger hob erstaunt ihre nachgezogenen Augenbrauen. Aber sie hatte gar keine Zeit, sich richtig zu wundern, denn jetzt sprang auch der Pawel auf und mein Magen fühlte sich plötzlich an, als würde er sackhüpfen.

»Wir verweigern geschlossen!«, rief der Pawel und sah dabei unheimlich gut aus mit seinen braunen Locken und den großen Augen in ihren tiefen Höhlen. »Wenn wir alle nichts auf die Ex schreiben, dann können Sie auch nichts korrigieren!«

»Jawoll!«, der Basti hatte endlich seine Sprache wiedergefunden. »Und da werden Sie dem Kopetzki erst recht was erklären müssen!«

Herausfordernd stierten wir auf die Grinsinger. Wenn wir ein Jagdhorn gehabt hätten, hätten wir ihr einen Marsch geblasen, dass ihr das dämliche Grinsen vergangen wäre!

Das Grinsen ist ihr auch tatsächlich einen Moment lang runtergerutscht. Man konnte deutlich die Risse und Furchen sehen, die das Gesichtsverzerren in der rosa Make-up-Schicht hinterlassen hatte. Aber die Gesichtsentgleisung dauerte nur wenige Sekunden, dann hatte sich die Grinsinger wieder unter Kontrolle, und was sie dann mit süßlicher Flötenstimme von sich gab, war der Gipfel aller grinsingerschen Schandtaten. »Kanauer, Plimczak, Koetherott und Fellner: Verweis wegen frechen Aufmüpfens. Nach der Stunde mitkommen und Verweise im Lehrerzimmer abholen. Falls sich noch jemand anschließen möchte: nur zu. Den Übrigen empfehle ich, sich schleunigst um ein besseres Ergebnis als das der letzten Stunde zu bemühen. Sonst kann ich leider für einige von Ihnen für eine Versetzungsempfehlung nicht garantieren.«

Ganz still war es plötzlich in der Klasse. Keiner hat ein

Wort gesagt. Nur geschluckt haben ein paar. Und der Stiebereder, der hat natürlich lautlos gefeixt und an den angespannten Rücken von Finja und Co habe ich auch ablesen können, dass man dort eine kleine innere Vorbeifahrt feierte. Dann haben die Kugelschreiber geklickt und alle um uns herum haben zu schreiben angefangen.

Wir vier sind erst blöd in der Gegend rumgestanden, wie diese bescheuerten Riesennussknacker auf dem Weihnachtsmarkt, denen die Kinnlade runterhängt und von denen keiner weiß, wozu sie eigentlich gut sein sollen. Dann haben wir uns hingesetzt und auch zu schreiben angefangen. Uns jetzt noch einen Sechser einhandeln wollten wir schließlich auch nicht.

Der Basti hat mir einen heimlichen Komplizenblick zugeworfen. Ihm war der Verweis herzlich egal. Grundsätzlich hat er ja recht, aber ein bisschen mulmig war mir schon. Schließlich war es mein erster, seiner nicht. Außerdem weiß ich, dass der Bastipapa in seiner Schulzeit selbst fünf Verweise an zwei verschiedenen Schulen kassiert hat, und jetzt ist er Chef von drei Firmen. Deswegen ist der Herr Kanauer auch stolz, wenn sein Sohnemann einen Verweis anschleppt. »Kleiner Racker«, sagt er dann und fährt mit ihm zum Gokart. Ich hab zwar keinen Schimmer, wie die Suse reagiert, wenn ich ihr meinen blauen Wisch unter die Nase halte, aber zum Gokart fährt sie wahrscheinlich nicht mit mir. Andererseits wird es mir auch nicht so schlimm ergehen wie dem Pawel. Sein Verweis wird Wasser auf die Mühlen des Pawelpapas sein. Der Pawelpapa ist nämlich der Ansicht, dass sich die jungen Leute auf einem Gymnasium nur Flausen und Fliegeneier in den Kopf setzen lassen und der Pawel kein Abitur braucht, um die Fleischerei zu übernehmen. Wäre die Pawelmama nicht absolut standhaft, was den Pawel betrifft, der Pawel hätte sich seinen Traum vom Auslandsjournalismus schon längst an den Nagel hängen können. Dann wär er jetzt Lehrling in der Fleischerei und müsste Kacheln schrubben, die weichen Pawellocken hygienisch unter einem hellgrünen Haarnetz versteckt.

Aber am allerschlimmsten wird es den Christoph treffen. Der Christophpapa ist Rechtsanwalt bei Google, wo er andere fürs Musikrunterladen verklagt und fettes Geld verdient, und der Lebensinhalt der Christophmama besteht aus nichts anderem als dem ergebenen Waschen und Föhnen und Bügeln der drei Rechtsanwaltkinder. Der Christoph darf gar nichts, außer Tennis und Golf spielen mit seinem Trainer. Noch nicht mal im Verein trainieren darf er, immer nur mit seinem Einzeltrainer, weil er andernfalls schlechten Umgang hätte pflegen können, vielleicht sogar mit Vertretern des weiblichen Geschlechts. Ich kann mir schon vorstellen, was bei denen zu Hause abgeht heute, wenn der Christoph mit dem Verweis ankommt, noch dazu, wo der Verweis von der Grinsinger unterschrieben sein wird. Bei der Grinsinger war der Fellner senior seinerzeit nämlich auch in Latein und angeblich war er der Beste und hat sogar irgendwelche Landespreise für seine einfühlsamen Lateinübersetzungen gewonnen. Ich sag ja, ich weiß nicht, was den Christoph geritten hat.

Jedenfalls ist die Grinsinger sehr zufrieden durch die schweigsamen Reihen gestakst und hat sich hin und wieder über einen von uns gebeugt, um unser Gestopsel zu lesen. Woraufhin sie jedes Mal übertrieben bekümmert den Kopf geschüttelt und geseufzt hat: »*Weltverbessern für Anfänger!* Wie wäre es mit *Latein*verbessern für Anfänger? So als Anfang.«

3

Nach der Stunde sind der Basti, der Pawel, der Christoph und ich gesenkten Hauptes und im Schlepptau der grinsingerschen Parfümwolke zum Lehrerzimmer marschiert und haben uns brav unsere Verweise aushändigen lassen.

»Bei der Frau fehlt's doch«, hat der Basti geschimpft, als wir anschließend durch die Aula und nach draußen gegangen sind, »die kann mich mal in der goldenen Mitte meiner Sitzfleischgegend!« (Der Basti darf zu Hause keine Kraftausdrücke verwenden, weil die Frau Kanauer sehr empfindlich auf die Verwendung von Ordinärsprache reagiert. Das vertragen ihre zerrütteten Nerven nicht. Sagt sie. Deswegen muss jeder, der sich bei den Kanauers einen derben Kraftausdruck zuschulden kommen lässt, fünf Euro in ein hässliches, pinkes Sparschwein aus Pappmaschee stecken, das der Basti mal in der Grundschule gebastelt hat. Mit dem gesammelten Geld will sich die Frau Kanauer im Spa ins Heubad legen, damit sich ihre zerrütteten Nerven wiederherstellen können. Sagt sie. Aber weil sich der Herr Kanauer und seine vier Söhne auf die blumige Umschreibung von Kraftausdrücken verlegt haben, als Sport und Hobby sozusagen, muss sich die Frau Kanauer mit ihren zerrütteten Nerven immer ohne Sparschweininhalt ins Heubad legen.)

»Hoffentlich erstickt die bald an ihrem Grinsen«, hat der

Basti weiter gepulvert, »am besten noch, bevor sie die Ex korrigiert.«

»Es hätten nur alle mitmachen müssen«, hab ich gesagt, »dann hätt's funktioniert. Wenn wirklich keiner was auf die Ex geschrieben hätte.«

»Träum weiter«, hat der Pawel gesagt und ich hatte sofort wieder so einen kleinen Magenhüpfer, »du kannst doch nicht verlangen, dass der Zitzi seine Versetzung riskiert für ein Heldentum. Oder der Matze, der steht doch auch auf der Kippe. Und die paar Damen, die sich morgens noch die Zöpfe von der Mama flechten lassen, werden auch nicht gleich die Rebellion proben, nur weil den Miniköter Rotz mal wieder der Hafer sticht.«

Ich schnaubte leise. Seit mir der hinterhältige Hinterhuber mal in der Fünften eine Ladung Haselnussjoghurt über die Haare geschüttet hat und ich daraufhin natürlich wie ein mondsüchtiger Wolfshund zu heulen angefangen habe, heiße ich bei einigen Subjekten nicht mehr Minna Koetherott, sondern Miniköter Rotz. Bei den Subjekten handelt es sich namentlich um die Finja und ihre dämlichen Freundinnen. Normalerweise mag ich es nicht, wenn man mich bei meinem Spitznamen nennt. Aber so, wie ihn der Pawel gerade intoniert hatte, hätte mir der hinterhältige Hinterhuber noch zwanzig Haselnussjoghurts übers Haupthaar schütten können.

»Warum will dein Pa denn, dass wir die Welt verbessern?«, hat der Pawel noch den Basti gefragt.

Der Basti hat den Kopf gesenkt und genuschelt: »Ihn nervt's, dass alle immer nur vor ihren Handys hängen und das Drumherum nicht wahrnehmen.« Der Basti hat echt ein

Problem, er denkt immer, dass er sich dafür schämen muss, dass sein Papa sich Wettbewerbe ausdenkt und die ganze Schule ihn kennt. Er denkt, alle denken, dass der Basti wahnsinnig eingebildet ist wegen seinem Papa oder weil die Kanauers so viel Geld haben. Und deswegen wird ihm alles peinlich und er kann nur noch nuscheln, wenn man ihn was zu seinem Papa fragt.

Da hat der Christoph aber – mit dem ihm auch sonst so eigenen Horizont einer Espressountertasse, den er von all der heilen Welt hat, in der er abgeschirmt von Erfahrung und von Bösem vor sich hin babypuderzuckert, ohne je raus zu dürfen – gesagt: »Aber es machen doch schon ganz viele was. Demonstrieren und so.«

Der Basti hat den Kopf noch ein Stückchen weiter sacken lassen und hat genuschelt: »Mein Papa findet, dass man die Ärmel hinterkrempeln und mit seinen Ressourcen was anfangen soll. In seinem Umfeld. Weil es nämlich immer was zu tun gibt. Er sagt, man soll immer bei sich selbst anfangen. Aber eben was tun und nicht nur reden.«

»Versteh ich jetzt den Bedarf nicht«, hat der Christoph gesagt.

Aber der Pawel hat nachdenklich genickt. Und dann hat er »Find ich echt super« gesagt und dass er schon gespannt ist, was sich alle ausdenken, und da hatte der Basti seinen Kopf schon fast wieder ein bisschen gehoben, hätte nicht der Christoph gefragt: »Ja, aber wieso denn Tallinn?« In einem Ton, als hätte der Basti fahrlässigerweise vergessen, bei seinem Papa ein paar Schrauben nachzuziehen. »Ich meine, wer will denn schon nach Lettland?!«

»Tallinn liegt in Estland, du Pfosten«, hat da der Pawel nur trocken gesagt, »und ich will da auf jeden Fall hin.« Dann hat er dem Basti und mir zugenickt und ist Richtung Buspark-platz geschlendert. Und da hat auf einmal auch der Basti so ausgesehen, als hätte man ihm Haselnussjoghurt literweise drüberschütten dürfen.

4

Es ist an diesem Tag etwas später geworden, bis ich nach
Hause gekommen bin. Weil der Basti noch eine rauchen
wollte, heimlich, unten am Sportplatz. Aber deswegen ist es
nicht später geworden, der Basti raucht oft noch eine, bevor
wir gemeinsam den Nachhauseweg antreten. Später geworden ist es, weil der Christoph gemeint hat, jetzt, wo er einen
Verweis bekommen hat, wär eh schon alles egal, und er hat
auch eine rauchen wollen. Wir haben ihm gesagt, dass er
noch einen Verweis riskiert, wenn er mit zum Sportplatz
kommt. Aber er hat nur mit den Achseln gezuckt. Da haben
wir auch mit den Achseln gezuckt und er ist mitmarschiert.

Unten beim Sportplatz, an der Rennbahn, gibt es eine Tribüne, die aus unerfindlichen Gründen absolutes Schüler-
sperrgebiet ist. Der Aufenthalt am Sportplatz ist zu sportun-
terrichtsfremder Zeit nicht gestattet. Während der Pausen
gibt es sogar extra eine lehrkörperliche Pausenaufsicht, die
den Grenzübergang zum Sportplatz überwacht. Aber auch
während des Sportunterrichts hält sich nie jemand auf der
Tribüne auf. Weil wir praktisch nie auf den Sportplatz gehen, sondern immer nur in der Halle bleiben. So richtig
gebraucht im Sinne von Zuschauer-sitzen-in-den-Rängen
wird die Tribüne auch nie. Bei uns gibt es keine Sportfeste
oder Wettkämpfe oder Fußballspiele oder Baseballspiele

oder was die Amerikaner unserer Partnerschule alles Schickes haben, mit Cheerleader und Barbecue, zweimal die Woche. Unsere Sportlehrer sind schließlich nicht Sportlehrer geworden, weil sie mit uns richtig tollen Sport machen wollen. Sondern weil sie mit Sport keine Klausuren korrigieren müssen und trotzdem vierzehn Wochen Ferien im Jahr haben.

Mitten in den tristen Tribünenreihen steht ein kleines Betonhäuschen, das wohl mal für all die Sportmoderatoren gebaut wurde, die wir nicht haben, und das schulweit nur Führerhäuschen heißt. Nicht nur, weil es die Form und Größe eines Lkw-Führerhauses hat. Sondern auch und hauptsächlich, weil die ganze Betontribünenarchitektur rundherum ziemlich Albert-Speer-mäßig anmutet. Und Albert Speer war der Lieblingsarchitekt von Hitler. Aus der albertspeerigen Betonreihensauberkeit ragt das Führerhäuschen wie eine Insel heraus. Eine Drecksinsel. Denn von außen ist das Führerhäuschen tadellos sauber. Aber innen ist alles mit Graffiti und Tags vollgeschmiert und am Boden liegt eine knöchelhohe Dreckschicht aus Kippen, leeren Bierdosen, alten Kondomen und vollgewichsten Taschentüchern. Seit der Hausmeister in den Führerhausecken benutzte Spritzen gefunden hat, weigert er sich nämlich, das Führerhäuschen vom Unrat zu befreien, und jetzt sammelt sich da alles nach Herzenslust.

Wir saßen auf dem fensterlosen Fenstersims. Der Basti hat eine für sich gedreht und eine für den Christoph. Aber als der Christoph an seiner Zigarette gezogen hat, hat er erst fürchterlich husten müssen, dass er fast erstickt wäre, dann ist er bleich geworden im Gesicht, dann hellgrün und dann hat er sich wortlos zur Seite gebeugt und auf die Tribüne gekotzt. Der Basti und ich, wir haben uns angesehen. Dann haben wir warten müssen, bis es dem Christoph wieder einigermaßen besser gegangen ist und er sich wieder hat aufsetzen können. Was ein bisschen gedauert hat, weil sich der Christoph in einen schrecklichen Selbstmitleidsanfall reingesteigert hat. Richtig geschüttelt hat es ihn vor lauter Heulerei. Dass er von zu Hause rausfliegt, hat er geheult, jetzt, wo er einen Verweis hat, und dass es ein schlimmes Ende mit ihm nehmen wird, jetzt, wo er praktisch schon enterbt ist. Er hat so geflennt, dass ihm der Nasenschleim in den Mund gelaufen ist, was wirklich eklig ausgesehen hat, aber wir hatten kein Taschentuch. Wir hätten ihm höchstens eins von den vollgewichsten Dingern vom Boden geben können.

Jedenfalls hat es ewig gedauert, bis wir den Christoph wieder auf die Beine bekommen haben. Und als es ihm wieder halbwegs besser gegangen ist, hat er partout weiterrauchen wollen. Zur Beruhigung, hat er gesagt, und weil die Kotzerei nur von der Aufregung und nicht vom Rauchen gekommen sei. Hat er gesagt. Der Basti hat wieder mit den Achseln gezuckt, und weil er selber noch eine rauchen wollte, hat er ihm halt auch noch eine gedreht. Aber genau in dem Moment, in dem der Christoph an seiner Kippe gelutscht hat, stand plötzlich der Böhnisch vor uns. Der Böhnisch ist Mathelehrer. Keine Ahnung, was der um die Zeit am Sportplatz zu suchen hat, wahrscheinlich wollte er auch eine rauchen. Jedenfalls ist er schnurstracks auf uns zu und hat dem Christoph und dem Basti einen Verweis angekündigt. Wegen Rauchen auf dem Schulgelände. Der Christoph hat sofort wieder angefangen zu heulen, ich glaube, der war richtig durch. Der Böhnisch ist aber zum Glück ein Lehrer, der gern mal ein Auge zudrückt, und er hat den Christoph und den Basti nur aufgefordert, umgehend ihre Kippen auszumachen. Aber weil der Christoph seine Kippe gleich panisch von sich geworfen hat, dem Böhnisch praktisch direkt vor die Latschen, hat der Böhnisch ihm dann doch zwei Sozialstunden aufgebrummt, in denen er das Führerhäuschen säubern soll. Echt kein guter Tag für den Christoph. Dem Christoph hat der Unterkiefer gezittert und er hat fast schon wieder zu flennen angefangen.

»Und warum kriegt der keine Sozialstunden?«, hat er gefragt und auf den Basti gezeigt.

»Weil ich meine Kippen nicht einfach auf dem Boden rumliegen lass«, hat der Basti lässig geantwortet und doch tatsächlich einen Taschenaschenbecher aus der Hosentasche gezogen, einen silbernen, mit eingraviertem Geschnörkel auf dem Deckel. Er hat in aller Ruhe den Deckel aufgeklappt, seine Kippe ausgedrückt, den Deckel wieder zugeklappt und den Taschenascher wieder in seiner Hosentasche verschwinden lassen. »Wie sieht denn das sonst aus überall, schau doch mal«, hat der Basti gesagt und betrübt auf die lümmelnden Kippen im Eichenlaub gezeigt, »in Singapur kostet dich so was zweihundertfünfzig Euro Strafe.« Und dann hat er mich untergehakt und wir sind am Christoph und am Böhnisch vorbei und auf und davon spaziert.

»Seit wann benutzt du denn bitte schön einen Taschenascher?«, hab ich gefragt, als wir außer Hörweite waren.

»Tu ich gar nicht«, hat der Basti gesagt und breit gegrinst,
»der ist für meinen Papa zum Geburtstag. Hat mir der Pep-
per mitgebracht, weil die Gravur fertig ist.« Er hat das Silber-
ding aus der Tasche gezogen und zärtlich betrachtet. »Aber
vielleicht leg ich mir auch so einen zu. Ist ja wirklich nicht
gut, die ganzen Kippen am Boden, fürs Grundwasser und so.
Aber jetzt bitte schleunigst zur Frau Gerstenberger, ich muss
den Christophschnösel mit einer Leberkässemmel runter-
spülen. Erst dreht man ihm zwei und dann will er auch noch
petzen, das Kameradenferkel.«

5

Bei der Frau Gerstenberger und ihrem Glaspalast kommen wir auf dem Nachhauseweg vorbei. Der Glaspalast ist eine kleine Imbissbude am Busparkplatz, und weil die Bude einen winzigen Glasvorbau wie ein kleines Minigewächshaus hat, in dem zwei Stehtische stehen, heißt der Glaspalast eben Glaspalast. Und die Frau Gerstenberger darin ist die Inhaberin und verkauft seit 1972, wie es auf einem Schild heißt, die besten Leberkässemmeln der Stadt und ein bisschen sieht sie auch aus wie eine ihrer Leberkässemmeln. Entweder ist sie in der langen Zeit des Leberkässemmelverkaufens den Leberkässemmeln immer ähnlicher geworden oder sie hat schon von vornherein wie eine Leberkässemmel ausgeschaut und ist deswegen überhaupt erst auf die Idee mit dem Glaspalast und dem Leberkässemmelverkauf gekommen, eines Morgens, beim Blick in den Spiegel. Jedenfalls besteht der Basti jeden Tag beim Nachhauseweg auf ein vorgezogenes Mittagessen bei der Frau Gerstenberger. Eigentlich ist dem Basti von Haus aus der Aufenthalt am Busparkplatz untersagt, weil sich da nur zwielichtige Gestalten herumtreiben, wie die Mama vom Basti sagt, und sie nicht will, dass der Basti Umgang mit derartigen Gestalten hat, und noch viel weniger will sie, dass er dort womöglich »in was hineingezogen« wird. Deswegen verlangt sie vom Basti den unverzüglichen Nachhausemarsch von der Schule direkt an den zum

Mittagessen gedeckten heimischen Tisch, aber weil der Basti ein eher unbekümmerter Typ ist (»wie sein Vater«, sagt die Bastimama oft und ringt dabei die Hände), bekümmert ihn dieses Verlangen seiner Mama recht wenig. Außerdem liebt er die Leberkässemmeln der Frau Gerstenberger, und wenn so eine Liebe erst mal zugeschlagen hat, ist man machtlos. Sagt der Basti.

Im Gegensatz zur Bastimama wäre es der Suse sogar sehr recht, wenn ich bei der Frau Gerstenberger ein vorgezogenes Mittagessen einnehmen würde. Die Suse ist meine Mama, in erster Linie aber eine begnadete Theaterschauspielerin. Deswegen kommt sie auch immer erst um drei oder vier von der Probe nach Hause und freut sich, wenn sie sich dann nicht auch noch um meine Essensversorgung kümmern muss. Meistens bringt sie ohnehin einfach was aus der Theaterkantine oder vom Thailänder oder vom Perser oder vom Inder mit, da gibt es Mittagstisch, denn die Suse hat erstens zu viel Hunger und zweitens keine Lust, sich nach der Probe noch in die Küche zu stellen und etwas Essbares zuzubereiten. Oft bringt sie auch gar nichts mit nach Hause, sondern schickt eine Nachricht, dass wir uns beim Thailänder oder Perser oder Inder oder in der Theaterkantine treffen, weil man da in der Sonne sitzen und den vorbeispazierenden Leuten ein bisschen beim Leben zusehen kann. Mir ist freigestellt, ob ich mich bis zum Mittagstischtreffen mit der Suse schon anderweitig verköstige oder lieber auf Safranreis mit Berberitzen warte.

Ja, das Leben, das ich mit der Suse führe, ist ein recht behagliches, weil die Suse eine ziemlich entspannte Person ist. Es gibt insgesamt nur drei Regeln, an die ich mich halten muss, um die Suse bei guter Laune zu halten:

Erstens: Das Wecken der Suse vor neun Uhr morgens ist möglichst zu vermeiden. Abends hat die Suse nämlich entweder Vorstellung oder Probe und geht nie vor Mitternacht ins Bett – und am Morgen muss sie erst um zehn Uhr wieder auf der Probe sein. So ist das am Theater. (Aber zum Aufstehen und Michfertigmachen brauch ich die Suse sowieso nicht und im Bad bin ich ohnehin am liebsten allein.)

Zweitens: Die Zeitung darf, sofern ich sie zeitlich *vor* der Suse zu lesen begehre, in der Reihenfolge ihrer Blätter nicht durcheinandergebracht, das Kreuzworträtsel *nicht* ausgefüllt und der Feuilletonteil keinesfalls entwendet werden. Im Feuilleton stehen nämlich immer die Theaterkritiken der neuesten Premieren drin und die begehrt die Suse zu lesen. Damit sie weiß, was so los ist in der Theaterwelt.

Und drittens: Jede namentliche Erwähnung meines Herrn Papa ist zu unterlassen. Denn die Suse befindet sich noch sehr frischlich in der Trennung von meinem Papa, welcher ein gefeierter Theaterregisseur ist.

Lange Jahre hat die Suse unter der Regie des gefeierten Regisseurpapas ihre schönsten Rollen gespielt. Aber vor nicht allzu langer Zeit hat der Papa das Ende einer Premierenfeier mit einem, wie die Suse es ausdrückt, *Miezchen der jüngeren Generation* auf der Hinterbühne zugebracht. Wobei ihn die

Suse ertappt hat. Was für den Papa wie auch für das Miezchen höchst ungemütlich wurde.

Das Begehen von Premierenfeierlichkeiten mit Miezchen der jüngeren Generation war dem Papa zwar nicht zum ersten Mal passiert. Aber die Suse hatte stets leidend geduldet, was sie nicht ändern konnte, weil sie dem Papa in großer Verehrung zugetan war. Als ihr der Papa aber wenig später eröffnet hat, dass er seine neue Produktion mit dem Miezchen und nicht der Suse in der Hauptrolle zu besetzen gedenke, war es von heute auf morgen vorbei mit Suses Leiden und Dulden und überhaupt dem ganzen Zugetansein. An diesem sehr denkwürdigen Tag hat die Suse Papas gesamte Kleidungsgarnitur in zwei Umzugskartons gestopft, die Umzugskartons zusammen mit Papas Hauskater Majakowski in ein Taxi gesetzt und alles zusammen dem Papa auf die Probebühne fahren lassen. Und weil der Papa zwar seine Kleidungsgarnitur, nicht aber den Majakowski behalten wollte, hat eine halbe Stunde später der Taxifahrer noch mal an unserer Wohnungstür geklingelt und einen ob der soeben erlebten Zurückweisung höchst beleidigten Majakowski in den Armen gehalten. Der Taxifahrer hat gesagt, er würde nicht länger dabei helfen, Ehezwistigkeiten auf dem Rücken familientreuer Viecher auszutragen, vor allem nicht, wenn ihm die familientreuen Viecher vor Empörung auf die Rückbank kacken.

Da hat die Suse gekeift: »Das sieht ihm ähnlich!« – wobei unklar blieb, ob sie damit den verantwortungslosen Papa, den kackenden Kater oder gar den reinheitssüchtigen Taxifahrer meinte – und hat den Majakowski wieder an sich genommen. Und der Majakowski, der sich bis zu diesem Tag immer nur und ausschließlich vom Papa hatte kraulen lassen, hat sich in diesem Augenblick und wohl für immer auf unsere Seite geschlagen. Seither leben die Suse und ich ohne männlichen oder väterlichen, dafür aber mit sehr käterlichem Beistand. Was bestens funktioniert – solange man, wie gesagt, den Papa nicht erwähnt.

Als ich heute nach dem Grinsingertohuwabohu endlich zu Hause angelangt bin, war die Suse schon zu Hause. Normalerweise liegt die Suse nach dem Mittagstisch mit ihrer Schlafbrille schönheitsschlafend für ein Stündchen auf dem Sofa. Angeblich benötigen alle Schauspieler und auch die Regisseure nach der Vormittagsprobe eine Mittagsschlafpause, sagt die Suse. Weil sie dann abends besser weiterproben können oder für die Vorstellung ausgeruht sein müssen, damit niemand seinen Auftritt verpasst und vor allem und überhaupt die Sätze sitzen. Heute aber ist die Suse nirgends gelegen, schon gar nicht mit Schlafbrille. Überall war Chaos. Alle Fenster waren aufgerissen und tropften verlassen von Fensterputzmittel. Der Inhalt des Suseklamottenschranks lag als Riesenhaufen auf dem Boden, wie um sortiert zu werden. Der Staubsauger saugte im Wohnzimmer einsam vor sich hin und verursachte einen Höllenkrach, weil sich sein Rüssel im Vorhang festgesaugt hatte und er seine Sauganstrengung verdoppeln musste. In der Küche standen die Küchenstühle auf dem Tisch, Wischwasser glitzerte auf den Fliesen, der Schrubber lag auf dem Boden, während das Vorderteil der Suse fluchend und schimpfend im Spülschränkchen steckte und dort, dem Wackeln ihres Hinterteils nach, offenbar irgendwelche Rohre schrubbte.

Ich seufzte.

Die Suse ist kein ordentlicher Mensch. Wenn sie einem derartigen Putzanfall erlag, konnte das nur einen einzigen Grund haben. Ich ging ins Wohnzimmer, zog dem hysterisch am Vorhang saugenden Staubsauger den Stecker und kehrte in die Küche zurück. Die Suse wand sich überrascht unter der Spüle hervor:»Du bist ja schon da?«

»Was hat er denn gesagt?«, hab ich gleich gefragt, weil die Suse nur dann so ausrastet und dem unkontrollierten Putzwahn verfällt, wenn sie mit dem Papa telefoniert hat. (Der Putzwahn hat etwas damit zu tun, dass sie ihr Innerstes aufräumen will, hat sie mal nach einem sehr ähnlichen Anfall erklärt.)

»Dieser Schuft! Dieser ausgemachte Schuft!«, hat die Suse auch sofort gerufen.»Und ein Feigling ist er noch dazu!«

Und weil sie gerade vor dem Spülschränkchen stand, hat sie vor lauter Wut dagegengetreten. Das hätte sie aber besser nicht machen sollen, denn das Spülschränkchen ist nur aus Pressspan, und da ist dem Spülschränkchen entschieden das Holz gesplittert. Suses Fuß steckte bis zur Wade im Splitterloch. Die Suse war so verdutzt, dass sie kichern musste.»Heilige Salatschüssel, sieh dir das an. Das ist er nun wirklich nicht wert.«

Aber dann ist der Schmerz vom Susefuß übers Rückenmark ins Kleinhirn gesickert und die Suse hat einen Urschrei losgelassen:»Auuuu! Mist, gebügelter, mein Fuß, ich hab mir den Fuß gebrochen, verdammt, ich kann doch die Maria Stuart nicht im Rollstuhl spielen! So eine Scheiße!«

Dann ist sie unter einem Gefluche, das die Frau Kanauer hätte erbleichen lassen, zum Sofa gehoppelt, hat sich auf selbiges fallen lassen, wilde Grimassen gezogen und gejault und gewimmert. Ich hab Eiswürfel in ein Geschirrtuch gepackt, hab mich neben die Suse aufs Sofa fallen lassen und mir ihren Fuß besehen. Er war aber nicht gebrochen. Die Suse konnte mit den Zehen wackeln und auch den Fuß kreisen. »Mist, verdammter«, hat die Suse gemurmelt und ihren Fuß gekühlt. Dann hat sie sich wieder an den Papa erinnert und mit den Zähnen geknirscht: »Es tut mir leid, dass du so einen Schuft als Papa hast, Mäusezahn.«

»Was ist denn passiert?«

»Die Oma hat ein Hirngerinnsel gehabt und musste operiert werden. Vor zwei Wochen schon und das sagt er mir jetzt erst, der Feigling!«

»Was ist denn ein Hirngerinnsel?«, hab ich gefragt, weil Hirngerinnsel für mich wie Hirnschöberl klingt, was in Österreich eine sehr schmackhafte Suppeneinlage ist – und nicht etwas, das man operieren müsste.

»Du weißt doch, was Blutgerinnung ist, oder? Wenn du dir das Knie aufschlägst …«

»Ja, schon klar, ich weiß, was Gerinnung ist, das Blut wird zum Pfropfen für das nachkommende Flüssigblut.«

»Ganz genau. Nur manchmal gerinnt das Blut nicht an einem aufgeschlagenen Knie, sondern in den Adern drin. Und dann verstopft der Pfropfen die Ader wie der Korken die Weinflasche und es kann kein Flüssigblut mehr durch. Bei der Oma ist so ein Pfropfen vom Herz ins Gehirn gewandert. Und wenn das Ding erst mal im Hirn ist, ist das saugefährlich, weil das Hirn dann nicht mehr mit Sauerstoff versorgt werden kann und abstirbt. Und dann kannst du nicht mehr sprechen, nicht mehr essen und dich auch sonst nicht mehr bewegen.«

»Und das ist der Oma passiert?«, flüsterte ich.

Die Suse nickte.

»Und was passiert jetzt mit der Oma?«

»Nichts passiert jetzt. Jetzt wird man warten müssen, ob sich die Oma erholt oder ob sie stirbt.«

»Kann man daran sterben?«

»Ja, Mäusezahn, wenn dein Gehirn ausfällt, kannst du daran sterben. Man kann der Oma aber auch ein paar Schläuche legen und sie künstlich ernähren, dann bleibt sie am Leben. Aber dann kann sie trotzdem nichts mehr selber machen, nicht sprechen, nicht essen, nicht trinken, sich nicht bewegen: gar nichts. Nur liegen und warten.«

Ich hab geschluckt und an meine Oma gedacht, wie sie in ihrer Küche steht und Serviettenknödel macht. »Und warum bist du so sauer auf den Papa?«

»Auf deinen Papa bin ich sauer, weil er ein Feigling ist und die Oma in ein Pflegeheim gesteckt hat.«

»Hätte er sie nicht in ein Pflegeheim stecken sollen?«

»Nein, mein Herzblatt«, sagte die Suse grimmig, »hätte er nicht. Er hätte sie gefälligst zu sich mit nach Hause nehmen und dort pflegen sollen, schließlich ist sie seine Mutter. Pflegeheime sind der blanke Horror, das schreib dir hinter die

Ohren, für den Fall, dass es mit mir einmal so weit ist. Und jetzt pack deine Sachen, wir fahren hin.«

»Wo fahren wir hin?«

»Zur Oma.«

»Jetzt?«

»Natürlich jetzt. Wir wissen schließlich nicht, ob da noch mehr Pfropfen in Omas Venen herumlungern. Und ich will, dass du sie noch einmal gesehen hast, bevor der nächste losgeht wie ein Silvesterböller.«

In diesem Moment klingelte es an unserer Wohnungstür.

»Das wird der Peter sein«, hat die Suse gerufen und sich vom Sofa hochgerappelt, »der leiht uns sein Auto.«

»Aber ich hab doch morgen Matheschux*!« Meine Oma wohnt nämlich gute drei Autostunden weit weg und ich hatte den Nachmittag und auch den Abend und, um ehrlich zu sein, auch die Nacht fest fürs Lernen eingeplant. »Mir fehlt doch noch die ganze Stochastik!«

»Matheschuxen sind Nebensache«, hat die Suse im Davonhumpeln gesagt, »merk dir das: Matheschuxen und Proben und Premieren sind immer nur Nebensache.«

»Ja, aber wir könnten doch einfach morgen fahren!«

»Nö. Die Probe heute konnte ich absagen, aber morgen Abend hab ich eine ausverkaufte *Maria Stuart*.«

---

* Eine Schux ist im Gegensatz zu einer Ex ein zwei Wochen im Voraus angekündigter und für die Zeugnisnote endswichtiger Test, der den Stoff der letzten sechs Wochen abfragt. Natürlich nur den Stoff des jeweiligen Faches. Aber man schreibt ja in so ziemlich jedem Fach alle sechs Wochen eine Schux. Macht, rein rechnerisch: wenig Spaß. Das Wort Schux leitet sich, um es komplett zu machen, von »Schulaufgabe« ab, die im übrigen Deutschland eher unter »Klassenarbeit« bekannt sein dürfte.

6

Na toll. Was für ein Scheißtag, hab ich beschlossen und mir meine Laune dem Peter gegenüber entsprechend raushängen lassen. Der Peter ist ein Schauspielerkollege von der Suse und ich wette, er ist verknallt in sie. Die Suse sagt immer nur, dass der Peter ein sehr guter Freund von ihr ist und dass sie ja auch schon zusammen auf der Schauspielschule waren, was so eine Freundschaft angeblich enorm festigt. Der Peter sieht das mit der Freundschaft aber, glaub ich, ein bisschen anders. Jedenfalls werden seine strahlblauen Augen immer kohlrabenschwarz, wenn er die Suse ansieht. Weil seine Pupillen so groß werden. Klarer Beweis für Anschmachtung. Wegen des Adrenalinschubs, da werden die Pupillen weit. Der eigentliche Beweis aber ist, dass er zu mir so super-freundlich-hey-ho-kumpelig ist. Gut, alle Kollegen von der Suse sind superfreundlich zu mir (außer dem Knarz, aber der Knarz ist auch zu sonst niemandem superfreundlich), aber beim Peter ist es was anderes. Der Peter ist superfreundlich zu mir, weil er der Suse imponieren will. Das macht ihn natürlich zum perfekten Opfer meiner schlechten Laune. Ich war also ein bisschen fies und grantig und grummelig zu ihm und hab ihn mit seinen üblichen Begrüßungsspäßen gehörig abblitzen lassen, weshalb er natürlich auch sofort gelitten und noch mehr Späße gemacht und selbst besonders viel gelacht hat. Eigentlich mag ich den Peter echt gern, aber erst die Grinsinger, dann die Oma und morgen auch noch eine zuverlässig verhauene Matheschux – nee, da muss schon einer herhalten dafür.

Zum Glück ist der Peter aber nicht mit zur Oma gefahren, sondern hat der Suse und mir das Auto nur überlassen. Das wären drei sehr ungemütliche Stunden für ihn geworden. So aber habe ich mich darauf verlegt, die Suse mit meiner Laune zu strafen und schweigend aus dem Fenster zu starren. Was der Suse aber entweder nicht aufgefallen ist oder ihr sogar recht war, weil sie selbst wie stumpfsinnig vor sich hingestarrt und das Klassikradio auf ohrenfetzlaut gedreht hat.

Erst als wir in einen Stau geraten sind, hat sich meine Laune etwas gehoben. Als die Suse mit den Fingern aufs Lenkrad zu trommeln angefangen hat, hab ich schon zaghaft bei ein, zwei Opernarien mitgesummt. Und als die Suse dann mit einem Seufzer bei Joanna angerufen hat, dass wir mitten im Unfallstau und zu spät für die Pflegeheimöffnungszeiten wären und ob wir bei ihr einen nächtlichen Unterschlupf finden könnten, hab ich den Figaro schon lauthals mitgeträllert. Nur in Gedanken natürlich, meine Oma liegt schließlich im Pflegeheim und hat vielleicht noch weitere Pfropfen, die in ihren Venen rumlungern und sich ihr silvestermäßig ins Hirn schießen wollen, da gehört sich das lauthalse Mitträllern von Figaros nicht. Aber wir würden bei der coolsten Person dieses Planeten übernachten, die Oma erst morgen Vormittag besuchen – und ich ganz sicher nicht währenddessen meine Matheschux schreiben. Ich hatte gerade zwei Wochen zusätzliche Lernzeit bis zur Nachholschux geschenkt bekommen. Vielleicht ist es ja doch so: Wenn du denkst, dass dein Tag echt nicht mehr miserabler werden kann, wird er auch nicht mehr miserabler. Sondern eventuell sogar besser.

Als wir bei der Joanna angekommen sind, war es schon Mitternacht und die Gästecouch für mich bereits ausgezogen. Die Joanna hat mich so fest umarmt, als wär die Oma schon gestorben. Dann hat sie mich prüfend angeschaut und in strengem Ton gefragt, was die Männer so machen. Sie fragt mich immer, was die Männer so machen. Seit ich denken kann, fragt sie mich das zur Begrüßung. Wahrscheinlich hat sie mich das auch schon gefragt, als ich noch ein Baby war und sie mich auf und ab durch die Wohnung geschuggert hat, während die Suse Vorstellung hatte, damals, als wir noch hier gewohnt haben. Weil die Joanna gar keine Männergeschichten hören will, wenn sie mich fragt, was die Männer machen, sondern einfach nur, was in meinem Leben grade so passiert, hab ich ihr eine Kurzversion vom heutigen Weltverbessern gegeben, wobei ich die Verweis-Episode aber vorsorglich erst mal weggelassen habe, denn die noch unwissende Suse schien mir noch nicht stabil genug für diese Information. Und während ich erzählt hab, hat die Joanna schon die Suse so prüfend angeschaut, dass ich wusste, sie kann es gar nicht abwarten, gleich auch die Suse streng zu fragen, was die Männer so machen. Wobei sie bei der Suse aber tatsächlich wortgenau wissen will, was die Männer so machen. Also hab ich mich auf die Gästecouch verkrümelt, während die Joanna die Weingläser

rausgeholt und die Suse es sich auf der Küchenbank häkel-
deckengemütlich gemacht hat, und dann bin ich mit dem
gedämpft gemurmelten Gesprächsgluckern aus der Küche
eingedämmert, so wie früher.

7

Im Pflegeheim am andern Tag hat es schon beim Reinkommen so komisch gerochen. Säuerlich und abgestanden. *Alte-Leute-Geruch*, hat die Suse gesagt. Aber ich glaube, so riecht die Hässlichkeit. Denn das Pflegeheim *war* hässlich. Es hatte grauen Linoleumboden, beigefarbenen Hygienelack an den Wänden und so Ballettstangen, an denen sich die alten Leute entlanghangeln sollen, wenn sie aus ihren Zimmern geschlurft kommen. Und überall waren bunte Farbtupfer in Lila und Gelb und Hellgrün, als wollte es sagen: Hey, Pflegeheim ist super *Fun*, wir haben den ganzen Tag scheißviel Spaß hier drin, wir haben sogar so viel Spaß, dass wir alle Fenstergriffe von den Fenstern abmontieren mussten, damit sich vor lauter Spaß niemand aus dem Fenster wirft. Ehrlich, ich hasse das, wenn einem die Inneneinrichtung sagen will, dass man sich ganz anders fühlen soll, als man sich fühlt.

An der Pforte hat ein sehr, sehr, sehr dicker Pförtner gelangweilt auf einen Minifernseher gestarrt, bis die Suse ungeduldig an seine Fensterscheibe geklopft hat. Da hat der dicke Pförtner der Suse gelangweilt gesagt, dass die Frau Anna Möhring auf Zimmer 205 liege, also im zweiten Stock, wir sollten im Lift auf die Zwei drücken, der Lift wäre hier um die Ecke und nicht zu verfehlen. Die Suse hat geschnaubt und das Treppenhaus angesteuert. Die Suse lässt sich nicht

43

gern bevormunden. Wenn man ihr die Benutzung des Aufzugs ans Herz legt, nimmt sie mit hundertprozentiger Wahrscheinlichkeit die Treppe. Und umgekehrt. So ist sie, sie kann da nicht anders. Und wenn sie schlechte Laune hat, wird das Nicht-anders-Können besonders schlimm. Und die Suse hatte schlechte Laune. Oh, und was für ein Prachtexemplar an Schlechtlaunigkeit.

»Der war ganz schön fett, oder«, hab ich zur Suse gesagt, als ich hinter ihr her die Treppen hochgestapft bin, weil ich sie ein bisschen aufheitern und auf andere Gedanken bringen wollte.

Aber die Suse hat nur gefaucht: »Du sollst Menschen nicht nach ihrem Äußeren beurteilen«, und ist grimmig weitergestapft.

»Ich beurteile nicht, ich stelle lediglich fest«, hab ich gemurmelt und beschlossen, vorerst keine weiteren Laune-Hebungs-Versuche in Richtung Suse zu unternehmen.

Die Oma war so in sich zusammengefallen, dass ich sie nicht erkannt hätte, hätte ich nicht gewusst, dass laut Türschildchen in diesem Zimmer die Frau Anna Möhring liegt. Eingesunken, faltig und blass lag sie ganz schmal in diesem riesigen Bett, die Hände alt und knochig auf dem weißen Bettlaken. Wenn meine Oma früher Strudelteig gemacht hat, hat sie ihn immer so dünn ausgezogen, dass man durch den Teig hindurch das rot gestreifte Geschirrtuch sehen konnte. »Durch Strudelteig muss man die Zeitung lesen können«, hat sie immer gesagt. Jetzt waren ihre Hände Strudelteig, durch den man blaue Adern und braune Altersflecken lesen konnte. Im rechten Handrücken steckten mehrere Kanülen, durch die über einen Dünnschlauch Flüssigkeit aus Infusionsbeuteln tröpfelte. Da muss aber noch viel Flüssigkeit in meine Oma tröpfeln, dachte ich, bis sie wieder aufgepumpt ist.

Die Oma hatte ihre Augen geschlossen. Sie bewegte sich nicht. Erst als die Suse ihre Hand auf die eingefallene Hand gelegt und leise zu ihr gesprochen hat, dass wir jetzt zu Besuch da wären, hat die Oma mit geschlossenen Augen gewimmert.

»Kann die Oma nicht mehr sprechen?«, hab ich die Suse leise gefragt.

Die Suse hat nur den Kopf geschüttelt und da hab ich erst gemerkt, wie traurig sie ist. »Aber sie versteht, wenn du mit ihr sprichst. Erzähl ihr was. Wenn du willst.«

Ich hatte sofort einen riesigen Knödel im Hals, richtig wehgetan hat er, dieser verdammte Knödel. Es war überhaupt nicht leicht, so zu tun, als wäre der Mensch, der da vor mir lag, gar nicht so fremd, wie er plötzlich aussah. Aber ich hab tapfer trotzdem meine Hand auf den Unterarm der Oma gelegt, weil ihre Hand ja von den Infusionsnadeln besetzt war, und hab gekrächzt, dass ich die Minna bin und dass ich mir wünsche, dass sie schnell wieder gesund wird und nach Hause kann. Und dann hab ich noch gesagt, dass es mir leidtut, dass ich sie nicht so oft gesehen hab in letzter Zeit. Und plötzlich hat die Oma zu weinen angefangen. Mit geschlossenen Augen. Träne für Träne ist aus den geschlossenen Augen gequollen, über die milchweiße Haut gelaufen und in den grauen Haaren versickert, eine nach der anderen, wie in Zeitlupe.

Da hab ich auch zu weinen angefangen. Ganz leise hab ich vor mich hin geweint und den Rotz nicht hochgezogen, sondern geräuschlos mit dem Ärmel abgetupft. Ich wollte nicht, dass die Oma merkt, dass ich weine. Ich wollte nicht, dass sie merkt, wie erschrocken ich war.

Wie wir beide so am Lautlos-vor-uns-hin-Heulen waren, wurde plötzlich die Tür aufgerissen und eine Pflegerin in rosa Kittelschürze ist hereingeplatzt, hat sich schwer schnaufend an der Suse vorbei und zwischen mich und die Oma gezwängt. Sie hat uns gar nicht angeschaut, die Pflegerin, sondern hat sich übers Bett gebeugt und meiner Oma ins Gesicht geschrien: »Wie geht's uns denn heute?« Dann hat sie ohne Umschweife die Bettdecke zurückgeschlagen, sodass meine Oma ganz schmal und irgendwie wehrlos in einem dünnen Unterhemdchen vor uns lag. Ich konnte sehen, dass die Oma Windeln anhatte. Die Pflegerin hat mit schnellen Handgriffen einen Omaarm anders und ein Omaknie kreuzgelegt und die Oma mit einem Ruck auf die Seite gewuchtet. An den Pawelpapa musste ich denken, wie er veterinärgrün gestempelte Schweinehälften auf sein silbernes Edelstahlwägelchen hievt. Jetzt lag die Oma nicht mehr auf dem Rücken, sondern eben auf ihrer linken Seite. Die Pflegerin hat die Decke wieder über die Oma geklappt und ist ohne ein weiteres Wort aus dem Zimmer gedampft.

Die Suse und ich, wir haben uns entgeistert angeschaut. Aber gerade als die Suse den Mund aufklappen wollte, ist noch einmal die Tür aufgegangen und die Pflegerin hat mit ent-

rüstetem Gesichtsausdruck eine Schnabeltasse auf das Nacht-
tischchen neben der Oma gestellt. Der Tee in der Schnabeltasse hat ausgesehen wie Urin. »Wir müssen viel trinken,
gell!«, hat die Pflegerin meiner Oma wieder ins Gesicht geschrien und wollte schon wieder aus dem Zimmer dampfen.
Aber da hatte die Suse ihren Mund inzwischen aufgeklappt.
»Und wie, bitte schön, soll sie trinken?«, hat sie aufgebracht
gerufen. »Sie stellen hier den Tee auf den Nachttisch, als
könnte sie mal eben rübergreifen! Dass das nicht geht, müssen Sie doch sehen!«

»Wieso, das können Sie doch übernehmen«, hat die Pflegerin nur geblafft und wollte an der Suse vorbei. Aber die
Suse hat sich ihr in den Weg gestellt und angriffslustig geknurrt: »Und was passiert, wenn hier gerade niemand zu Besuch ist? Wer sorgt denn dann dafür, dass sie genügend
trinkt?«

Die Pflegerin hat ihre Augen zusammengekniffen und
die Suse von oben bis unten gemustert. »Sind Sie Angehörige?«, hat sie misstrauisch gefragt.

»Jawohl«, hat die Suse erhobenen Hauptes gesagt, obwohl
der Papa und sie gar nicht verheiratet sind.

Da hat die Pflegerin geschnappt: »Dann kommen Sie
doch einfach ein bisschen häufiger zu Besuch, wenn Ihnen
das Wohlergehen Ihrer Mutter tatsächlich so am Herzen
liegt, die Frau Möhring liegt hier schon seit zehn Tagen und
es hat Sie nicht interessiert!«

»Wie unverschämt«, hat die Suse gerufen, »machen Sie
gefälligst Ihre Arbeit!«

»Ja, ja«, hat die Pflegerin gesagt und ist unbeeindruckt an

der empörten Suse vorbeigestakst, »Leute wie Sie kenne ich: immer die Ersten, wenn's ums Beschweren geht, und die Letzten, wenn sie mit anfassen sollen.«

Und schon hatte sie die Tür hinter sich zugeknallt.

Merkwürdigerweise hat daraufhin die Suse angefangen zu heulen. Die Suse heult nie. Es sei denn, sie hat einen Lachkrampf. Jetzt aber hatte sie ihr Gesicht zusammengeknautscht, als hätte sie in eine Zitrone gebissen, und die Tränen sind ihr nur so aus den Augen geschossen. Trotzdem hat auch sie lautlos geheult. Nur zwischen den Zähnen hat sie ganz, ganz leise, fast nur ein Zischen war es, hervorgepresst: »Oh, ich hasse ihn, ich hasse ihn so sehr!«

8

Das Schweigen auf der Nachhausefahrt war noch schlimmer als auf der Omabesuchshinfahrt, weil die Suse nicht mal Radio hören wollte. Das Lenkrad hielt sie so fest umklammert, dass ihr die Adern auf dem Handrücken hervorgetreten sind. Das hat mich wieder an die Oma erinnert. Diese blau schimmernden Ringelwürmer unter der Haut. Mein Zwerchfell hat sich so hart angefühlt, als hätte ich statt Zwerchfell eine Stahlplatte quer über dem Magen. Aber als wir in unsere Stadt gekommen sind, hat die Suse nicht den Weg zu uns nach Hause genommen, sondern den Parkplatz vorm Café Kleiber angesteuert. Und da hat sich der Druck auf meinem Zwerchfell schon fast ein bisschen entspannt. Denn wenn irgendetwas krumm liegt zwischen der Suse und mir, oder nur bei der Suse oder nur bei mir, dann hocken wir uns ins Café Kleiber. Das Café Kleiber ist so etwas wie eine Friedenspfeife bei uns. Oder zumindest ein Gesprächsangebot – aber man weiß ja, dass jeder Frieden mit Gesprächen beginnt. Oder, in unserem Fall, mit einem Stück Herrensahne. Weil die Suse noch immer unglaublich aufgebracht war wegen des ungehobelten Auftretens der Pflegerin. Und wenn die Suse aufgebracht ist und aber gerade keine Wohnung in helle Unordnung bringen kann oder will, braucht sie ein Stück Herrensahne. Oder auch zwei.

Ich muss sagen, dass auch ich ein Stück Herrensahne gut vertragen konnte. Ich fühlte mich wie ferngesteuert. Ein bisschen so, als wäre mir jede Fröhlichkeit aus den Muskelfasern gezuzelt und von irgendwem geschluckt worden. Von diesem Pflegeheim. Und von diesem riesigen Bett mit der schmalen Oma darin. Von diesem widerlichen Geruch. Und von dieser Dampfwalze an Pflegerin. Wie konnte sie nur meine Oma so anschreien, als sei sie eine dumpf-taube, minderbemittelte Person? Meine Oma ist ein Feingeist, eine gesittete Dame, die stets aufrecht und mit geradem Rücken durchs Leben spaziert ist. Wenn sich meine Oma hätte wehren können, hätte sie sich als Erstes das Geduze der Pflegerin gehörig verbeten. Und als Zweites hätte sie verlangt, dass man das Fenster zum Lüften öffne.

Jedenfalls konnte ich jetzt verstehen, warum die Suse so eine famose Laune gehabt hatte. Die Suse hatte einfach schon gewusst, was pflegeheimtechnisch auf sie zukommen würde. Ich glaube langsam, der Papa ist wirklich ein Schuft, wenn er seine Mama nicht zu sich nach Hause nimmt.

Die Suse hat gesagt, von seinem Dem-Regissör-ist-nichts-zu-schwör-Gehalt könne er sich locker eine Pflegekraft leisten, die zu ihm nach Hause käme und die ganze Pflegeangelegenheit in die Hände nähme. »Aber das macht er nicht, weil er dann keine ungestörten Einzelstunden mehr bei sich abhalten kann, der Schuft«, hat die Suse gefaucht.

»Und warum nehmen nicht wir die Oma zu uns nach Hause?«, hab ich gefragt.

50

Die Suse hat kurz im Herrensahneschaufeln innegehalten. »Zu uns? Diesen Drachen? Bist du des Wahnsinns?«

Die Suse kann die Oma nämlich nicht ausstehen. Weil die Oma eine rechthaberische Person ist (oder war? Was sagt man denn, wenn eine Person im Bett liegt und nicht mehr reden und sich nicht mehr bewegen kann und das wahrscheinlich nie wieder können wird? Ist sie dann noch oder war sie schon?) Jedenfalls hat die Oma, als sie noch fidel auf zwei Beinen stand, der Suse das Beinah-Schwiegertochter-Dasein hobbymäßig zur Hölle gemacht. Weil die Oma aus sehr gehobenem Hause kommt und die Suse eben nicht. Und deswegen war die Oma immer der Überzeugung, dass die Suse dem Papa das Kind nur angehängt hat. Dieses angehängte Kind bin übrigens ich.

»Außerdem haben wir gar keinen Platz«, hat die Suse nach längerem Überlegen gesagt. »Und dann müsste ich die Schauspielerei aufgeben, um twenty-four seven verkochtes Suppenfleisch zu pürieren. Nie im Leben!«, hat sie theatralisch gerufen und dabei eine Faust in die Luft gereckt, sodass sich die beiden älteren Damen am Nebentisch pikiert geräuspert und demonstrativ nach uns umgesehen haben. Aber der Suse macht öffentliche Entrüstung recht wenig aus, sie findet es sogar amüsant, wenn sich Leute unbedingt über ihr nichtnormgerechtes Verhalten aufregen müssen. »Und eine Pflegekraft kann ich mir nicht leisten«, hat sie unverdrossen angefügt und zärtlich den kakaogepuderten Marzipanbissen auf ihrer Gabel angeblinzelt, »denn wer bitte sollte sonst diesem netten kleinen Törtlein hier seine letzte Reise sponsern? Und überhaupt«, hat sie durch schokosahnigen Brei hindurch gemampft und ihr Blick hat sich wieder verfinstert, »pflege ich dem Schuft doch nicht auch noch die Mutter, wer bin ich denn! Soll doch das Miezchen der Schuftmutter den Hintern waschen.«

Ich seufzte.

Sobald das Miezchen in Suses Argumentation Einzug hält, ist es schlichtweg unmöglich, sich weiter sinnvoll und vernünftig mit ihr zu unterhalten. Die Suse redete und schimpfte weiter vor sich hin, auf die Miezchen im Allgemeinen und dieses eine Miezchen im Besonderen, während ich versuchte, Aki den Kopf zu kraulen. Aki ist der Papagei, der im Café Kleiber wohnt. Er sitzt in seinem riesigen Käfig und krakeelt in einem fort: »Kraulen, bitte! Einmal kraulen, bitte!«, und kommt ganz nah an die Gitterstäbe gehüpft, um sich von den Gästen kraulen zu lassen. Wirklich kraulen lässt sich Aki aber nur von wenigen, den meisten hackt er erbost auf die Finger, sobald sie es wagen, seiner Kraulaufforderung tatsächlich nachzukommen. Ich glaube, Aki ist verdammt einsam. Und vor lauter Einsamkeit ist er so wütend, dass die Wut als Hackattacke aus ihm rausbricht. Vielleicht muss man, um Aki kraulen zu können, erst diese Hackattacke über sich ergehen lassen. Wenn alle Wut aus ihm herausgehackt ist, kann er sich vielleicht endlich als das kraulbedürftige Federvieh benehmen, das zu sein er so glaubwürdig vorgibt. Das Problem ist nur, dass man für Akis wahres Ich erst alle seine zehn Finger opfern müsste. Und solch eine Opferbereitschaft legt wohl kaum jemand gern an den Tag, nur damit sich ein gestörter Vogel nicht einsam fühlt.

»Im Übrigen hab ich einen Verweis bekommen, wegen frechen Aufmüpfens«, hab ich plötzlich in Suses Tirade hinein gesagt, »den musst du noch unterschreiben.«

»Oh, das auch noch«, hat die Suse geseufzt und ihren astreinen Du-machst-mir-wirklich-nichts-als-Kummer-Blick aufgesetzt. »Ich hoffe, du hast ihn zu Recht bekommen?«

»Weiß ich nicht«, hab ich gesagt und die Vorgeschichte zum Verweis erzählt.

»Klingt verdammt nach frechem Aufmüpfen«, hat die Suse geknurrt, »Grinsinger, Grinsinger … das ist doch die, die in Vertretungsstunden Exen schreibt? Gib mal her das Ding.«

Ich hab ihr den Verweis vorgelegt. Die Suse hat einen Stift gezückt und schwungvoll geschrieben: »Es grüßt Sie, sehr stolz auf das Kind: Susanne Koetherott!« Dann hat sie mit dem Zeigefinger einen Sahnerest von ihrem Teller aufgewischt und einen dunklen Fettfingerabdruck neben ihre Unterschrift gedrückt. »Das wird sie kolossal ärgern«, hat sie zufrieden gesagt. Und dann ist sie schokogesättigt und sahnebesänftigt zur Vorstellung abgedüst.

Ich bin noch eine Weile sitzen geblieben und hab wie ein Schluck Wasser vor mich hingestarrt. Meine Gedanken irrten noch immer konfus durchs Pflegeheim und fanden den Ausgang nicht. Wie schrecklich muss es sein, den ganzen Tag im Bett liegen zu müssen, sich nicht bewegen zu können und einfach nur … zu warten? Ohne Besuch? Ohne Abwechslung? Dafür mit lauttrampeligen Pflegerinnen und Urinprobebechern, die einem aus unerreichbaren Fernen hämisch entgegengrinsen.

Die beiden letzten Tage saßen mir ziemlich in den Knochen. Als ich irgendwann durchgewalkt nach Hause geschlichen bin, hat es schon überall richtig wehgetan. Kopfweh hatte ich auch. Und als die Suse von der Vorstellung nach Hause kam, hatte ich plötzlich 40° Fieber und eine ausgewachsene Grippe an den Hacken.

Da lag ich also betthüterisch vor mich hin und fühlte mich miserabel, einsam, verlassen und vergessen – abgesehen von den paar wenigen Nachrichten, in denen mich der Basti darüber informierte, dass der Christoph jetzt vollends in Ungnade gefallen sei. Der Christophpapa sei nämlich allen Ernstes während des Unterrichts bei der Grinsinger aufmarschiert, um gegen den Verweis seines Sprösslings Einspruch zu erheben. Der Christoph, habe der Christophpapa argumentiert, sei in seiner so liebenswürdigen, aber eben leider auch so arglosen Gutgläubigkeit Opfer eines von uns mutwillig ausgeübten Gruppenzwangdrucks geworden. Die Grinsinger solle sich in ihrer Bestrafung also gefälligst an die Anführer der Meuterei halten, namentlich an Kanauer und Koetherott. Und da habe der Christoph verkackt, weil er nämlich nicht protestiert habe. Der Papaauftritt sei ihm zwar peinlich gewesen, das hätte man deutlich erkennen können, aber man könne eben auch den Mund aufmachen, wenn jemand Blödsinn erzählt – selbst wenn es sich bei diesem

Jemand um den eigenen Papa handle. Wenigstens die Grinsinger sei im Ansehen gestiegen, da sie den Christophpapa habe gehörig abblitzen lassen und sich auch partout nicht an seine so einfühlsamen Lateinübersetzungen habe erinnern wollen. Mit mehr Klatsch und Tratsch wurde ich leider nicht gefüttert, obwohl ich natürlich danach lechzte, in der Ödnis meiner Daunendeckenwelt. Man hat verdammt viel Zeit zum An-die-Decke-starren, wenn man von einem ganzen Tag nur fünf Minuten Texten und einen Zwischendurchanruf von der Suse abziehen kann, die grade lange Proben hat und einem morgens halb zehn und dann erst wieder um Mitternacht einen Kuss auf die Stirn drückt oder ungesüßten Tee ans Bett stellt. Wie oft ich während dieser Grippe daran gedacht habe, wie es wohl sein mag, wochen-, monate- und jahrelang einsam, bewegungsunfähig und noch dazu handylos in einem Funktionsbett im Pflegeheim zu liegen, weiß ich nicht. Ich habe nur jedes Mal, wenn ich mich von einer fieberdurchschwitzten Seite auf die andere gewälzt habe, gedacht, was für ein Höllenglück ich habe, dass ich mich von einer Seite zur anderen wälzen kann, wann immer ich will – und nicht erst auf eine unhöfliche, schlecht gelaunte, nach krümeligem Schweiß müffelnde Person warten muss, damit die das für mich erledigt, als wär ich eine veterinärgrün gestempelte Schweinehälfte.

9

Als ich nach gut zwei Wochen Krank-im-Bett wieder
schwachbeinig in die Schule gekraxelt bin, war bereits helle
Weltverbesserungsaufregung überall. Die Muhbalk hatte offenbar in jeder Klasse das Beispiel mit den Fahrradständern
gebracht, denn die Fahrradständer standen jetzt auf der linken Seite. Und als wäre das noch nicht genug, gab es auch
noch einen Lotsendienst, der einem in gelber Warnweste
einen freien Fahrradparkplatz zuwies. (Was sagenhaft über-
flüssig ist, weil es außer den Fahrradständern noch einen
Fahrradkeller gibt, der so riesig ist, dass er sogar im Sommer,
wenn auch der letzte Fahrradunlustling mit dem Fahrrad
fährt, halb leer bleibt.)

Aber das waren noch nicht alle Weltverbesserungen.

Am Eingang zur Aula standen ein paar Fünftklässlerinnen
Spalier und begrüßten offenbar jeden, der herangeschlurft
kam, persönlich mit überschwänglichem »Hallo« und »Schön,
dass du da bist«. Eine der Fünftklässlerinnen sagte zu mir, als
ich an ihr vorbeiging: »Ich mag deinen Haarschnitt.« Und zu
Basti sagte sie: »Du bist mir einfach echt sympathisch.«

»Klappe halten, sonst gibt's was aufs Maul«, knurrte der
Basti, der eigentlich überhaupt kein Schlägertyp ist, und
schob mich weiter. »Das machen die jetzt jeden Morgen«,
brummte er, »und am Hintereingang stehen sie auch. Kein

Entkommen. Ich hab mich schon beim Papa beschwert. Aber der findet alles nur wahnsinnig amüsant.«

Ich knuffte ihn in die Seite:»Aber du bist doch auch *einfach echt sympathisch*«, flötete ich und klimperte übertrieben mit den Wimpern,»endlich sagt es dir mal jemand!«

Er verzog das Gesicht.»Jaja, und ich mag deinen Haarschnitt.Weil er so schön nach Sauerkraut mit Schweinswürstl aussieht und ich liiiiiebe Sauerkraut mit Schweinswürstl.«

»Wow, was ist denn hier los?«, entfuhr es mir da, weil wir gerade in die Aula gekommen waren. Und die Aula war an einer Seite komplett zugestellt mit Holzlatten und Juteballen und Pflanzenerdesäcken und Leitern. Die halbe Wand war schon mit brauner Jute abgehangen. Was ein riesiger Aufwand ist, wenn man bedenkt, dass unsere Aula eine Deckenhöhe von mindestens zwölf Metern hat.

»Das ist das Projekt von einer aus der Oberstufe«, hat der Basti wenig beeindruckt erklärt,»die will hier alles mit Grünzeug behängen. So ein Hängegarten soll das werden.«

»Aber das wird doch schweineteuer! Ich denk, das Projekt darf kein Geld kosten?«

»Die hat sich irgendwas überlegt, mit Finanzierungskonzept und Trallalala, ich glaub, sie macht Fundraising und hat irgend 'ne Baumschule an der Angel. Die ist völlig irre.«

»Krass. Mann, stell dir mal vor, die ganze Wand dschungelig, das wird doch der Hammer!«

»Und was daran verbessert die Welt?«

Ich zuckte die Achseln.»Pflanzen sind immer gut, oder? Reducing our CO_2-Footprint, du weißt schon. Und was ist das hier?«

Neben dem Kaffeeautomaten vorm Lehrerzimmer stand so etwas wie eine Behelfsumkleidekabine mit grünem Samtvorhang.

»Sag bloß, hier gibt's Typberatung mit Sofortumstyling. Für den Ferdi. Oder vielleicht für den Eiberer? Oh, bitte sag, dass hier aus dem Eiberer jeden Morgen ein sozial erträgliches Wesen gemacht wird.«

Der Eiberer trägt merkwürdig braune Cordhosen, die er bis unter die Achseln hochzieht, und bunte Westen dazu. Er hat lange Nosferatufingernägel und legt sich immer drei fettige Haarsträhnen quer über die Glatze. Außerdem hat er einen so scheußlichen Mundgeruch, dass man die Französischstunden nur überlebt, wenn man sich die Handflächen mit Deo vollsprüht und sich die Hände dann die ganze Stunde über vor Mund und Nase presst. Ich schwöre: Eine eiberersche Typberatung würde auf jeden Fall helfen, die Welt zu verbessern.

»Das«, hat der Basti verkündet, »ist die Tausch-Bar von der Didim aus der Achten.« Mit einem »Tataa« zog er den Vorhang zur Seite. Drinnen waren ein paar schiefe Regale. Die schiefen Regale waren leer – bis auf eine Handvoll Happy-Hippo-Figuren, ein sehr altes Monopoly mit abgenagten Kartonkanten und eine sehr, sehr hässliche, sehr zerknuddelte Blümchenbluse in XXL. Der Basti schien total begeistert. »Da stellt man Sachen rein, die man nicht mehr will – und jeder, der sie braucht, kann sie einfach nehmen. Und im besten Fall legt er zum Austausch selbst was rein, was er nicht mehr braucht. Genial, oder?«

»Aha«, sagte ich, wenig überzeugt, »und so was erlaubt

der Kopetzki? Das sieht mir eher wie verlassene Müllhalde aus.«

»Tja, Sweetheart, für die Renner musst du natürlich ein bisschen früher aufstehen. Hättest du nicht mit Grippe im Bette gelegen, wärst vielleicht du jetzt die Neubesitzerin der kompletten James-Bond-Sonderedition im Kartonschuber!« Er grinste verschlagen.

»Aha«, sagte ich, noch immer nicht überzeugt, »und warum verkauft der mit den James Bonds seine Sonderedition nicht auf eBay?«

»Genau darum geht's ja«, rief der Basti mit einem merkwürdigen Glitzern in den Augen, »nicht mehr alles zu Geld machen wollen! Gegen Konsum und Rendite! Nehmen und Geben, verstehst du? Ich war so happy, ich hab gleich meine Schneekugel aus Paris gestiftet. Und – weg«, er zeigte zum Beweis auf die leeren Schiefregale, »keine Schneekugel mehr da. Irgendjemand ist jetzt verdammt happy mit meiner Schneekugel.«

»Dann scheint dir der Wettbewerb ja doch zu gefallen«, sagte ich.

Aber da verdüsterte sich seine Miene wieder. »Wart mal ab, bis du unser Klassenzimmer siehst. Finja und Co drehen komplett durch.«

10

Er hatte recht. In der Tür zum Klassenzimmer hing schon mal ein rosaseidener Vorhang, das ließ nichts Gutes ahnen. Und tatsächlich: Innen sah das Klassenzimmer jetzt aus wie ein Beduinenzelt aus Tausendundeiner Nacht. An den Wänden und in allen Ecken hingen rosa- und orangeseidene Tücher. Die grauen Dickvorhänge vor den Fenstern hatte man abgenommen und ebenfalls durch rosa- und orangeseidenes Gewalle ersetzt. Am Lehrerpult und auf den Fensterbrettern standen jede Menge blühender Topfpflanzen. Weltverbessern scheint enorm viel mit Grünzeug zu tun zu haben. Aber offenbar nicht nur. Kaum hatte ich das Klassenzimmer betreten, als Finja auf mich zugestürzt kam und mir einen Blätterstapel in die Hand drückte: »Es-wär-wirklich-super-wenn-du-auch-unseren-Fragebogen-ausfüllen-würdest«, rief sie atemlos, »und-das-möglichst-schnell. Und-dann-nimmst-du-dir-einen-DIN-A3-Karton-in-deiner-Lieblingsfarbe-und-machst-aus-den-wichtigsten-Antworten-eine-Collage. Mit-Fotos-und-so. Die-wichtigsten-Antworten-sind-markiert. Hier. Und-hier. Und-hier.«

Sie fing an, wild im Blätterstapel zu blättern und mir irgendwelche Fragen zu zeigen. »Was willst du einmal werden und warum?«, stand da, und: »Womit beschäftigst du dich in deiner Freizeit?«, und: »Wer ist dein Vorbild und warum?«, und so weiter. »Das-hängen-wir-dann-auf-und-so-können-wiruns-alle-von-einer-ganz-anderen-Seite-kennenlernen«, rief sie und hatte plötzlich rote Flecken am Hals. »Das-ist-wichtig-für-gegenseitigen-Respekt-und-Wertschätzung.«

Sie deutete mit einer ausladenden Bewegung an die Wand, an der drei Collagen hingen: eine von Finja selbst, eine von Mia, ihrer besten Freundin, und eine von Cosi, ihrer zweitbesten Freundin. Die Collagen waren, soweit ich das von hier aus erkennen konnte, hauptsächlich Pferdeplakate mit ein bisschen Jennifer Lawrence, Kylie Jenner und Billie Eilish dazwischen.

»Aha«, sagte ich, »und warum soll ausgerechnet ich da mitmachen?« (Ich weiß nicht, ob ich es schon erwähnt habe, aber die Finja und ich, wir sind nicht unbedingt die besten Freundinnen.)

»Aber-doch-nicht-nur-*du*-wir-machen-alle-mit!«, rief sie und wandte sich in einer wichtigen Drehung an alle anderen, die schon im Klassenzimmer waren: »Es wäre wirklich schön, wenn ihr mal langsam eure Collagen abgeben würdet! Sonst wird das nichts mit dem Zusammenhalt!«

»Ich kann nicht«, grunzte der Ferdi, »der da stört mich in der Konzentration.« Er deutete mit dem Daumen auf einen Hamsterkäfig, der neben ihm am Fensterbrett stand und den ich vor lauter blühendem Schnittlauch noch gar nicht gesehen hatte. Im Käfig hockte ein antriebsloser Hamster und sah ziemlich übel aus. Er war so mager, dass man seine Rippen zählen konnte, hatte lauter kahle Stellen in seinem schmutzwasserbraunen Fell und, soweit man das von hier erkennen konnte, nur noch eine Vorderpfote. Gerade versuchte der vorderpfotenlose Hamster, in seinem Hamsterrad zu laufen. Das Hamsterrad machte: klack. Jedes Mal, wenn der Hamster eine Sprosse weiter gehumpelt war. Klack. Klack. Der Ferdi verdrehte die Augen. »Kann der nicht woanders abkratzen?«

»Solidarität bedeutet auch Verzicht!«, sagte Finja streng. Und zu mir sagte sie, dauernickend und mit weit aufgerissenen Augen: »Wenn wir ihn nicht aus dem Tierheim geholt hätten, wär er doch schon längst Fischfutter! Ich meine, so einer wie Berthold«, sie zeigte dramatisch auf den vorderpfotenlosen Hamster, »der hat doch im wirklichen Leben überhaupt keine Chance!«

»Ja, aber warum rettet ihr den räudigen Fetzen nicht bei euch zu Hause?«, grummelte der Ferdi. »Hamsterpisse stinkt.«

»Der *räudige Fetzen*, wie du ihn nennst«, setzte die Finja in spitzem Ton an, »übt eine beruhigende Wirkung auf uns Menschen aus. Tiere sind sensibel und machen uns milde. Die Anwesenheit eines Tieres wird dem gesamten Klassenklima zugutekommen, das wirst auch du noch merken.«

Finjas Mama ist Tiertherapeutin. Das heißt, sie geht mit ihrem riesigen Bernhardiner zu Menschen, die irgendein Trauma haben, und dann legt der Bernhardiner den Menschen seine Sabberschnauze aufs Knie und die Menschen streicheln ihn und angeblich hilft das. Weil ich nicht sicher bin, ob sich in unserer Klasse jemand mit Trauma aufhält – und wenn, dann weiß ich nicht, ob das ein Trauma ist, das sich wirklich mit einem halbtoten Hamster beheben ließe –, hab ich den Basti gefragt, ob sich auch noch andere Weltverbesserungsvorhaben in unserer Klasse gebildet hätten.

Der Basti hat mit dem Kinn in Richtung Timo genickt,

der mit einem Automatenkaffeebecher erwartungsvoll neben der Klassenzimmertür stand.

Ich hab ratlos mit den Achseln gezuckt:»Sammelt er für hungernde Kinder in Afrika?«

»Nö. Er hat zusammen mit dem Hubsi einen Automatenkaffeebringdienst für die Grinsinger gegründet.«

»Bitte was?! Aber ... wozu, ich meine, was ... der glaubt doch nicht, dass sie davon umgänglicher wird? Oder schleimt er sich einfach nur ein?«

»Ganz und gar nicht«, hat der Basti gesagt und gegrinst, »er hat die Theorie aufgestellt, dass die Grinsinger kurz vor der Implosion steht. Weil sie für ihr Dauergrinsen so enorm viel Energie verbraucht. Und jetzt will der Timo den Implosionsvorgang beschleunigen, indem er den Energieverbrauch auf sein Maximum treibt. Deswegen der Kaffee. Zur Schleusung von großen Zuckermengen in den Grinsingerkörper. Energieerhaltungssatz und so, du verstehst?«

Ich muss ziemlich beschränkt geschaut haben, denn der Basti hat noch mehr gegrinst und gesagt:»Egal, musst du auch nicht verstehen, aber der Timo, der muss es wissen, der hat schließlich bei Jugend forscht eine lobende Erwähnung für seine balzenden Amöben bekommen. Aber die ganze Angelegenheit ist verdammt schwierig, weil die Grinsinger Zucker nicht ausstehen kann und auch noch die kleinste Prise erschmeckt. Verunreinigte Getränke kippt sie gnadenlos ins Waschbecken. Deswegen ist der Timo jetzt auf Proteine umgestiegen.«

In diesem Moment trat die Grinsinger durch den rosaseidenen Wallevorhang ins Klassenzimmer und wir beobachteten stumm, wie sie tatsächlich ein bisschen ergriffen den Kaffee entgegennahm, den ihr der Timo mit einer kleinen Verbeugung überreichte.

»Da sind jetzt Mehlwürmer drin«, hat der Basti aus dem Mundwinkel heraus geflüstert, »jede Menge pulverisierte Mehlwürmer. Die schmeckt die Grinsinger überhaupt nicht heraus. Der Hubsi hat zur Nachschubsicherung extra eine nette kleine Mehlwurmzuchtfarm in der hinteren Ecke seines Kleiderschranks angelegt.«

Ich linste zum Hubsi. Der machte zu Dokumentationszwecken gerade heimlich ein Handyfoto vom Timo, der wiederum hinter dem Rücken der zufrieden vom Mehlwurmkaffee nippenden Grinsinger zwei Daumen hochhielt.

»Basti«, hab ich geraunt, »ich glaube, wir brauchen ein *echtes* Weltverbesserungsprojekt.«

»Ich hab befürchtet, dass du das sagen wirst«, hat der Basti geseufzt.

Aber da hat die Grinsinger auch schon gerufen: »Die 8b braucht mal wieder eine Extraeinladung: Acht Uhr Montagmorgen, Gespräche einstellen und aufstehen!«

11

»Nee. Auf keinen Fall. Kommt überhaupt nicht in Frage. Alles, aber das nicht. Vergiss es.«

Basti sträubte sich wirklich wie eine Katze kurz vorm Wannenbad. Dabei hatte ich mit meiner kleinen, feinen Weltverbesserungsidee schon extra gewartet, bis ihm die Frau Gerstenberger eine feiste, fettglänzende Leberkässemmel in die Hand gedrückt hatte. Weil ein Basti mit Leberkässemmel immer kooperativer ist als ein Basti ohne Leberkässemmel. Jetzt aber hielt er den Leberkäsapparat von sich, als wär der ein Hundewelpe, der ihn gerade angepinkelt hatte: »Das geht nicht. Das *dürfen* wir gar nicht.«

»Sag mal, was ist denn mit dir los? *Das dürfen wir gar nicht*, du klingst ja schon wie der Christoph! Warte, Chrissibärchen, du hast da noch von der Hummercreme«, zirpte ich mit Christophmamastimme, leckte meinen Daumen ab und näherte mich damit Bastis Mundwinkel, wie um ihn abzuwischen.

Der Basti zuckte angeekelt zurück.

»Außerdem ist es verdammt gut für dein Karma«, setzte ich mit Normalstimme hinzu, »das sollte jemand mit einem Karmakontostand wie dem deinen vielleicht nicht ganz außer Acht lassen.«

Er warf mir einen langen Blick zu, in dem er, wie mir klar war, nicht seine Karmapunkte, sondern unsere gesammelte

Freundschaft seit der ersten Klasse in die Waagschale warf. Ich schenkte ihm vorsichtshalber noch einen sensationellen Augenaufschlag.

Er seufzte. »Ist ja gut, wir gehen hin. Aber auf deine Verantwortung. Und auch nur zehn Minuten!«

»Ja, ja, ja«, sagte ich, »ja, ja, ja.« Ich hätte ihn glatt abknutschen können – auch wenn mir selber reichlich mulmig war. Ich teilte zwar nicht seine Angst, dass man uns wegen Hausfriedensbruchs die Polizei an den Hals hetzen könnte. Aber ich hatte so eine leise Vorahnung, dass sich das Pflegeheim unserer Stadt in keinster Weise von dem Pflegeheim, in dem meine Oma lag, unterscheiden würde – und ich war nicht sonderlich scharf auf eine Wiederbegegnung mit dieser bedrückenden, klebrigen Luft, in der sich nicht ein einziges Sauerstoffmolekül ohne Fußfessel bewegen darf. Und trotzdem: Es musste sein. Denn wenn das hiesige Pflegeheim auch nur halb so niederschmetternd war wie das omaliche, hatte es ein bisschen Weltverbesserung dringend nötig. Es war jetzt nicht mein Plan, ins Pflegeheim zu gehen, um dort der Reihe nach alte Menschen umzudrehen wie Steckerlfisch am Jahrmarktsgrill. Aber ich wollte sie besuchen. Wer weiß. Hallo sagen. Freundlich sein. Etwas aufmuntern. Ein bisschen Leben in die ganze Endstadiumswarterei bringen. Ich hatte zwar keine Ahnung, wie. Und ob die Nichtsahnenden denn überhaupt Lust auf fremden Besuch von Grünschnäbeln hatten. Aber ich dachte: erst mal kucken und dann mal sehen. Und mit einem Basti im Boot hätte man für den Fall des Kenterns wenigstens Spaß.

Offenbar gibt es in ganz Deutschland nur ein einziges Innenarchitekturbüro, das für sämtliche Pflegeheime unserer Republik zuständig ist. Und fantasietechnisch scheint man dort nicht sonderlich ehrgeizig zu sein. Denn auch in dem Pflegeheim unserer Stadt hatte man sich ordentlich ausgetobt mit jeder Menge hellem Billoholz, grauem Hygienelack und kindergartenpartyfröhlichen Farbtupfern. Auch hier fehlten standesgemäß die Fenstergriffe. Und auch hier saß, als gehörte er zur Inneneinrichtung, ein faszinierend leibesfetter Mensch an der Pforte – auch wenn es sich, wohl infolge eines Anfalls innenarchitektonischer Kreativität, zur Abwechslung um eine weibliche Person handelte.

Bastis größte Sorge war es gewesen, wie wir ohne vorweisbares Verwandtschaftsverhältnis oder sonst eine Besuchslegitimation an der Pforte vorbeikommen sollten. Ich hatte ihm vorsorglich eine Lektion im Schultern-zurück-Brust-raus erteilt, weil ich von der Suse weiß, dass Körpersprache die halbe Miete ist. Aber ich glaube, wir hätten auch in einem Gefechtspanzer unter Abschießen eines mittleren Neujahrssaluts ins Pflegeheim einfahren können und die Pförtnerin hätte uns nicht bemerkt. Sie hatte sich, wie um ein Zeichen gegen ihre Umgebung zu setzen, übertrieben Schneewittchenstyle in ihrem Pförtnerinnenkabuff eingerichtet – mit Rüschengardinen vor der Fensterscheibe, Häkelkissen, Postkarten an den Wänden und sehr viel Kakteenartigem in kessen Gartenzwergübertöpfen. Dazu hörte sie weit über Zimmerlautstärke Udo Jürgens und bewegte stumm die Lippen dazu, entweder weil sie innerlich »Aber bitte mit Sahne«

grölte oder weil sie das Strickmuster zählte, das sie mit kurzen Armen vor ihrer mächtigen Oberweite hielt und das offenbar ihre ganze Aufmerksamkeit beanspruchte.

Wir schlichen ungesehen an ihr vorbei und verschwanden geschmeidig wie zwei Raubkatzen im Treppenhaus nach oben. Wir dachten, weiter oben ist die Enttarntwerdengefahr vielleicht generell niedriger. Natürlich konnte ich mich nicht enthalten, dem Basti gehörig grinsend in die Rippen zu boxen: »Siehste mal, du Schisser!«

»Wir sind doch noch nirgends drin, du hysterische Almkuh! Das hier ist erst die Vorhölle!«

»Vorhöllen haben keinen Linoleumboden. Also such lieber eine Tür aus!«

»Au ja, ich steh auf Russisch Roulette!« Er schlich zu einer Tür, um flüsternd das Namensschild zu lesen: »Prof. Dr. phil. Theophil Philippi – das ist 'n Witz, oder? Den kannst du von deiner Liste streichen, Theophilibus Philistikus lässt uns nie im Leben rein. Na ja, mich vielleicht, aber dich ungebildete Fruchtfliege? Warte – Mann, box mich doch nicht immer!, – was haben wir denn hier … Alfrúnd … Himmel, wie spricht man das denn aus, kannst du Isländisch? Ey, gibt's in dem Laden hier keine stinknormale Erna Huber? Oder einen Bauer Sepp. Oder einen …«

In diesem Moment ging am hinteren Ende vom Gang mit einem *Pling* die Aufzugtür auf, Stimmen und Geklapper waren zu hören – und vor Schreck warf ich sogar meine Körpersprachenmiete über Bord. Ich klopfte hastig an die nächste Tür, öffnete, ohne auf Antwort zu warten, schob den Basti hinein und mich hinterdrein.

Da standen wir plötzlich in einem lichtgedämpften Zimmer voller antiker Möbel und mein Herz pochte, als wäre es zu Hulk mutiert. An den Wänden hingen jede Menge Schwarz-Weiß-Fotos von lachenden Menschen in Abendgarderobe und Partystimmung. Inmitten der Antikmöbel stand ein riesiges weißes Gitterbett wie ein verirrtes Aliengefährt. Darin lag eine kleine, ausgezuzelte Person und bewegte sich nicht. Draußen schoben sich die Stimmen und auch das Geklapper vorbei und verkullerten den Gang abwärts. Die Stille, die jetzt einsetzte, war durchdringend. Nur eine dunkle Standuhr schwang ihr Pendel hin und her, zäh und fast schon höhnisch, denn dass die Zeit hier nicht verging, konnte man bis an die Gurgel spüren. Beklommen trat ich ans Gitterbett, mit einer Mischung aus Angst und Neugier. Die Person hatte spärlich Flaumhaar auf dem Geierkahlkopf, ihre Wangen waren eingefallen und die Haut spannte sich germknödelweiß über Knochen und Knorpel. Ich hätte nicht sagen können, ob es eine Frau oder ein Mann war, die oder der ausgeliefert vor mir lag. Das Wesen starrte mit aufgerissenen Augen nach oben an die Decke. Am kargen Wimpernkranz klebten gelbe Sandmänner und der Mund stand reglos offen. Ich musste an Ötzi, die Eismumie, denken. Wenn das Wesen nicht bei jedem Ein- und Ausatmer ein trockenes »kch« von sich gegeben hätte, hätte ich geschworen, es wäre seit Jahrtausenden tot.

»Stirbt die gerade?«, flüsterte mir der Basti ins Ohr und klang beeindruckend knieweich dabei. Mir schoss kurz durchs Hirn, woher er wissen wollte, dass Ötzi eine »sie« war, aber dann schoss mir sofort hinterher, dass die Suse immer verlangt, man solle über Anwesende gefälligst nicht in der dritten Person sprechen. Egal ob die dritte Person einen noch mitschneiden kann oder nicht. »Respekt«, sagt sie dann gerne, »Respekt vor der organischen Masse. Nicht zu viel. Aber ganz sicher auch nicht zu wenig.« Also hab ich mich vorsichtig über das Gitterbett gebeugt, in der Hoffnung, dass die gute Frau – sofern sie denn eine war – nicht plötzlich senkrecht im Bett sitzt vor Schreck, und habe in mittlerer Schwerhörigenlautstärke gesagt: »Guten Tag, das hier ist der Basti Kanauer und ich bin die Minna Koetherott und wir sind vom Martin-August-Gymnasium und wir dachten uns, wir besuchen Sie mal.«

Der Basti hat mich angestarrt, als wär ich der Ötzi hier im Zimmer. Aber die Frau hatte mich gehört und wohl auch verstanden, denn sie bewegte ihre Augen in meine Richtung. Aber nur die Augen. Sie drehte nicht den Kopf oder so was. Sie hielt die Augen weit aufgerissen und dann klappte sie ihren Mund auf und zu. Zumindest versuchte sie es, aber es sah aus wie bei einer Marionette, bei der das untere Kieferscharnier nicht richtig einhakt. Ihre Lippen waren rissig und weiß vor Trockenheit.

»Mögen Sie vielleicht was trinken?«, hab ich gefragt und den Schnabelbecher, der auch hier auf dem Nachttisch stand, der Frau vors Gesicht gehalten, damit sie notfalls sehen, was sie vielleicht nicht verstehen konnte.

»Kch, kch«, hat die Frau von sich gegeben und ich hab das mal als »ja« gewertet, schnell an der Flüssigkeit gerochen (vorsichtshalber, weil diese schnabelbechrigen Teepfützen immer so nach Urinprobe aussehen! War aber Fencheltee) und der Frau ein bisschen was in den Dörrschlund getröpfelt. »Basti, du könntest in der Zwischenzeit mal das Fenster aufmachen, zum Lüften«, hab ich gemurmelt, aber der Basti hat sich nicht einen Zentimeter von der Stelle gerührt, sondern nur gebannt zugesehen, wie die Frau folgsam Tropfen für Tropfen geschluckt hat wie ein kleines, verwaistes Entenküken. Zwischendurch habe ich der Frau ein paar Tropfen Tee auf die aufgesprungenen Lippen geträufelt. Den Blick, mit dem mich die Frau die ganze Zeit über dabei angesehen hat, werde ich geschwört niemals in meinem Leben vergessen. Mir war er fast schon ein bisschen unangenehm, der Blick, ich dachte: So aufregend kann Fencheltee jetzt auch nicht sein. Und deswegen hab ich das gemacht, was man immer macht, wenn einem eine Stille zu heilig wird (oder wenn man jemanden beruhigen will, auch wenn das in diesem Fall nicht die Frau war, die Beruhigungsbedarf hatte, sondern ich): Man redet. Relativ zusammenhangsloses Zeug. »Wissen Sie, dass draußen heute hellster Frühling ist? Die Kastanien werden wohl diese oder nächste Woche zu blühen anfangen, auch wenn Schnee angesagt ist, ich mag es, wenn die Kastanien blühen, aber noch lieber sind mir die Linden, mögen Sie den Duft von Linden? Meine Mama liebt Linden auch, so sehr, dass wir deswegen in der Ackerstraße wohnen, da stehen nämlich nur Linden. Und in der Perbellinistraße haben sie gestern einen Blindgänger aus dem Zweiten Weltkrieg entschärft, das ganze Straßenkarré wurde evakuiert. Und Nordkorea hat wieder mal Atombombentests durchgeführt und jetzt überlegt die USA, ob sie …«

In genau diesem Moment klopfte es an der Tür und noch

im selben Augenblick kam ein Mann mit Walrossschnauzer herein, sah uns, mich mit Schnabeltasse, Basti als Salzsäule, stutzte – aber nur kurz – und lächelte dann. Er trat ans Bett, legte seine Hand sanft auf die zu einer Klaue gekrallten Blasshand der Frau im Gitterbett und sagte herzlich und mit einer Dröhnstimme, die ausgezeichnet zu seinem Walrossbart passte:»Guten Tag, Frau Klever! Das ist aber schön, dass Sie Besuch haben. Da beeil ich mich mit der Untersuchung, damit Ihr Besuch nicht allzu lang draußen warten muss.« Dabei zwinkerte er uns zu und es war klar: Das war grad der Wink mit dem Zaunpfahl. Er stellte seinen Arztkoffer auf einen Stuhl, klappte ihn auf und holte ein Stethoskop heraus. Ich beeilte mich, artig »Auf Wiedersehen, Frau Klever« zu sagen und zog den noch immer erstarrten Basti hinaus auf den Flur und die Tür hinter uns zu.

Da standen wir, bestellt und nicht abgeholt. »Was machen wir jetzt?« flüsterte ich, aber der Basti sah aus, als hätte er gerade ein Einhorn beim Koksen erlebt, und schien auf Wochen nicht vernehmungsfähig. Dass er brav hier mit mir auf dem Linoleumflur ausharren würde, bis der Arzt seine Visite beendet hatte, damit wir a) erst vom Arzt über Zweck und Ursache unserer Besuchslust befragt würden und b) bei Frau Klever noch ordnungsgemäß einen Lüftvorgang durchführen konnten, war eher unwahrscheinlich. Und, ehrlich gesagt: Ich war auch nicht mehr sonderlich überzeugt von unserer Mission. Reinschleichen, Fencheltee tröpfeln – sollten wir das jetzt etwa in allen Zimmern machen? War das mein Plan gewesen? Der Effekt war doch, bei Licht betrachtet, ziemlich jämmerlich.»Heimweg?«, bot ich daher an und legte dem schockgestörten Basti behutsam meine Hand auf den Rücken.»Und vorher geb ich noch eine Runde Entschädigungsleberkäs aus?«

Da regte sich auf einmal Leben in ihm:»Atomwaffen«, murmelte er,»das waren Atom*waffen*, keine Bomben, das ist doch ein Unterschied! Und was, bitte schön, haben Bomben und Nordkorea überhaupt in deinem Frühling zu suchen?« Wo war denn jetzt bitte sein Problem? Ich weiß, dass bei den Kanauers familiengeschichtlich bedingt gern und viel politisch diskutiert wird und selbst die harmlosesten Begriffe aus dem Basti bisweilen einen veritablen Stammtisch machen, aber jetzt war ich mir wirklich keiner politischen Inkorrektheit bewusst.»Seit wann gibt's im Frühling keine Bomben?«, zischte ich,»*Oh, es ist Frühling, ey, lass mal Feuer einstellen, Kim Jong Dingsdabums, und 'n bisschen über die Wiesen hopsen, Bienen beim Bestäuben zusehen. Klar, Trumpyboy, passt mir super, bei uns ist Maifest, machen wir einfach nach der Kirschblüte weiter …* Im Winter macht doch so ein Entlaubungsbömbi gar keinen Spaß! Ich würde meine Atombomben alle nur im Frühling zünden!«

»Mann, das ist doch kein Smalltalkthema für 'ne Neunzigjährige! Die Frau hat den Krieg noch miterlebt! Und du so: oh, happy Frühling draußen – und übrigens auch bald Atomkrieg! Die kriegt doch heute kein Auge mehr zu!«

»Hast du nicht gesehen, was die für eine Tablettenportion in dieser Schachtel da auf dem Nachtkästchen hat? Ich wette, damit schläft sogar ein Elefantenbulle zwölf Stunden selig durch, mach dir da mal keine Sorgen.«

Wirklich, ich war ein bisschen beleidigt. Steht die ganze Zeit wie ein leeres Ölfass neben einem, aber hinterher dann Monologkritik geben, als hätte man darum gebeten! Echt, ich wollte nach Hause.

Aber da packte mich der Basti am Arm und rüttelte mich: »Du warst echt krass.«

»Hä?«

»Abgesehen von der Atombombe, ist halt 'n Anfängerfehler. Aber wie du da rein bist und so furchtlos und wie sie dich angesehen hat. Darf ich ab sofort Mutter Theresa zu dir sagen?«

»Wenn du mich jetzt hopsnehmen willst, geh ich da noch mal rein und leih mir ihre Tabletten aus. Die nimmst du dann aber ohne Wasser, das garantiere ich, und zwar die Wochenration.«

»Ich mein das ernst. Du warst Hammer. Die ganze Angelegenheit ist Hammer. Wir gehen jetzt nicht nach Hause und scheiß auch auf Leberkäs. Wir machen weiter. Wer weiß, wer hier noch alles Tee zwischen die zahnlosen Kiefer braucht.«

Ich wollte protestieren, aber mir klappte nur echsenmäßig der Mund auf. Denn der Basti marschierte auf die nächste Tür zu, las das Namensschild, sagte zufrieden: »So, Herr Schnedelbach, prepare for take-off«, klopfte an, von drinnen kam ein schneidiges »Herein«, der Basti öffnete – und ich beeilte mich mal besser, hinter ihm drein und ins Zimmer zu schlüpfen. Was sollte ich sonst auch machen: Neugier sticht Aufgeben.

12

Herr Schnedelbach war alt wie eine Riesenschildkröte, saß gespannt, aufrecht und stattlich in einem Lehnstuhl, hielt einen Gehstock zwischen den Beinen und mir fielen sofort seine kräftigen Hände und der galaktische, mistkäfergrün schimmernde Siegelring an seinem Ringfinger auf. Er trug eine Brille, wie Helmut Kohl sie im letzten Jahrhundert getragen hat, sein ausgedünntes Weißhaar war mit einem nassen Kamm glatt nach hinten frisiert. Mit achtzehn war er sicher eine Milchschnitte gewesen und sicherlich auch noch ein paar Jährchen im Anschluss, das konnte man erkennen – und auch, dass er sich gern daran erinnerte. Im Fernsehen trug ein Parlamentarier gerade eine unmotivierte Rede vor, die ihm Herr Schnedelbach abwürgte, als er bei unserem Anblick entschieden hatte, dass wir eventuell spannender sein könnten. »Ah, Jungvolk in meiner Hütte!«, rief er freudig. »Jetzt heißt es: Helm ab zum Gebet! Was hat euch zu mir verschlagen?«

»Das Weltverbessern«, sagte der Basti prompt und ich wäre fast im Erdboden versunken. Herr Schnedelbach aber nahm es offenbar nicht persönlich: »Lobenswerter Ansatz, Kamerad, aber ich sage dir in aller Vertraulichkeit: Damit sitzen wir noch bis morgen Herrgottsfrüh um viere hier, das ist eine Aufgabe, die will gewissenhaft erledigt werden.« Er zwinkerte mir zu. »Junges Frollein, sei doch so liebenswürdig

75

und sieh zu diesem Zweck in der Anrichte unten links nach, da müsste sich eine braune Flasche mit einem roten Etikett finden, die Likörgläser sind oben rechts. – Ihr habt doch gegen ein Likörchen in Ehren nichts vorzubringen?«, wandte er sich wieder an den Basti und mir dämmerte, dass in Herrn Schnedelbachs Welt Frolleins wie ich fürs Tischdecken, Bügeln und Allgemein-repräsentativ-Aussehen zuständig waren, Unterhaltungen, also *echte* Unterhaltungen hingegen nur geschlechtsintern, von Mann zu Mann, geführt wurden. Ich biss höflichkeitshalber – und weil ich mir das Ausmaß seines Sexismus erst mal genauer ansehen wollte, bevor ich aufbegehrte – die Zähne zusammen und machte mich an die Durchsuchung der Anrichte, während Basti korrekt verlegen sagte:»Na ja, nicht prinzipiell, wir sind nur noch keine achtzehn.«

»Macht nichts, macht nichts«, tönte Herr Schnedelbach und lachte leutselig,»nur keine falsche Bescheidenheit, früher wurden wir schon für weit geringere Vergehungen zum Himmelfahrtskommando abbeordert!« Er machte eine einladende Geste zum Clubsessel neben sich:»Setz dich, mein Junge, setz dich, vom Stehen bekommt man Krampfadern, das ist eine widerliche Angelegenheit, die du selbst dem Franzosen nicht wünschst, mir wurden die meinen schon gezogen: ein Haufen blauer Spaghetti und dann diese ekelhaften Strümpfe. Frollein, warst du schon hinlänglich erfolgreich in der Suche? Ich sagte: links!«

Ich knurrte innerlich. Meine Rechts-Links-Schwäche bringt mich so schon manchmal auf die Palme, aber wenn ein Herr Schnedelbach mich dafür auch noch für minderbemittelt hält, krieg ich die Alice-Schwarzer-Krise. Außerdem war in dieser Anrichte alles Mögliche zu finden, aber ganz sicher keine braune Flasche mit einem roten Etikett. Weder links noch rechts.

»Da ist keine braune Flasche mit einem roten Etikett«, sagte ich.

»Was sagst du? Keine Flasche?« Herrn Schnedelbachs Unterlippe begann augenblicklich zu zittern. »Das darf doch nicht … sieh noch mal nach! Links, unten links! Eine braune Flasche! Rotes Etikett! Die war noch voll!«

Entnervt schaute ich noch einmal in den halben Kubikmeter voll Fotoalben, Besteckkästen und Polaroid-Kameras, dann in den halben Kubikmeter voll bestickter weißer Wäsche. »Da ist überhaupt keine Flasche. Demnach auch keine braune.«

Jetzt bebte Herrn Schnedelbachs Unterlippe und er sah aus, als würde er in Tränen ausbrechen. Stattdessen aber brach er in wüstes Geschrei aus: »Schon wieder! Dieses hinterfotzige Luder! Dieses elendige Weibsstück! Meine Flasche! Bestohlen hat sie mich! Diese Person! Diese Presswurst! Diebstahl ist das, Diebstahl!« Er tobte und schrie und stampfte mit seinem Gehstock immer wieder auf den Boden, den Kopf hochrot vor Wut. Ich sah diskret zu Basti. Das musste er jetzt regeln. Er hatte eindeutig den besseren Zugang.

»Herr Schnedelbach, bitte … äh … Seien Sie doch … äh … mannhaft«, wagte er auf meine Blickbitte hin folgsam den Vorstoß, »wer hat Ihnen denn Ihre Flasche weggenommen?«

Herr Schnedelbach wirkte, als würde er aufwachen. »Die

Presswurst«, sagte er leise, ein Gewittergrollen unterdrückend, »die Presswurst, die hier ein- und ausgeht, wie es ihr beliebt, und die sich anmaßt, sie könnte mir vorschreiben, was gut und was schlecht ist für mich und meine Leberwerte. Aber nicht mit mir!«, rief er triumphierend. »Nicht mit mir! Ein Versteck hat sie noch nicht entdeckt! Frollein, sei so liebreizend und lang nach dem Hayek.«

»Nach dem was bitte?«

Aber noch ehe Herr Schnedelbach das oder den Hayek erklären konnte, klopfte es von unten an den Fußboden. Ganz so, als würde jemand im Zimmer unter uns mit einem Besenstiel an die Decke klopfen. Herr Schnedelbach reagierte augenblicklich und wummerte mit seinem Gehstock wild und unkontrolliert zurück. »Du Waschlappen, wehrdienstuntauglicher«, schrie er gegen den Teppichboden an, »labbrige Schwuchtel, ich klopf und schrei, so viel ich will! Reg dich nur auf, du Hautlappen, du Molluske, renn zur Heimleitung und schreib deine Briefchen, ich mach, was ich will! Ich bin noch wer! Ich kann noch immer machen, was ich will«, Herr Schnedelbach richtete sich wieder auf und seine Augen glänzten vor Freude. »Den Hayek, wertes Fräulein«, sagte er, plötzlich sehr charmant, und streckte mir wie ein Chirurg, der von der OP-Schwester das Skalpell verlangt, die offene Hand entgegen, »Band 3. Denen werden wir zeigen, was eine Offensive ist!«

Ich war schockiert über seine Schimpfwörterausrichtung, aber zu neugierig auf die Offensive und außerdem, ja, ich gebe es zu, auch ein wenig überrumpelt, ich drehte mich zum Bücherregal, da ein »Band 3« nur mit einer in Papier gebundenen Gesamtausgabe zu tun haben konnte, suchte und fand nicht nur die gesammelten Werke eines nobelausgepreisten Friedrich Hayek, sondern auch den dicken Wälzer, auf dem in goldlettrischer Prägung stand:»Band 3: Die Verfassung der Freiheit«. Der Band war erstaunlich leicht für seine Dicke, und als ich ihn Herrn Schnedelbach reichte, lachte der verschmitzt. Er klappte den Buchdeckel auf – und darin waren nicht etwa bibeldünne Seiten voll feinstneoliberaler Wirtschaftsweisheiten, sondern dicke, fette, komplizenhaft grinsende Zigarren. Band 3 war ein Fakebuch. Band 3 war Herrn Schnedelbachs Zigarrenversteck.»Frollein«, frohlockte er,»nebenan findest du die Küchenzeile, mach uns einen schönen starken Kaffee, ja? Wenn wir keinen Likör haben, trinken wir eben einen Mokka, das schöne Leben lassen wir uns nicht nehmen, nicht wahr, schon gar nicht vom niederen Adel! Jawohl, niederer Adel«, brüllte er in Richtung Teppichboden, dann richtete er sich wieder kichernd auf und bot dem Basti generös von seinem Zigarrenschatz an.»Greif zu, mein Junge, schmauchen wir eine im Namen der Freiheit! Uns kriegen sie nicht klein, und wenn, dann laufen wir noch zwölf ausgewachsene Meter!«

Dem Basti quollen erfreut die Augen über und ich sah noch, wie er sich, höchst zufrieden mit seinem neuen Clubsesselleben, eine Zigarre griff und weltmännisch anfing, sie aus dem Zellophan zu wickeln. Ich verschwand in die Küche, dankbar über das Fluchtangebot, und stöberte durch die Schränke auf der Suche nach Kaffee, Filter oder Ähnlichem. Ich fand nichts. Im Hintergrund hörte ich, während ein herb-süßer Zigarrenqualm zu mir in die Küche kroch, Herrn

Schnedelbach jovial von Störtebeker erzählen und von seiner eigenen Marinezeit. So wie es sich anhörte, hatte Herr Schnedelbach den Großteil seines Lebens als Held zugebracht – in U-Booten, in Gefangenschaft, wieder in U-Booten, immer als Held. Heute ist Mottotag »Krieg«, dachte ich, als plötzlich ein nervenbetäubender Alarm losschrillte. Ich stürzte zurück ins Zimmer, sah einen blutleeren Herrn Schnedelbach wie versteinert im Stuhl sitzen und einen Basti, der aufgesprungen war, das Fenster aufgerissen hatte und versuchte, mit der Fernsehzeitschrift den Zigarrenqualm aus dem Fenster zu wedeln, was ihm nicht gelang: Der Rauch stieg unbeeindruckt zu dem kleinen, fiesen Rauchmelder an der Decke, der signalrot blinkte und einen Höllenkrach schlug. »Oh Gott, wie doof kann man nur sein!«, rief ich vor Schreck, riss dem apathischen Herrn Schnedelbach den Gehstock aus den Händen, kletterte auf die Lehne des Clubsessels und versuchte, das petzende Krachding herunterzuschlagen, wie ich das mal in einem Film gesehen hatte. Im Film hatte das praktisch ausgesehen, jetzt, balancierend und ohnehin kein Pro im räumlichen Denken, war es etwas schwieriger, dem Ding gezielt den finalen Schlag zu verabreichen. Mir gelang es in dem Augenblick, in dem die Tür aufgerissen wurde und eine äußerst aufgebrachte Pflegerin keifend und mit hochrotem Hefeteigkopf hereingerauscht kam: »Herr Schnedelbach, zum allerletzten Mal ...« Gerade da sprang der Rauchmelder ab und fiel der Pflegerin direkt vor die pflaumenblau lackierten Zehennägel, die träge aus den weißen Gesundheitslatschen glotzten. Die Rauchmeldersirene quäkte ein jämmerliches letztes Mal und verstummte dann – wohl für immer. Die Pflegerin sah auf den zerfetzten Rauchmelder, sah nach oben an die Decke, wo er intakt hätte hängen sollen, sah mich, primatengleich auf der Clubsessellehne, schwankend den Gehstock schwingend, sah auf den Basti, der vor lauter Pflegerinnenschreck im Zeitungswedelfreeze stand, sah auf den Herrn Schnedelbach, der weggetreten in seinem Lehnstuhl saß, mit sehr leerem Blick und klokachelweiß im Gesicht.

»Aha! Und jetzt auch noch mit Verstärkung! Seid ihr verwandt mit dem Herrn Schnedelbach?«

Dass Pflegerinnen immer als Erstes so mafiosimäßig wissen wollen, ob man mit irgendwem verwandt sei! »Sie sollten vielleicht besser der Feuerwehr Bescheid geben, sonst stehen wir hier in zwei Minuten unter Wasser«, sagte ich nüchtern. Die Suse erzählt gern die Story, wie ein Bühnenmeister vor Jahren bei einer Hamlet-Vorstellung vergessen hat, die Feuermelder rauszunehmen. Kaum, dass sich der erste Schauspieler auf der Bühne eine Zigarette angezündet hatte, kam ein Löschzug von sieben Drehleiterwagen angerückt und die Brigade stürmte mit wassermarschbereiten Schläuchen den Zuschauerraum. Die Zuschauer dachten, das gehöre zur Inszenierung, und klatschten im Anschluss lange und stehend. Aber der fulminante Löschauftritt kam dem Theater teuer. Und auch uns sah ich schon eine sträfliche Rechnung wegen Fehlalarms ins Haus stehen. Aber die Pflegerin schnaubte. »Das wäre ja nicht das erste Mal, dass der Herr Schnedelbach einen Großeinsatz ausgelöst hätte«, keifte sie verächtlich, »die Rauchmelder hier drin sind mit der Leitstelle gar nicht mehr verbu...« Da aber schlug sie sich die Hand vor den Mund und lief blutergussrot an. Drei Sekunden hielt sie sich die Fleischwand vor den Keifmund, dann gewann der Keifmund wieder die Oberhand:»Wer seid ihr denn überhaupt? Die Pforte hat mir gar nicht Bescheid gegeben über Besuch im Haus! Hier kann man nicht einfach rein und raus spazieren, wie man will, das hier ist doch kein Taubenschlag!« Richtig aufgebracht war sie, die Pflegerin, und sie war ganz sicher noch nicht am Ende, aber plötzlich stand der Arzt mit seinem Walrossschnauzer in der Tür. Obwohl man vielleicht eher sagen muss, dass der Walrossschnauzer mit seinem Arzt in der Tür stand. Wirklich, ich hätte auch gern so einen Schnauzer, ich schwöre, damit kann man wie mit einem Schneeschieber jedes Hindernis von sich wegschieben. »Aber liebe Schwester Warwara«, brummte der Walrossschnauz mit einer Stimme, in die ich mich am liebsten hineingelegt hätte wie in ein heißes Wannenbad mit Wacholderduft,»soweit ich informiert bin, ist das hier keine geschlossene Anstalt. Und es ist doch auch alles gut.«

»Alles gut?«, kreischte die Schwester Warwara und sah aus, als würde sie gleich aufplatzen wie ein empörtes Marshmallow überm Lagerfeuer.»Gar nichts ist gut, wenn der Herr Schnedelbach einen Alarm auslöst! Weil er sich jedes Mal, wenn der Alarm losgeht, einkackt von oben bis unten! Und ich darf die Sauerei dann wieder wegmachen! Als hätt' ich Zeit für so was! Am liebsten würd ich ihn in seiner Scheiße sitzen lassen, damit er's mal lernt!«

Da war es aber vorbei mit dem Wacholderbad in der Arztstimme.»Das werde ich nicht noch einmal von Ihnen hören«, sagte er, ziemlich leise, aber gefährlich wie ein geduckter Wolf kurz vorm Sprung, »Schwester Warwara, haben Sie mich verstanden.«

Sie kuschte sofort und fiel in einen weinerlichen Ton. Himmel, war sie mir unsympathisch. »Ja, Herr Doktor, das ist mir doch jetzt nur rausgerutscht! In einer halben Stunde ist Essenszeit, die Sabrina baut grad Überstunden ab, für die Terese haben wir noch keinen Ersatz und der Freddy hat sich wieder krank gemeldet, dabei weiß jeder, dass er einfach nur mit seiner Neuen Urlaub an der Adria macht, braun gebrannt und grinsend kommt er dann wieder angeschlurft, und heut reißt sich die Frau Hertila den ganzen Tag schon die Zugänge raus, verstehen Sie?«

»Ja, ich versteh Sie. Ich versteh Sie ja. Aber dafür geht auch jeden Tag die Sonne auf und wieder unter, das sollten Sie nicht vergessen. Und dass auch Sie ein Lichtblick sein können, Schwester Warwara! Wenn Sie strahlen, geht die Sonne für uns alle hier erst wirklich auf.«

Ich konnte es nicht glauben, Schwester Warwaras erdkrötige Krumpelmiene hellte sich auf die ärztliche Schmeichelei hin tatsächlich auf. Sie versuchte sogar so etwas wie ein Lächeln, auch wenn es unvorteilhaft aussah, manchen Menschen steht Glücklichsein halt einfach nicht. Dann seufzte sie und wandte sich mit einer plötzlichen Milde an Herrn Schnedelbach: »Dann wollen wir mal, wir beide.« Inzwischen war der Geruch, der von Herrn Schnedelbach ausging, mehr als wahrnehmbar und ich spürte auf einmal doch einen kleinen Anflug von Mitleid für die Schwester Warwara. Ich könnte mir jetzt auch Schöneres vorstellen, als einem sexistischen Lebemann die Hängehoden von Kot zu säubern.

Der Arzt winkte uns kaum merklich zu sich und schon zum zweiten Mal heute zupfte ich einen begriffsstutzigen Basti am Arm und bugsierte ihn mit einem schnellen »Auf Wiedersehen« aus dem Zimmer.

»Aber was die beiden hier zu suchen haben, würd' ich trotzdem gern wissen!«, begehrte Schwester Warwara noch einmal auf.

»Darum kümmere ich mich«, versetzte der Arzt und zog die Tür hinter uns zu. Da stand er vor uns, groß und freundlich, mit einem Lächeln, als hätte er uns schon längst durchschaut. »Na, was streunert ihr beiden denn hier von Zimmer zu Zimmer?«

Ich erzählte ihm sofort brühwarm vom Besuchsdienst und auch vom Weltverbessern. Er nickte und nickte und auch sein Walrossschnauz nickte und nickte und beide hörten zu und ich hatte eines dieser seltenen Gefühle, die man hat, wenn einen ein fremder Erwachsener wirklich ernst zu nehmen scheint. »Das halte ich für eine hervorragende Idee«, sagte er nachdenklich, »ich überlege, wie ich euch unterstützen kann?«

Bevor ich antworten konnte, platzte aus dem scheinstarren Basti eine Frage heraus: »Warum macht sich der Herr Schnedelbach immer in die Hosen, wenn ein Alarm losgeht, ist das irgendwie 'ne besondere Krankheit?«

»Das weiß ich ehrlich gesagt selbst nicht, der Herr Schnedelbach ist nicht mein Patient. Und selbst wenn ich es wüsste, dürfte und würde ich es euch nicht sagen. Aber vielleicht erzählt er es euch ja selbst, wenn ihr ihn das nächste Mal besucht. Er freut sich bestimmt.« Er warf einen Blick auf seine Armbanduhr, erschrak, zwinkerte uns zu und ging.

»Oh ja, der freut sich bestimmt«, murmelte ich, »aber Schwester Warwara kriegt dafür die Krise.«

»Au ja, dann kacken sich hier bald alle in die Hosen«, grunzte der Basti vergnügt, »Herr Schnedelbach, sobald wir die nächste schmauchen, und Schwester Warwara, sobald sie dich nur durch die Pforte spazieren sieht, mein entzückender Miniköter.«

»Ich glaube, Schwester Warwara wird schwer dafür sorgen, dass mit Herrn Schnedelbach demnächst keine mehr geschmaucht wird.«

»Da wird sie aber schwere Arbeit mit haben«, er grinste verschlagen, »denn während du vorschriftsmäßig den Terrier abgelenkt hast, habe ich das hier gesichert.« Er zog den Hayek unter seinem T-Shirt hervor und wölbte stolz die sonst eher einwärts getragene Gutmüterbrust. »Ich würde sagen: vorbildliche Arbeit, Kamerad, und jetzt Helm ab zum Gebet, morgen geht die Schlacht weiter.«

Unglaublich. Hätte man mir noch bei der Frau Gerstenberger geweissagt, dass der Basti keine zwei Stunden später mit glänzenden Augen und einem kackenden Kameraden im Herzen kampfeslüstern durch eine Linoleumhölle staksen würde, ich hätte die weissagende Person umgehend in die Nervenklinik einweisen lassen.

13

Ich glaube, ich habe den Basti noch nie so breitmaulfroschig grinsen sehen wie am nächsten Tag, als er nach Sport an den Tischtennisplatten auf mich gewartet hat. (Bei uns an der Schule sportelt man schön keusch und gendergerecht, also Männlein und Weiblein getrennt – was zur Folge hat, dass wir immer nur olle Bändergymnastik machen, während die Jungs Basketball spielen dürfen). Er hat nicht einmal die Sprüche von Finja und Co wahrgenommen, die sich in ihren Barbiehirnen nicht ausmalen können, dass ein männliches Wesen an abgeschrabberten Tischtennisplatten auf ein weibliches Wesen warten kann, ohne gleich mit ihr viele kleine Kinderleins zeugen zu wollen, und die diesen Mangel an Fantasie dann auch noch kichernd und ungefiltert veräußern müssen, als wäre Fantasiemangel nicht etwas, wofür man sich grundsätzlich eher schämen sollte. Die Sprüche perlten an Basti ab wie an frisch gefettetem Entengefieder, er hielt den Hayek wie den Schlüssel zum Glück und aus dem Rucksack zog er statt großer Worte eine braune Flasche mit rotem Etikett. »Ich hab keine Ahnung, ob das hier der richtige ist«, sagte er vergnügt, »scheint, als wär so ziemlich jeder Schnaps in 'ner braunen Flasche mit rotem Etikett.«

»Und woher hast du den?«, staunte ich. »Du bist doch noch keine sechzehn!«

»Schnaps, mein unschuldiges Langhaarkaninchen, darf

man in Deutschland ohnehin erst ab achtzehn kaufen. Aber den hier hab ich vom Papa. Hab's ihm erzählt und er meinte, wir könnten ja erst mal mit Cointreau anfangen und uns dann langsam durcharbeiten, irgendwann findet noch jedes blinde Huhn den richtigen Korn.«

Echt, normalerweise denkt man bei »steinreicher Unternehmer« an einen spießigen, besitzgeilen Strengmeierich mit Kleinquadratdenke, aber der Herr Kanauer kann einem da wirklich das Gegenteil beibringen. Manchmal wünsche sogar ich mir auch so einen Gangsterpapa, einen, der immer mein Verbündeter ist, egal, was für Geschichten ich mit nach Hause bringe – und dabei ist mein Papa jetzt auch nicht unbedingt spaßbefreit. »Gehen wir los?«, fragte ich, aber der Basti schaute auf seine Uhr. »Eigentlich wollte auch noch der … ah, da kommt er schon!«

Mir flutschte das Herz aus den Fingern. Piz-Buin-und-Saint-Tropez-noch-mal, sah der Pawel gut aus, wie er da so zeitlupig im flirrenden Sonnenschein herangeschlendert kam, als wäre er soeben der Colawerbung entstiegen wie die Venus ihrem Schaumbad.

»Kommst du etwa mit?«, hab ich ihn gefragt und gehofft, dass man nicht hört, wie piepsig meine Stimme plötzlich war.

»Der Basti hat gesagt, ihr braucht noch jemanden für die Dokumentation«, hat der Pawel gesagt und mir so tief in die Augen geschaut dabei, dass ich mich echt konzentrieren musste, um nicht sehnsuchtsvoll zu seufzen.

»Jau«, hat der Basti gesagt, »da schlummern jede Menge Geschichten für dich. Und wir beide hier«, er rempelte mir in liebevoller Vertrautheit den Ellbogen zwischen die Rippen, »wir sind nicht so die Cats in Sachen Schreiben, stimmt's?«

Ich beeilte mich, zu nicken und zu grunzen. Ich finde zwar, dass ich gar nicht so schlecht im Schreiben bin, aber wenn dafür der Pawel mitkam, würde ich das an dieser Stelle nicht ganz so genau nehmen in Sachen Das-eigene-Licht-nie-unter-den-Scheffel-stellen. Vor allem, da der Basti ganz genau weiß, dass ich schreiben kann. Er musste das meinetwegen eingefädelt haben, der alte Kuppler, und als er meinen gespielt empörten Bist-du-verrückt-Blick auffing, grinste er noch mehr, spazierte voraus und fing dreist an zu singen: »That's what friends are for.« Und weil der Pawel nichts ahnend mit einstimmte, fing auch ich an mitzuträllern.

Wir kamen bestgelaunt im Pflegeheim an. Um nicht zu sagen: Wir waren sogar ziemlich übermütig. Was den Basti veranlasste, extra und obwohl es nicht nötig gewesen wäre, an der Pforte vorstellig zu werden, die pfundige Pförtnerin aus ihrer Personal-Udo-Jürgens-Karaoke-Challenge zu reißen und zu tröten: »Guten Tag, wir würden gern den Herrn Schnedelbach und die Frau Klever besuchen, wenn es recht ist!«

Die Pförtnerin schnaufte und beugte sich über eine Liste, um mit einem langsam suchenden Zeigefinger die entsprechenden Namen samt zugehöriger Zimmernummer zu finden.

»Ich mag den Udo Jürgens auch sehr gern«, flötete der Pawel, wohl weil er ob ihrer dickfingrigen Langsamkeit nervös wurde, oder vielleicht auch, weil er noch so übermütig war, und deutete in Richtung Radio, »ich war noch niemals in New York und so.« Da aber wurde die Pförtnerin stutzig und kniff misstrauisch die Augen zusammen. »Ich geb der Schwester Warwara Bescheid«, entschied sie und griff nach dem Telefonhörer.

»Keine Umstände«, rief ich, »wir kennen den Weg!« Und damit schob ich die zwei kichernden und prustenden Jungs in den offentürig wartenden Aufzug und drückte entschuldigend lächelnd die Drei.

Das entschuldigende Lächeln hatte nicht viel geholfen. Als im dritten Stock die Aufzugtür aufging, stand da schon Schwester Warwara als Ein-Frau-Empfangskomitee und hatte ihre Hände in die Hüften gestützt. »Ihr schon wieder«, keuchte sie außer Atem, »da sei der heilige Blasius vor!«

»Der heilige Werbitte?«, kicherte der Pawel, der sich von seiner unerwiderten Udo-Jürgens-Liebe noch nicht ganz erholt hatte. Aber der Basti fuhr seinen gesamten Charme auf. Und wenn er will, hat er davon jede Menge: »Liebe Schwester Warwara, das von gestern war ein wirklich entsetzliches Missgeschick und ist nur auf meine naive Unwissenheit zurückzuführen, wissen Sie, ich bin ja erst ganz neu dabei. Es tut mir leid, dass Sie deshalb Unannehmlichkeiten hatten, noch dazu zur Abendessenszeit. Aber ich habe mit der Frau Margot Schnedelbach geredet und sie hat mir gestattet, mit dem Herrn Schnedelbach in den Park zu gehen, damit er dort in meiner Begleitung eine rauchen kann, ohne gleich wieder einen Alarm zu verursachen.«

»Die Margot Schnedelbach hat was?«, keuchte die

Schwester Warwara, nicht mehr außer Atem, sondern vor Entsetzen.

»Sie hat gesagt, ich solle lediglich darauf achtgeben, dass sich der Herr Schnedelbach nicht wieder einen Zug holt.«

»Einen Zug holt?«, rief die Schwester Warwara ungläubig.

Der Basti lächelte verbindlich. »Was meinen Sie, schaffe ich den Herrn Schnedelbach mit seinem Rollator allein aus dem Zimmer? Oder würden Sie mir helfen?«

Die Schwester Warwara durchfuhr es wie ein Blitz. »Ich habe zu tun!«, rief sie beleidigt, drehte sich um und rauschte den Gang abwärts.

»Du hast extra mit seiner Frau telefoniert?«, fragte ich ehrfürchtig flüsternd, als Schwester Warwara um die Ecke gebogen war.

»Soweit ich das mitgeschnitten habe, ist die Presswurst seine Tochter, und was er von ihr erzählt hat, legt nahe, dass wir mit ihr möglichst nicht in Berührung kommen sollten. Vor allem, wenn es darum geht, dass er sich Dinge genehmigen darf, die er sich genehmigen will.« Er sah besorgt den Flur hinab, wo Schwester Warwara verschwunden war. »Ich hoffe nur, sie ist jetzt nicht schnurstracks zum Telefon gewatschelt, um sich bei der Frau Margot Schnedelbach zwecks Richtigkeit meiner Angaben zu erkundigen. Sonst wird sie sich nämlich ganz schön wundern müssen, die Frau Margot Schnedelbach.«

»Dann lass uns Herrn Schnedelbach eher schnell als langsam rollatormobilisiert kriegen!«, flüsterte der Pawel und ich verknallte mich prompt noch ein kleines Stückchen mehr in ihn, dafür, dass er nicht gleich kalte Füße bekommt, wenn eine Schwester Warwara im Flur den Breitbeinköter markiert und Presswürste das große Wundern kriegen.

Es war abgemacht gewesen, dass der Pawel dem Basti beim Schnedelbach-auf-die-Beine-Hieven helfen und dann zu mir und Frau Klever hinzustoßen sollte, um von dort aus eventuell noch die ein oder andere Erkundung vorzunehmen. Der Basti ging wie der Weihnachtsmann höchstpersönlich voran, der Pawel hüpfte wie sein Grinch hinterdrein – und als ich von drinnen Herrn Schnedelbach fidel das Großspurenhallo anstimmen hörte, war ich echt froh, einfach nur zur stillen Frau Klever schlüpfen zu können.

Bei Frau Klever war es kühl und schummrig. Wie gestern fühlte ich mich, als hätte hier in diesem Zimmer jemand die Pausetaste gedrückt. Nur das schwerfällige Herz der Standuhr klopfte dumpf und unablässig. Es war, als wäre man in einem dieser Träume, in denen man wegrennen muss, aber es nicht kann, oder in denen man schreien will und es kommt aber kein Ton aus dem Mund.

Frau Klever starrte mit so weit geöffneten Augen an die Decke, als hätte sie Angst vor irgendetwas dort oben. Ich hielt mein Gesicht zwischen ihren Blick und das Dort-oben. Sie rollte mir ihre Augäpfel entgegen, ich glaube, sie freute sich. »Guten Tag, Frau Klever«, sagte ich, »hier bin ich wieder. Mögen Sie etwas trinken?«

Ich hatte kaum mit der Tröpfelei und auch der Erzählerei angefangen, als schon der Pawel hereinkam. »Alles okay?«, wisperte ich, weil für mein Gefühl etwas wenig Zeit vergangen war, um einen Herrn Schnedelbach ins Freiluftgehege zu verfrachten.

Der Pawel winkte ab. »Sind schon längst unten. Good old Schnedelbach ist auf seinem Rollator davongewedelt, als wär er in Garmisch bei der Herrenabfahrt. So schnell kam der Basti gar nicht hinterher mit seinen Zigarren.« Er stand jetzt ganz nah bei mir, um auch Frau Klever ins Gesicht sehen zu können, und ich konnte seinen Arm ganz dicht an meinem spüren, was mir eine äußerst angenehme Gänsehaut an der Mageninnenwand bescherte. »Guten Tag, Frau Klever«, sagte er höflich und legte, wie gestern der Arzt, seine Hand auf die ihre und drückte sie etwas, »ich bin der Pawel.« Er schien überhaupt keine Angst vor ihr zu haben oder sonst irgendwie beklommen zu sein. »Du kannst ihr ja die Hände massieren«, sagte er und ging an die Fenster, um Luft und Licht reinzulassen, »die verkrampfen sich vom vielen Liegen. War bei meiner Oma auch so.«

Ich stutzte. Mir war gestern schon aufgefallen, dass Frau Klever ihre Hände so merkwürdig hielt, es sah fast aus, als würde sie im Liegen wie ein geschorener Pudel artig Männchen machen. Aber ich wäre nie auf den Gedanken gekommen, dass Frau Klever das nicht freiwillig tat. Wenn ihre Hände so klauig aussahen, weil sie sich *verkrampft* hatten, dann musste Frau Klever ja Dauerschmerzen haben. Ich nahm vorsichtig eine Klaue in die Hände, sie fühlte sich eiskalt an und wie roher Teig, darin diese knöcherigen Knorpel – es war ein bisschen eklig, so wie die Hühnerfüße in Gelee, die ich in China mal beim Auf-irgendwelche-Schriftzeichen-Deuten-beim-Essen-Bestellen erwischt habe, damals, als die Suse Gastspiel in Peking hatte und ich mitfahren durfte. Es ist wirklich sehr mulmisierend, einen fremden Menschen anzufassen. Noch dazu einen, der sich nicht wehren kann. Aber weil der Pawel alles so selbstverständlich zu nehmen schien, nahm ich mich zusammen und fing an, die Klaue zu bekneten und zu drücken, behutsam nur, um der Frau Klever nicht trampeltierisch wehzutun. Die Frau Klever machte »Kch, kch« und sah mich schon wieder mit diesem Blick an. Okay. Ich würde auch noch die andere Hühnerfußklaue bearbeiten.

Ich spürte im Rücken, wie sich der Pawel reihum die Schwarz-Weiß-Fotos besah. »Da ist immer die gleiche Frau mit drauf«, raunte er irgendwann. »Kann das sein, dass das die Frau Klever ist? Schau doch mal!« Er kam mit zwei Fotos, einmal so etwas wie eine Dinnerparty auf Terrasse mit Silberbesteck und Meeresblick, einmal ein offenbar roter Teppich mit Limousine und Palmen im Hintergrund. Die Damen auf den Fotos sahen allesamt wie Filmdiven aus, in langen, glänzenden Galakleidern mit Handschuhen bis über die Ellbogen und Brillis all over, die Herren waren ausgezeichneter Laune, trugen Frack und mehrheitlich Schnurrbart. Auf beiden Fotos strahlte dieselbe Frau mittelpunktlich und mit sensationell schönen Augen in die Kamera. Ihr Busen war stattlich, ihr dunkles Haar onduliert – ich konnte beim besten Willen keine Ähnlichkeit zu unserem Ötzi im Gitterbett erkennen. »Frau Klever, sind das Sie?«, fragte der Pawel und hielt der Frau Klever die Fotografien vor die Augen.

Die Frau Klever machte »Kch, kch«.

»Wusst ich's doch«, sagte der Pawel zufrieden, dann legte er der Frau Klever wieder seine Hand auf die Klaue, auf die, die ich gerade nicht massierte, und sagte freundlich:»Sie waren ja ganz schön dabei in der High Society, Frau Klever, was?«

Die Frau Klever machte:»Kch, kch« und, tatsächlich, ihre Augen funkelten dabei.

»Darf ich mich bei Ihnen ein bisschen umsehen, Frau Klever?«, fragte der Pawel, und die Frau Klever machte wieder»Kch, kch«.

»Ich glaube, sie kann überhaupt nur *kch, kch* machen«, warf ich ein, aber der Pawel tigerte schon mit Wünschelrutenblick durchs Zimmer und landete vor der beachtlichen Plattensammlung. Er zog gutglücklich eine Platte aus der Reihe und pfiff durch die Zähne. Vom Cover strahlte, mit stattlichem Busen und onduliertem Haar, Frau Klever in jung und reizend.»Frau Klever war Opernsängerin!«, raunte er anerkennend.»Sopran: Julischka Jassnova. Frau Julischka Jassnova, wie wurden Sie Frau Klever?«

»Google doch einfach«, sagte ich leichthin.

»Zu viel googeln ist schlecht fürs Selberdenken, Miniköter, da hat die Muhbalk schon re… Frau Klever«, unterbrach er sich da selbst und starrte auf die Platte in seiner Hand, als hätte er vergessen, wer und wo er war. Dann sah er mich an, sah sich um – und ich wusste plötzlich, was er dachte und suchte.»Frau Klever«, setzte er noch einmal an, ging zielstrebig witternd an einen Schrank, öffnete die Tür mit einem Ruck und da stand tatsächlich, neben anderen verwahrten Gerätschaften und Besitztümern, ein Plattenspieler wie ertappt. »Frau Klever, mögen Sie vielleicht Musik hören?«

Diesmal zitterte der Unterkiefer von Frau Klever für ein paar lange Sekunden. Dann machte sie »Kch, kch«.

14

»Ich würde echt gern wissen, wie lange die Frau Klever schon keine Musik mehr gehört hat«, wisperte der Pawel, als wir eine Ouvertüre und zwei Arien später Frau Klevers Tür hinter uns zuzogen und wieder im Linoleumflur standen, »so ein Mensch braucht doch Musik zum Atmen! Stell dir vor, eine Opernsängerin ohne Musik!«

Wir waren ganz schön bedröppelt. Also ich zumindest, der Pawel trägt ja offenbar alles mit einem latent zuversichtlichen Schulterzucken, ich aber, ich war ganz schön bedröppelt. Ich weiß, ich hab das gestern beim Fenchelteetröpfeln auch schon gesagt, aber Frau Klevers Blick, als die Nadel auf der Platte aufsetzte und nach einem Britzelknistern das Orchester zu spielen anfing, den werde ich wirklich nie wieder vergessen. Der Pawel hatte das Begleitheft studiert und deswegen nicht mitbekommen, wie die Frau Klever zu weinen anfing. Ich sollte mich langsam an lautloses Weinen gewöhnt haben, aber es hatte mir doch den Magen ausgewrungen, dass ich nichts anderes tun konnte, als der Frau Klever die Tränen abzutupfen und ihr die Klaue zu halten.

»Glaubst du, sie hat sich gefreut?«, fragte ich flurleise. »Nicht, dass sie vielleicht gar nichts mehr mit Musik zu tun haben will, weil da so ein Paradearsch von Dirigent war, der es ihr gründlich verdorben hat, oder ein Kritiker, und jetzt regt sie sich fürchterlich auf und ist wütend, weil wir sie dran erinnert haben?«

Der Pawel zuckte die Achseln. »Selbst wenn. Spürt sie mal wieder, dass sie noch am Leben ist. Hauptsache: sich spüren. Oder?«

Und da wurde mir plötzlich klar, dass auch ich mich spüre, wenn die Frau Klever mich so bis ins Knochenmark hinein ansieht. Also, ich spüre mich natürlich auch sonst sehr gut, und was ich da erspüre, ist meistens ganz okay, aber bei Frau Klever ist die Spürung anders, ganz schwer zu beschreiben, es hat irgendwie mit einer Mondscheinstraße auf spiegelglattem Meer zu tun, ohne dass ich sagen könnte, wer von uns beiden da jetzt der Mond wäre und wer das Menschlein am Strand.

»Schaffen wir noch einen?« Der Pawel schaute auf sein Handy. »Oder sind die schon durch mit ihrer Zigarre?«

Der Flur entmutigte mich irgendwie. Da waren so viele Türen, hinter denen Menschen warteten. (Oder noch nicht warteten, da sie ja nicht wussten, was auf sie wartete – oder vielmehr nicht auf *uns* warteten, sondern einfach nur auf das Ende.) Wie viele Zigarren müsste der Basti mit dem Schnedelbach vertilgen, damit wir zwischenzeitlich allen gerecht werden könnten? Aber noch bevor ich einen spontanen Seufzer ausstoßen konnte, trat ein Hutzelweiblein aus ihrem Zimmer. Sie sah aus, als wäre sie direkt der »Lindenstraße« entstiegen, in ihrem immergrünen Lodenkostüm, das ihr bis an die mageren Waden reichte, und dazu diese merkwürdig bierwurstbraunen Gesundheitsschuhe mit Dezentabsatz, die jeden noch so knöchelzarten Edelfuß zuverlässig in Elchhufe verwandeln. Die weißen Haare waren entweder dunkelgrau gesträhnt oder, was leider wahrscheinlicher schien, extrem fettig, ihre knotigen Finger umklammerten ein kleinkunstledernes Portemonnaie und ich dachte: Genau so sehen alte Frauen in Comics aus. Das sind dann die Frauen, die dem Einbrecher die Handtasche über den Schädel ziehen oder ihn derbe mit dem Gehstock verdreschen. Der Pawel dachte offenbar dasselbe, warum sonst hätte er mich in diesem Moment in den Arm zwicken sollen? Ich weiß nicht, ob das Weiblein ähnliche Comicfreuden bei unserem Anblick empfand, jedenfalls kam sie sofort und zielstrebig auf uns zugehuft.

»Hat es schon angefangen?«, fragte sie uns hastig und man sah, dass sie roten Lippenstift freigiebig überall dorthin geschmiert hatte, wo sie ihre Lippen lediglich vermutete.

»Was denn?«, fragte ich, aber sie war an einer Antwort offenbar gar nicht interessiert, denn sie hatte sich schon beim Pawel untergehakt und führte ihn humpelhufend davon. Der Pawel ist, glaub ich, ein sehr höflicher Mensch. Oder auch einfach nur der geborene Journalist auf permanenter Suche nach einer guten Story. Ich also Schultern gezuckt und hinterher.

»Wissen Sie«, schnatterte sie drauflos, und es sah verdächtig danach aus, als wollte sie dem Pawel schöne Augen machen, »ich bin nur hier, weil bei mir, in der Wohnung in der Sieberlingallee, also in meiner alten Wohnung, da habe ich dreißig Jahre lang gelebt, da ist über mir jemand gestorben und sie haben es nicht gemerkt!« Sie hatte eine höchst eigenwillige Art zu sprechen, sie schnappte nach dem Pawel mit jedem Wort, dazu nickte sie ausdauernd und riss ihre Augen auf dabei, als wollte sie in ihn hineinkriechen. Pawels Nackenrückzug konnte ich entnehmen, dass sie gehörig Mundgeruch hatte. »Niemand hat es gemerkt, kein Mensch hat ihn vermisst! Erst als es angefangen hat zu riechen«, sie zog das lange ie gierig noch länger, »jaja, erst hat es angefangen zu riechen und dann hat es gestunken! Jawohl«, sie nickte mit ihren skandalösen Aufrissaugen, »gestunken hat das! Man hätte sich fortwährend übergeben können, wirklich, fortwährend! Und dann kam, ich wohnte ja unter dem, dann kam der durch die Decke!« Sie wollte uns gruseln, so viel war klar. Aber der Pawel lässt sich nicht so leicht beeindrucken, dafür verbringt er zu viel Zeit zwischen toten Kälberrippen und der Knochensäge für die Ochsenschwänze. »Wer kam durch die Decke«, fragte er trocken, »sein Geist, oder wie?«

»Nein«, rief sie, sehr befriedigt, dass unsereins geneigt war, an so was Stümperhaftes wie Geister zu glauben, »sein Leichengift! Das lief die Wände nur so runter! Deswegen musste ich auch aus meiner Wohnung raus, die mussten ja alles neu machen! Und dann bin ich hierher, jaja. Nicht, weil sich niemand um mich kümmern wollen würde, nein, nein! Sondern weil ich musste! Jaja, nur weil ich musste!«

Sie hatte uns im Kielwasser ihrer fetzigen Horrorgeschichte in den Fernsehraum bugsiert. Zumindest schien es der Fernsehraum zu sein, auch wenn *Ort der Begegnung* am Türschild stand: An der Wand prangte ein überdimensionierter Flachbildschirm und trat damit in direkte Konkurrenz zu Jesus, der an der Wand gegenüber, vis-à-vis also, an seinem

Kreuz hing und litt – geplagter und gepeinigter noch als vom Kreuzbauer vorgesehen, da er *Das Traumschiff* mit ansehen musste.

Das Traumschiff mit ansehen mussten oder wollten auch andere, noch lebendige Menschen, die in verschiedenster Aufmachung von Jogginghose bis Sonntagsstaat vereinzelt in Sesseln saßen und hörig auf den Bildschirm starrten. Im Sessel direkt neben der Tür fläzte ein braun gebrannter Filzhaarjüngling und schlief leise schnarchend mit offenem Mund. Er war viel zu jung, um hier zu wohnen, und trug außerdem die gleichen spülmaschinfesten Latschen wie Schwester Warwara. Ob das der von der Adria rückgekehrte Freddy war?

Das Hutzelweiblein hatte jemanden erspäht und hufte freudvoll glucksend an den entsprechenden Sessel heran: »Jaja, die Frau von Itzingbüttel, jaja, das ist ein Jammer, nicht wahr? Dass Sie hier sitzen und kein Besuch kommt, nicht wahr? Sie sitzt nämlich hier den ganzen Tag allein«, erklärte sie uns, als würde sie der BILD ein Interview geben, »und wartet und nie kommt ein Besuch, nicht wahr, obwohl ihre Tochter hier in der Stadt wohnt. Die wohnt hier, Frau von Itzingbüttel, nicht wahr, Ihre Tochter«, sie beugte sich zur Frau von Itzingbüttel und redete genussvoll extra laut und deutlich, »die wohnt hier in der Stadt und kommt Sie nie besuchen, das stimmt doch? Weil sie keine Lust hat! Jaja, die hat keine Lust«, sie sah sich mit Triumphnicken um, ob sie auch jeder im Raum vernommen hatte, dann ließ sie sich befriedigt und vorgestreckten Pos in einem freien Sessel nieder und hatte uns im selben Augenblick vergessen.

100

Ich wollte sofort zur Frau von Itzingbüttel, um die Gemeinheiten des Leichengiftweibleins abzufangen. Aber der Pawel griff ganz kurz nach meiner Hand und mich durchflatterte ein Schwarm Kolibris. »Der Basti hat schon viermal versucht anzurufen«, raunte er, »finito für heute, komm.« Ich folgte ihm, auch wenn die Schultern der Frau von Itzingbüttel unter Null gesunken waren. Wie eingefallen saß sie in diesem plötzlich viel zu großen Sessel und die Tränen flossen ihr nur so übers Gesicht. Sie wischte sie nicht ab. Sie saß einfach da und ließ die Tränen laufen. Noch eine Lautlosweinerin. Ich weiß nicht, warum mich in diesem Moment so eine Blindwut auf den braun gebrannten Filzhaartypi befiel, dass ich beim Rausgehen »aus Versehen« gegen seinen Sessel rempelte und eine zuckersüße Genugtuung dabei empfand, wie infarktnah er hochschreckte.

15

Die Suse hat von Zeit zu Zeit und vor allem nach Premieren so Versorgungsanfälle, da hält sie sich für eine Rabenmutter, weil sie so selten zu Hause ist. Deswegen kocht und backt sie dann Leib-und-Seele-Stärkendes in Megaportionen, will mich ständig irgendwelche Vokabeln abfragen oder schleppt mich zum Federballspielen in den Park, obwohl wir beide federballig absolute Nieten sind. Weil diese Anfälle nie von langer Dauer sind, muss man sie ausnutzen, sobald sie auftreten – zumindest, was das Essen angeht. Deswegen hab ich nach unserem fulminanten und dreifaltigen Pflegeheimauftritt den Basti und auch den Pawel noch mit zu mir geschleppt. Denn wir hatten kulinarische Seelenstärkung bitter nötig. Da saßen wir in unserer Küche vor Suses hausgemachten Speckknödeln, während die Suse singend und unter Tränen kiloweise Zwiebeln schnitt für ein Gulasch, dessen Schicksal es werden sollte, für schlechte Zeiten eingefroren zu werden.

Ich war von dem Giftweiblein und auch von der kleverschen Musiklosigkeit ja noch immer ziemlich mitgenommen. Aber eigentlich war es der Basti, der für seine Verhältnisse erstaunlich wenig Speckknödelappetit hatte. Denn der Schnedelbach hatte dem Basti zigarrenselig erzählt, dass er, der Schnedelbach, als kleines Kind bei einem Bombenangriff unter Schutt begraben war, drei Tage lang. Und zwar neben seiner toten Mutter. »Die ist bei dem Bombenangriff nämlich ums Leben gekommen«, hat der Basti uns berichtet. »Und dann hat der Schnedelbach noch erzählt, dass er aus dem Trümmerhaufen gerettet und ins Krankenhaus gebracht worden ist und dass ihn dann da aber all die Wochen niemand besucht hat. Obwohl es eine Tante in der Stadt gab und auch noch andere Verwandte. Stellt euch mal vor, da war der vier Jahre alt! Und plötzlich Waise und keinen hat's interessiert.«

Und da habe er, der Schnedelbach, kapiert, dass er allein sei auf der Welt. Allein und verlassen, für immer und ewig.

Und jetzt glaubte der Basti erstens, dass das schnedelbachsche Einkacken mit dem Alarm zu tun hat, weil der Alarm den Schnedelbach an den Allein-auf-der-Welt-Schreck erinnert. Und zweitens, dass das keinen Sinn macht, was ich mir als Weltverbesserung ausgedacht habe. Einen traumatisierten Schnedelbach werde man auch durch Zigarrenqualm nicht wiederherstellen und eine Linoleumhölle selbst durch tägliches Dauerbesuchen nicht entwarwaranisieren können. Er für seinen Teil halte das Vorhaben für gescheitert und setze seine Weltverbesserungshoffnung jetzt doch wieder ganz auf den Timo und den Hubsi und deren Mehlwürmer, das scheine bei Weitem aussichtsreicher.

Leider rannte er da bei mir offene Türen ein. Ich war ja selbst ganz schön geplättet von dieser geballten Einsamkeit und Nichtbekümmerung. »Ich weiß ehrlich gesagt auch nicht, ob man die Welt rettet, indem man mal eine Platte auflegt«, murmelte ich kleinlaut, »oder mit eine rauchen geht oder sich das Ohr abkauen lässt wie von einer Ziege am Himbeerstrauch. Wirklich, ich weiß es nicht.«

103

Da unterbrach die Suse ihr Gesinge und hob den zwiebelvertränten Blick: »Jetzt macht mal halblang, ihr sollt die Welt ja nicht gleich retten, nur verbessern. Und wenn das bedeutet, zu einem Menschen auch nur drei Sekunden lang freundlich zu sein, ist das besser als nichts. Ich find euer Pflegeheimbesuchen super.«

»Ja aber müsste man sich nicht um andere Dinge kümmern als um ein paar welke Menschen im Pflegeheim«, fragte der Basti, »um große Dinge? Etwas, das die Welt wirklich verändert? Vielleicht sollte man lieber Petitionen schreiben oder Steine schmeißen auf G20-Krawattis.«

»Oder doch Vegetarier werden«, sagte ich mit Blick auf den dunkelblutroten Rindfleischwürfelberg.

Die Suse zuckte die Achseln. »Kann man auch tun. Auch, versteht ihr? Das sind völlig verschiedene Ansätze, keiner besser oder schlechter.«

»Ja«, bestätigte der Pawel unbekümmert, »das sind völlig verschiedene Ansätze. Wir machen da jetzt einfach weiter. Das ist doch auch das Wichtigste: dass man weitermacht. Nicht nur was anfangen, auch mal was durchziehen. Hier, die Hanseln aus der 9b mit ihrer Müllaufräumaktion«, ich starrte ihn verknüpfungslos an, »na, die mit ihrer Umweltdienstagsräumaktion am Bahngleis entlang bis zum Bürgerpark. Sag mal, kriegst du überhaupt was mit bei uns in der Schule oder lebst du im Spierlingteich* bei den Molchen?

---

* Der Spierlingteich ist nach der Bio-Spierling benannt, die den Schulteich anlegen hat lassen, damit sie uns Begriffe wie »Biotop« oder »Versumpfungszone« veranschaulichen kann und außerdem immer ein paar Frösche zum Sezieren vorrätig hat.

Jedenfalls, die haben's schon wieder eingestellt. War ihnen zu mühsam, weil's so viel geregnet hat und der Müll entsprechend eklig war. Gut, ist jetzt auch nicht der groundbreaking Wahnsinnsbringer, Müll einsammeln und sortieren, aber dranbleiben erhöht die Gewinnchancen schon mal enorm. Zumindest im Vergleich zum Aufgeben.« Er grinste. »Und auch im Vergleich zu Mehlwurmkaffee.«

»Ja, aber gegen den Schönen Gregor aus der Zwölf haben wir doch eh keine Chance«, nölte der Basti und irgendwie schien er recht zu haben. Der Schöne Gregor aus der Zwölf hat ein stromgeneratörliches Handyakku-Auflade-Fahrrad vorm Musiksaal installiert. Handy anstecken, strampeln, Strom erzeugen, Akku aufladen. Super simpel und alle stehen Schlange, jetzt überlegt der Schöne Gregor schon, ob er Geld nehmen und Start-Upper werden kann. (Macht er aber erst nach dem Wettbewerb, sagt er, weil man laut Wettbewerbsbedingungen nicht profitorientiert verbessern darf.)

»Und gegen Biene Maja auch nicht«, nölte der Basti weiter. Die Bine und die Maya aus der Parallelklasse haben eine Spendenaktion per App losgetreten und crowdfundlig schon unheimlich viel Knete für ein verwaistes Patenkind in Weißrussland gesammelt.

»Ach, die feiern sich doch nur selber«, hat der Pawel lässig konstatiert, »was soll denn bitte diese Tafel mit dem tagesaktuellen Spendenstand in der Aula? Noch dazu per App! Kein Risiko, kein Schweiß, kein nix! Von so was lässt sich doch dein Papa nicht blenden.«

»Mein Papa ist nicht mal in der Jury«, hat der Basti weitergenölt, »die Jury wird er unabhängig besetzen.«

»Damit wir eine Chance haben!«, hat der Pawel gerufen.

»Aber wir haben ja keine«, hat der Basti gerufen.

»Sagt mal, wollt ihr die Welt verbessern oder 'nen Blumentopf gewinnen?«, hat die Suse gefragt und supertalentträchtig die Augen verdreht.

»Wir wollen nach Tallinn«, haben der Basti, der Pawel und ich einstimmig gerufen.

»Auf Klassenreise«, hat der Pawel für die Suse ausgeführt, »weil noch kein Lehrer mit uns je auf Klassenreise war. Wir waren noch nicht mal im Schullandheim – alle waren im Schullandheim, nur wir nicht!«

Und da ist mir plötzlich ein Licht aufgegangen, aber kein energiesparendes, sondern ein Flugzeuglandelicht. »Leute«, hab ich gesagt, »Leute. Wir haben eine Chance. Wir müssen *alle* mitmachen, unsere ganze Klasse. *Die Klasse, in der man sich am herausragendsten engagiert*, so war es doch. Die Biene Maja, der Schöne Gregor, die Hängegartentante und so weiter: alles Einzeltäter. Ein paar sind zu zweit, maximal zu dritt, viert, fünft. Wir würden herausragen, wenn wir alle mitmachen würden. Die ganze Klasse. Geschlossen.« Ich sah alles vor mir. »Wir sind achtundzwanzig, wir schwärmen aus – und dann haben wir auch schon kein Verteilungsproblem mehr! Du kümmerst dich um den Schnedelbach, ich mich um die Frau Klever (ich weiß auch nicht, warum ich so eine anhiebliche Zuneigung zu unserem Opernötzi gefasst habe), die Zena, die Zena könnte gut mit der Jaja-Frau, die ist doch Galaleserin aus Leidenschaft, und für die von Itzingbüttel findet sich auch jemand! Und so weiter! Wir alle, volle Besetzung! Und du«, ich warf dem Pawel einen Augenaufschlag hin, bei dem selbst Lady Gaga vor Anerkennung auf die Knie gesunken wäre, »du dokumentierst alles.«

Der Pawel war so sehr meiner Meinung, dass er sich nur sag-ich-doch-mäßig Speckknödel nachlegte.

Der Basti aber lachte rhetorisch. »Wir alle? Fiel gerade *wir alle* und *geschlossen* im Zusammenhang mit der 8b? Ich bin nicht sicher, ob du das mitgeschnitten hast, mein Miniköter, aber in der gesamten Martin-August-Historie gab es noch nie eine Klasse, die zerfeindeter war als die unsere, die reinste Splittergruppentruppe sind wir, nicht mal der Schulpsychologenheinzling traut sich noch rein zu uns! Finja und Co? Werden dir vor Begeisterung und Dankbarkeit die Füße küssen, wenn sie bei dir mitmachen sollen. Die Merle wird nirgendwo mitmachen, wo die Cosi dabei ist, und die Cosi nirgends, wo der Martin mitmacht, und wenn der Martin mitmacht, dann nur, wenn der Gerlach dabei ist, und wenn der Gerlach dabei ist, fällt der Murat weg, was sowieso besser ist, weil sonst die Sylvie nicht mitmachen kann, was eh besser ist, weil sonst die Alwa nicht mitmacht, was eh besser ist, weil sonst der Flo nicht mitmacht, was eh besser ist, weil die Zena sonst nicht mitmacht, die aber eh nicht darf, von zu Hause aus. Bleibt nur der grindige Hinterhuber – und jetzt stell dir den mal vor, wie er der Frau Klever fürsorglich den Albtraumschweiß, den er ihr selbst verursacht hat, von der Stirn tupft …«

»Der Hinterhuber rührt die Frau Klever nicht an, der Hinterhuber kriegt den Jogginghosling aus dem Fernsehzimmer. Den mit der Kastenbrille und dem Leninbärtchen!«

»… und dann stell dir vor, wie der Ferdi den gebrechlichen Damen zur Unterhaltung Shakespeares Sonette im Original vorträgt: unverantwortlich! Das grenzt an Sterbehilfe!«

»Der Ferdi, ja, der Ferdi … der ist bestimmt auch für irgendwas gut. Vielleicht schicken wir ihn erst mal zum Schnedelbach, damit er ein bisschen auf Vordermann gebracht wird.«

»Der Ferdi rührt den Schnedelbach nicht an, der kommt allenfalls zum Mollusken!«

»Der hätte die Marine doch gar nicht überstanden«, platzte es plötzlich aus dem Pawel raus, was verwunderlich war, weil der Pawel tendenziell antimilitärisch drauf ist und das heldenhafte Überstehen einer Marinezeit bisher nicht zu seinem Charakterbewertungskatalog gehört hatte, weder für Ferdis noch für Mollusken.

»Hä?«, sagten der Basti und ich gleichzeitig. Wenigstens darin waren wir uns wieder einig.

»Der Schnedelbach«, sagte der Pawel, als hätten alle kapiert, dass man seine Finger zum Eins-und-eins-Zusammenzählen benutzen kann − nur der Basti und ich nicht. »Die haben ja ständig Alarm. Wenn er sich da jedes Mal eingekackt hätte, hätten die den doch sofort über Bord geworfen, mit besten Grüßen an die Haifischtruppe. Code Red und so.«

Der Basti überlegte. »Hm.«

»Eben«, sagte der Pawel zufrieden, »er kann es also nicht von der Bombenverschüttung haben. An die Story musst du noch mal ran. Schon allein deswegen können wir's nicht einfach sein lassen. Oder?«

108

Der Basti war von der pawelschen Logik überrumpelt und verdattert. »Hm«, machte er ein zweites Mal.

»Also abgemacht?«, fragte der Pawel. »Wir machen weiter?«

»Abgemacht«, murmelte der Basti.

»Und du?«, fragte der Pawel auch mich.

»Abgemacht«, sagte ich und alles fühlte sich plötzlich ganz einfach an.

Der Pawel hob ritterdertafelrundlich seinen Kirschsaft. »Und wir mobilisieren die anderen!«

»Und wir mobilisieren die anderen«, wiederholten wir, ich feierlich, der Basti skeptisch, aber auch er stieß kirschsaftlich mit an. Und beim Trinken hab ich mir den Pawel von der Seite besehen und gedacht, dass er vielleicht wirklich Merlinkräfte hat.

»Wo war eigentlich deine Oma im Pflegeheim«, hab ich ihn gefragt, weil mir plötzlich wieder einfiel, dass er ja Pflegeerfahrung hatte, »doch nicht bei Waran Warwara?«

»Meine Oma war nicht im Pflegeheim, meine Mama kommt aus Polen! Da wird noch daheim gestorben!«

»Aber deine Mama arbeitet doch Vollzeit in der Fleischerei!«, hat da die Suse dazwischengerufen. »Wie hat sie das denn gemacht?«

Der Pawel hat gelächelt, fast schon nachsichtig. »Das macht bei uns nicht einer allein. Das machen alle zusammen. Papa, Mama, der Marek, die Maja, meine andere Oma, ich und die Nachbarin«, er hat die Achseln gezuckt, »an den schlimmsten Tagen war die Oma auch nicht länger allein, als sie es im Heim gewesen wär.«

»Das ist ja schön und gut«, hat sich die Suse wieder laut-
stark eingemischt und wild mit dem Messer als verlängertem
Zeigefinger gestikuliert, »aber wenn du alleinerziehend bist,
und berufstätig und keine Verwandtschaft in der Stadt hast,
dann kriegst du das eben nicht hin, dass da jemand zu Hause
auf deinem Sofa liegen und in Frieden sterben darf. Nicht
hier in Deutschland, wo du dir maximal zwei Jahre freineh-
men kannst, um Angehörige zu pflegen. Und dann, überhaupt: Mach das mal, zwei Jahre lang die Karriere schleifen
lassen! Vor allem als Frau!«

Sie hat durch die Nase geschnaubt. »Und außerdem hab
ich keinen Bock auf die Schuftmutter!«

Und damit hat sie auf die armen Zwiebeln eingehackt,
dass uns dreien spontan klar war: Jetzt sind wir besser still
und konzentrieren uns auf die Speckknödel. Aber recht viel
mehr gab es ohnehin nicht zu besprechen: Wir hatten einen
Plan.

16

Als es anderntags zur Pause geläutet hat, bin ich aufgestanden und hab in die allgemeine Aufbruchsstimmung hinein gerufen, dass wir jetzt einen Besuchsdienst für Menschen im Pflegeheim gegründet haben und dass alle, die sich für die Planung eines echten Weltverbesserungsprojekts interessieren, doch bitte im Klassenzimmer verbleiben mögen, zwecks Mitmachen, Besprechung und Brainstorming.

»Wieso denn ein *echtes*??«, hat die Finja sofort mit Schrillstimme gerufen. »Wir haben doch schon Weltverbesserungen ohne Ende! Mach deine Glubschaugen mal auf, hier ist alles voll mit Weltverbesserung!«

»Das ist keine Weltverbesserung«, hat der Ferdi gerufen, »das ist Bibi-und-Tina-Scheiße, aber gequirlte! Soll der Scheißhamster endlich krepieren, das hat die Natur so gewollt.« Und dann hat er in seine Wurstsemmel gebissen, dass man annehmen konnte, er würde sich dabei Finjas Hinterteil vorstellen – oder, wahlweise, den Kopf des vorderpfotenlosen Hamsters.

Da ist die Finja aber ziemlich himbeerrot angelaufen. »Schade, dass die Natur nicht gewollt hat, dass du Hirn hast«, hat sie geschrien, »sonst würdest du vielleicht kapieren, dass man die Welt nur durch Nehmen und Geben verbessert! Da muss man halt auch mal seine Scheißarschbacken zusammenkneifen!«

»Genau«, hat die Alwa hinterdreingeschrien, »wegen solchen Egoscheißern wie dir haben wir doch überhaupt noch Krieg auf der Welt! Weil wir in der Scheiß-Ersten-Welt einfach nicht rutschen wollen!«

»Jaja«, hat prompt der Stiebereder gehöhnt, »gestern noch bei Scheißprimark einkaufen und jetzt auf rosa Kommunismus machen!«

»Ich kauf nicht bei Primark«, hat die Alwa empört geschrien, »Scheißkurzsichtling, das ist ein original Polo Ralph Lauren, was ich da anhab!«

»Sieht trotzdem scheiße aus!«, hat der Stiebereder zurückgeschrien und die Zena, die ihre Dreads immer nur mit kaltem Wasser wäscht, hat aus der hinteren Ecke geschrien: »Scheiß auf die Marken! Den Krieg auf der Welt haben wir wegen der ganzen Markenscheiße!«

»Den Krieg auf der Welt haben wir wegen der Klimascheiße«, hat da der Flo geschrien, »weil das Wasser nämlich scheißknapp wird vom vielen SUV-Gefahre!«

»Den Krieg auf der Welt haben wir wegen der Scheißaraber, weil die sich so gern in die Luft jagen mit fünfzig anderen, die Scheiße noch mal nix dafür können«, hat jetzt der Markus geschrien und der Murat hat zurückgeschrien, dass er ein Scheißnazi ist und dass er mal in den Scheißgazastreifen fahren soll und sich anschauen, was für eine Scheiße da abgeht, und da ist es mir dann doch ein bisschen zu politisch geworden.

»Leute«, hab ich geschrien, »Weltverbessern fängt im Kopf an« – aber dann hab ich einen Texthänger gehabt, weil ich plötzlich nicht mehr wusste, was der angefangene Kopf überhaupt mit Primark und den Marken und dem Geben und Nehmen und dem Kapitalismus und der Globalisierung und der Klimakrise und dem Kommunismus zu tun haben soll und was mein kleiner Minikopf, wenn er diese überschaubaren Winzlingsgedanken einer durchschnittlichen Schulpause schon nicht auseinanderhalten kann, denn bitteschön gegen den Krieg unternehmen will. Und gerade als mein Minihirn gedacht hat, dass meine Scheißminipflegeheimbesuchsidee die Welt sowieso nicht verbessert, weil sie nicht mal einen einzigen kleinen aufgeblähten Kinderbauch vorm Verhungern bewahren kann, hat die Finja geschrien, dass ihr das ja die Liebsten sind, die, die erst später dazukommen und dann aber Scheiße noch mal ganz genau wissen wollen, wie's geht. »Wir haben immerhin überhaupt was auf die Beine gestellt! Im Gegensatz zu anderen, die immer nur die scheißgroße Klappe aufreißen und denken, sie können besonders gut reden, weil ihre Eltern am Theater sind, oh – mein – Gott.«

Damit ist sie aus dem Klassenzimmer gerauscht. Und mit ihr ihre gesamte Hofgesellschaft, also die Mia und die Cosi und die Ennie und die Charlie.

Da musste ich ihnen natürlich hinterherschreien, dass es einfach nur Scheißtopfpflanzen waren, die sie noch nicht mal auf die Beine, sondern bloß auf elende Fensterbretter gestellt haben.

»Weibergezicke«, hat der Benni daraufhin konstatiert und ist mit wiederum seiner Hofgesellschaft aus dem Klassenzimmer gerauscht.

»Also ich find meine Welt super«, hat der Markus gesagt

und sich dabei selbstgefällig über den Scheitel gestrichen, »ich glaub ehrlich gesagt nicht, dass man da noch irgendwas verbessern kann.«

»Mir fällt jede Menge ein, was man an dir noch verbessern kann«, hat die Merle gekeift und der Markus hat gegrinst und sich selbstgefällig an die Eier gefasst: »Ich lass mir da gerne von dir helfen, Süße.«

Da ist auch die Merle angewidert mit ihrer Hofgesellschaft aus dem Klassenzimmer gestürzt und dabei hatte ich auf die Merle am meisten gesetzt in Sachen Unterstützer gewinnen.

Mit der Merle leerte sich das Klassenzimmer, als hätte man einer Badewanne den Stöpsel gezogen. Als die Sylvie an mir vorbei nach draußen ging, hauchte sie spitzmündlich (die Sylvie ist Halbfranzösin, deswegen denkt sie, sie müsste immer hauchen): »Ich wollte nur sagen, ich finde, das ist eine super Idee, und ich finde wirklich toll, dass ihr das macht.«

»Super«, sagte ich – etwas schwachbrüstig, denn die schüchterne Hauchesylvie an unserer Kampfesfront, das war nicht unbedingt das Maximum dessen, was ich mir rekrutierungstechnisch ausgemalt hatte, »dann bist du dabei.«

»Nein«, hauchte die Sylvie, »mitmachen trau ich mich nicht. Aber wie gesagt: super.« Damit schwebte sie davon.

»Zehnfachscheiße«, murmelte ich.

»Das war ein sensationeller Wahnsinnsrekord von dreiundfünfzigmal ›Scheiße‹ von vierzehn verschiedenen Menschen in nur zehn Minuten«, stellte ungläubig die Vanessa fest, die als Letzte noch über ihrem Collegeblock hing und offenbar geschockt war darüber, was sie von unserem Pausendisput so mitstenografiert hatte. Ich fragte mich, ob es ihr einen epileptischen Anfall verursachen würde, wenn sie wüsste, wie viele von meinen gedachten Scheißes sie da noch gar nicht mitgerechnet hatte.

Der Basti hievte seine Füße auf den Tisch. »Tja. Eindeutig Satz mit x, oder?« Er klang irgendwie zufrieden.

»Du hättest ja auch mal was sagen können«, keifte ich verletzt, weil der Basti wirklich immer nur im Hinterher gut ist.

»Abwarten«, sagte der Pawel, der beachmäßig mir gegenüber auf dem Tisch fläzte, »Rom wurde auch nicht an einem Tag erbaut.«

»Was hat denn jetzt Rom mit dem Weltverbessern zu tun?«, fauchte ich ihn an, weil ich empfindlich komplementär reagiere, wenn jemand so Hippie-Surfer-Bongo-mäßig Katastrophen wegbeschwichtigen will.

Der Basti lachte kopfschüttelnd auf: »Mann, Miniköter, du hast es einfach echt nicht mit der Diplomatie.«

Da bin auch ich aus dem Klassenzimmer gerauscht. Nur ohne meine Hofgesellschaft.

17

Am nächsten Tag hingen nicht mehr drei einsame Pfer-
de-und-Kylie-Plakate an der Wand. Sondern fünf. Okay,
dachte ich und dachte mir nichts dabei. Aber als ich ein nä-
heres schielendes Auge auf die zwei Neuzugänge warf, wäre
ich fast in Ohnmacht gefallen.

»Sag mal, spinnst du?«, zischte ich dem Basti zu, der sich,
grinsend wie ein Faschingskrapfen, neben mir auf den Stuhl
fallen ließ.

»Sieht gut aus, oder?« Er warf einen verliebten Schulter-
blick nach seinem Plakat, auf dem sich unter-, neben- und
übereinander drallbusige Langbeinblondinen in knappen Bi-
kinis räkelten und lüstern zurücklächelten.

»Wie kannst du mir so in den Rücken fallen?«

»Wieso«, er setzte seine Unschuldsmiene auf, »ich dachte,
das zwischen uns wäre geklärt: Du bist nicht mein Typ«, er
zeigte auf meine nicht vorhandene Oberweite, »du hast mir
da zu wenig!«

Ich schlug seinen Finger weg und tippte ihm ans Hirn.
»Und du hast mir da zu wenig!«

»Eben nicht«, er tippte jetzt mir ans Hirn, »ist alles Taktik,
Miniköter.«

»Taktik?«, flüsterte ich giftig. »Hältst du dich neuerdings
für Bismarck?«

»Mademoiselle Koetherott scheinen sich formidabel zu

unterhalten«, tönte da der Französisch-Eiberer, den ich nicht hereinkommen gerochen hatte, »und vergnügungssüchtig, wie ich nun mal bin, liebe Minna, schlage ich vor, du kommst nach vorne und unterhältst uns alle – mit deiner Vokabelkenntnis!«

Leicht zeitversetzt schwappte mir eine Welle Mundgeruch ins Gesicht. Ich warf Basti einen Vernichtungsblick zu. Ich würde zu einem späteren, günstigeren Zeitpunkt Heringssalat aus ihm machen.

Als ich vorne stand und den zynischen Stink-Eiberer bedauerlicherweise sehr zu unterhalten wusste, vermied ich aber einen weiteren Vernichtungsblick: nämlich den hin zu Pawels Lockenkopf. Sein Plakat voller Grand Canyons, Mayapyramiden und transsibirischen Eisenbahnen saß mir wie ein Fausthieb in der Magengrube.

Noch fausthiebischer aber wurde die große Pause für mich, weil sich der Basti und der Pawel vor ihre Plakate stellten und fröhlich darüber Auskunft erteilten, was sie sich bei der Erstellung und Beklebung so für ihr Leben gedacht, gewünscht und gesehnsüchtet hatten. Die Finja und die Cosi und die Mia standen anbei und lachten viel, um nicht zu sagen ständig, hingen am Pawelmund, hingen am Bastimund, fanden alles interessant und das meiste zustimmenswert und benahmen sich überhaupt sehr haarig: Sie warfen auf peinlichste Damenartundweise ihre Mähnen von einer Schulter zur anderen und wieder zurück, pusteten sich alle drei Sekunden irgendwelche Strähnchen aus dem Gesicht und kneteten und walkten und drehten aus unerfindlichen

Gründen auch sonst recht viel in und an ihren Haaren rum.

Und weil das Leben offenbar nicht anders kann als immer nur in Spiralen laufen, hat die Grinsinger dann auch noch den Christoph und mich ausrufen lassen, auf dass wir zu ihr ins Lehrerzimmer kommen mögen. Der Christoph und ich, wir haben uns angeschaut, obwohl ich den Christoph seit der Führerhäuschennummer total ignoriert hab, und wir haben die Achseln gezuckt und sind nebeneinander losgetrabt, wobei ich versucht hab, die Basti- und Pawelblicke in meinem Rücken zu ignorieren.

Die Grinsinger hat ihren Kopf wie eine spitzzahnige Muräne aus dem Lehrerzimmer gestreckt und sich unbändig geschadenfreut bei unserem Anblick.

Dann hat sie dem Christoph eine gesalzen-und-gepfefferte Standpauke gehalten, weil er seinen Verweis noch immer nicht unterschrieben vorgelegt hat und dass es demnächst einen verschärften setzt, wenn er nicht bis zum Freitag und so weiter.

Und mir hat sie den fettfleckigen Fingerabdruck der Suse unter die Nase gehalten und aufgebracht gerufen, dass das eine Frechheit sei, eine bodenlose, und dass ich hier gleich den zweiten Verweis bekäme, für Unachtsamkeit im Umgang mit autoritätspersönlichen Unterlagen oder, wahlweise, für grobe Autoritätsbeleidigung, in beiden Fällen aber hätte ich offenbar deutlich ein Problem mit Autorität, dem sie beizukommen gedenke. Sie hat sich so sehr in ihre Dramatik reingesteigert, dass ich gar nicht geschockt war, als sie mir den Zweitverweis in die Hand gedrückt hat, auf dass der gefälligst sauber und ordentlich unterschrieben den Weg zu ihr zurückfinde. Vielmehr musste ich mich schwer konzentrieren, um nicht laut loszulachen. Ich hab schnell den Kopf gesenkt, damit die Grinsinger nicht mein Grinsen sieht, Kopfsenken ist das Beste, weil es auch immer gleich wahnsinnig schuldbewusst wirkt, und darauf steht die Grinsinger. Und dann sind wir wieder abgedampft, der Christoph und ich.

Der Christoph hat wohl gedacht, er muss mich trösten, weil er gesagt hat, dass die Grinsinger ihm den Verschärften auch gleich hätte geben können, weil er bis Freitag seinen ersten Wisch noch immer nicht unterschrieben haben wird. Weil sein Papa nämlich erstens noch bis nächste Woche auf Projekt in den USA ist und seine Mama sich nicht traut, das Ding anzufassen und es an Ehemanns statt zu unterschreiben. Und zweitens, weil sein Papa noch immer erwägt, rechtlich gegen den Verweis vorzugehen. Und dann hat er gesagt, dass er selbst das mcgapeinlich findet, aber dass sein Papa eben ein Choleriker sei und es überhaupt keinen Sinn mache, mit ihm zu diskutieren, vor allem nicht, bevor er sich nicht seine Cognacs zum Runterkommen genehmigt habe. Die genehmige sich der Papa zwar zügig und effizient schon gleich beim Nachhausekommen, aber dann leider auch wieder so effizient, dass eine Diskussion danach mit ihm ungünstigerweise auch nicht viel ratsamer sei.

»Klare Pattsituation also«, hat er gesagt, der Christoph, und verlegen gelacht.

Er war tatsächlich verlegen, ich hab es an seinen schief

gelächelten Grübchen gesehen – und dabei hatte ich gedacht, er würde nur den großen Showmaster geben.

Ich fand es ja schon verdächtig, dass der Christoph plötzlich so nähkästchenplaudrig und zugewandt drauf war. Aber
als er dann noch gesagt hat, dass er die Pflegeheimidee span-
nend findet und gern dabei wäre, probeweise natürlich, und
ob ich ihn mal mitnehmen würde, da hat sich auch der letzte
Rest Klarverstand aus meinem Hirnkastel verabschiedet. Ich
hab den Christoph angestarrt, als hätte er mir gerade eröffnet, dass er unter seiner Menschenhauttarnung eigentlich
ein grünschleimiges Alien mit Saugnapftentakeln ist und
jetzt gerne von und mit mir das Zungenküssen und noch so
einige andere interessante Körperinteraktionen erlernen
würde. Wirklich, mein Hirn hatte Systemausfall. Warum will
ein Typ, der mit polierten Halbschuhen, gegeltem Haar und
v-ausgeschnittenem Kaschmirpulli zum Waldwandertag er-
scheint, der sich kameradenschweinig benimmt, vom Ziga-
rettenkotzen Heulkrämpfe kriegt und bis vor der Verweis-
aktion noch keinen zusammenhängenden Satz an mich
verschwendet hat, plötzlich freiwillig und weltverbessernd
ins Pflegeheim? Um welken Damen beim Linoleumflur-
crossing zu helfen?

Aber der Christoph hat auch während meiner durchaus
längeren Denkpause seinen unbedingten Pflegeheimwillen
nicht revidiert.

Ich hab kurz überlegt, ob der Basti es als Verrat ansehen
würde, wenn ich den Christoph an den Schnedelbach he-
ranführen würde. Und ob der Pawel wohl eher einen Schrei-
oder eher einen Lachkrampf kriegt, wenn er mich mit dem

Pfosten zusammen vor der Traumschiffkulisse sieht. Aber dann ist mir wieder eingefallen, dass der Pawel und der Basti aus einer Beleidigte-Leberwurst-Laune heraus sowieso zum Feind übergelaufen waren. Ich hab mir die beiden vor meinem inneren Auge zusammen mit ihren oh-so-tollen Plakaten und den Haardamen vergegenwärtigt. Und mich dann postwendend mit dem Christoph für einen gemeinsamen Pflegeheimbesuch verabredet. Ich für meinen Teil halte mich nämlich an kirschsaftbegossene Pakte.

18

Eigentlich hatte ich vorgehabt, den Christoph wie verabredet am Eingang zu treffen und ihn nach einer kurzknäpplichen Einweisung (»Wenn Warwara, dann Nichtswieweg«) zu entsenden, auf dass er sich allein und selbstständig seinen matchenden Altmenschen suche und mir nicht am Rockzipfel hänge. Aber der Plan wurde schon allein deshalb finster durchkreuzt, weil der Christoph zum verabredeten Zeitpunkt nicht am Eingang stand.

Ich bin ein empfindlich pünktlicher Mensch. (Was an einem einzelnen, einsam und rezessiv vererbten Genallel meiner altpreußischen Urgroßmutter liegen muss, weil diese Empfindsamkeit kein anderer lebender Mensch in meiner Familie teilt.) Besonders empfindlich bin ich, wenn ich von einem einvernehmlichen Berberitzenreis mit der Suse vorzeitig, also ohne nachspeislichen Rosenpudding, aufbreche, nur um dem Weltverbessern verzogene Schnöslinge zuzuführen, die dann gar nicht da stehen, wo sie stehen sollen, in ihren Lackschühchen. Ich wollte mich gerade in eine kleine Übellaunigkeit hineinsteigern, als der Christoph um die Ecke bog. Und zwar bog er nicht von der Straßenecke her, er bog aus dem Garten des Pflegeheims, und noch dazu mit einem so verschmitzten Grübchenlachen im Gesicht, dass mir zum ersten Mal auffiel, wie strahlend weiß und ebenmäßig seine Zähne waren, und dass er überhaupt, und vor allem jetzt, da das frühlingsflirrende Sonnenlicht günstig fiel, ziemliche Zac-Efron-Qualitäten hatte.

»Da bist du endlich!«, erdreistete er sich zu sagen. »Komm schnell, komm schnell, der Kaffee ist grad fertig.«

Und schon war er wieder um die Ecke und im Garten verschwunden.

Ich mag es gar nicht, wenn man mir zusammenhangslos Anweisungen zuwirft und dann wieder um Ecken verschwindet. Außerdem wollte ich zur Frau Klever und mir mit ihr ein, zwei Arien reinziehen, nicht dem Christoph bei den Auswüchsen seines Schnöselhirns behilflich sein. Von welchem Kaffee im Garten fantasierte er überhaupt? Meines Wissens war der Garten hinter dem Pflegeheim eine menschen- wie kaffeeleere Ödnis, eine Mondlandschaft, die noch von niemandem außer dem Basti und dem Schnedelbach durchschritten und entweiht worden war. Was wusste Schnöselboy, was ich nicht wusste?

Ich also Augen verdreht und widerwillig hinter ihm her.

Als ich um die Ecke bog, hätte mich fast der heilige Schlag getroffen.

Da saß der Christoph auf der Terrasse an einem tischdecklich gedeckten Tisch, breit und blond gelockt grinsend inmitten einer Schar aufgeregter älterer Damen, die allesamt schnatterten und gurrten und zwitscherten und trällerten, die schweren Busen reckten, die dritten Zähne bleckten und mit ihren paar zärtlichen Weißfederlocken auf den Köpfen und den langen faltigen Hälsen wie verliebte Geierdamen auf Butterfahrt um ihn herumschwirrten und -wuselten und versuchten, auf ausgefallenste Weise seine Gunst zu erlangen,

123

welche er wiederum klug und strategisch (also nur häppchenweise) zwischen allen aufzuteilen wusste. Auf dem Tisch stand eine große Café-Kleiber-Tüte, aus der heraus man frohlockend Unmengen an Schokobananen, Himbeertörtchen und Prinzregentenschnitten auf Teller verteilte, während zwei der Damen aus ihren erdgeschossigen Zimmern dampfende Kaffeekannen brachten und stolz und gewichtig das flüssige Melittabraun in geblümte Henkeltassen schenkten und eine weitere zu Zwecken der vollendeten Dekoration ihre Blumenvase samt Bunttulpen stiftete. Man pries das Frühlingswetter, als wäre der Sonnenschein allein Christophs Verdienst, und lobte ihn für seine glorreiche Idee, eine Kaffeetafel im Freien abzuhalten.

Der Christoph grinste wie ein Nachwuchspascha im Kreise seiner Haremsdamen. Er wusste, dass er sie mit seinem gebügelten Hemdkragen und seinen geschliffenen Manieren schon allesamt um den kleinen Finger gewickelt hatte. Als er mich sah, fiel ihm ein, dass ich eventuell auch irgendwo sitzen wollte und sollte. Sofort sprang er auf und organisierte mir einen weiteren der Plastikstühle, die gestapelt in ihrer Winterecke standen, und stellte ihn mit einer einladenden Geste neben den seinen. Die Damen gerieten schier aus dem Häuschen ob seiner Gentlemanness, es fehlte nicht viel und sie hätten ihm ja-unser-Bubi-mäßig den Scheitel gestreichelt.

»Darf ich vorstellen?«, fragte er galant und präsentierte mich den Damen als die Erfinderin der ganzen Besuchsaktion. Die Damen waren sofort auch von mir entzückt (obwohl ich keine gebügelten Hemdkragen trage) und stellten sich mir nacheinander mit einer solch freudigen Herzlichkeit vor, dass ich mich schon gleich gar nicht mehr so fremdplanetig fühlte. Man bedachte auch mich mit Kaffee, während die Dame auf der einen Seite versuchte, Fotos ihrer Enkel zu zeigen, und die Dame auf der anderen Seite verkündete, dem Christoph und mir die Hand lesen zu wollen, sie hätte da nämlich mal ein Buch drüber gelesen, was die übrigen Damen in nicht gelinde Aufregung versetzte, weil sie jetzt, da sie sich ihrem dritten oder vierten oder fünften Frühling gegenübersahen, offenbar auch zu wissen begehrten, was die Zukunft an Abenteuern noch für sie bereitzuhalten gedachte.

Es waren allesamt sehr fidele und fitte Damen – wahrscheinlich sagt man »rüstig«, aber das klingt immer so ritterrüstungskrustig, und krustig waren sie nun wirklich nicht, sondern lebhafter als ein Haufen pausenhöflicher Fünftklässlerinnen – und dabei war das Erstaunliche, dass sie sich eigentlich gar nicht kannten untereinander. Also, sie kannten sich schon, vom Linoleumflur-Grüß-Gott und vom Im-Speisesaal-beim-Essenholen-Anstehen, wie sie beteuerten, aber zusammen saßen sie heute zum ersten Mal. Dabei schienen sie selbst es am wenigsten zu fassen, dass das so lang gedauert hatte, ja, dass erst ein »Prinz Eisenherz«, wie man den Christoph fröhlich nannte, hatte kommen müssen, um sie endlich zusammenzuführen, wo man sich doch so ausgezeichnet verstehe, und außerdem: Die Terrasse hätte man sich schon viel früher aneignen sollen, nahezu empörend, dass die bisher nicht genutzt wor-

125

den war und der Garten auch nicht, aber jetzt sei Schluss mit den mageren Jahren, jawohl. Und schon plante man einvernehmlich die Neu-, ach, die Überhauptgestaltung der Blumenrabatte und erörterte, wer wohl die besten Beziehungen zu Schwester Warwara hatte, um diesbezüglich einen Vorstoß zu wagen.

Ich gluckste frühlinglich, als mir eine Prinzregentenschnitte zugeteilt wurde, was der Christoph zum Anlass nahm, mich mit einem merkwürdigen Stolz zu fragen, ob ich wisse, dass das Café Kleiber gleich hinter dem Grundstück lag, es gäbe sogar eine Gartentür und einen kleinen Trampelpfad.

»Wie«, fragte ich ungläubig, da ich den Stolz in seiner Stimme jetzt kombiniert hatte, »sind die Torten etwa von dir?« Er musste ja mindestens dreißig Euro in die Sahnesause investiert haben.

Er gab sich bescheiden: »Was hätt' ich denn tun sollen? Man wollte mir diese trockenen Blechkuchenbreckies aus der Cafeteria andrehen, dieses geschmacksbefreite Diabetesfutter! Da wird man doch trübe von.«

»Völlig richtig!«, kommentierte eine der Damen. »Das muss ein Ende haben mit diesen ewigwiederkehrenden Hefelappen! Das sind doch keine Streusel, was die einem hier als Streusel verkaufen wollen, ein Streusel muss knuspern zwischen den Zähnen, selbst wenn es die dritten sind!«

Sie erntete allseits Zustimmung und schon plante man einvernehmlich mögliche Vorgehensweisen zur Abschaffung sämtlicher Hefelappen, seien sie hell oder dunkel. Sie waren so guter Laune, sie hätten, glaub ich, heute alles geplant, die erste Barefoot-Challenge auf den Mount Everest genauso wie eine Goldgräbermine mit dressierten Maulwürfen unter unserem Rathaus.

»Seit wann bist du denn schon hier?«, raunte ich zum Christoph. Er konnte ja wohl kaum in fünf Minuten die halbe pflegeheimliche Damenwelt aus ihrem Winterschlaf geküsst haben – und wenn doch, dann wollte ich zumindest seinen Trick wissen.

Es stellte sich raus, dass der Christoph, um auf gar keinen Fall zu spät zu kommen (und weil er sich in der Entfernung verschätzt hatte), fast eine ganze Stunde zu früh drangewesen war. Und da er sich gedacht hatte, dass es vielleicht bei mir Eindruck schinden würde, wenn er bis zu meinem Eintreffen schon mit einem Pflegeheimmenschen per Du wäre – und auch, weil er Hunger gehabt hatte und die kulinarische Lage checken wollte – war er auf gut Glück in die Cafeteria getigert.

Er hob die Stimme und meinte jetzt alle: »Und da saßen diese reizenden Damen an ihren Tischen, und weil mir alle so sympathisch aussahen und ich mich nicht entscheiden konnte, hab ich einfach in die Runde gefragt, wer mit mir einen Kaffee in der Sonne trinkt. Und dann gab eins das andere. Oder anders gesagt: Schon hatte ich alle Ladys am kleinen Finger …«

Die reizenden Damen juchzten und gackerten kokett und ich wunderte mich wirklich, wie ungeniert er mit ihnen flirtete – und sie mit ihm. Dabei muss ich zugeben, dass auch ich ihn plötzlich durch eine sehr prinzregentliche Brille sah. Diese Brille wurde um noch eine Dimension erweitert, als eine der Damen plötzlich Eierlikör aus ihrem Zimmer anschleppte und ihn – »Ein Likörchen in Ehren kann niemand verwehren« – in kleinen Schokobecherchen servierte. Ich hatte schon immer eine Schwäche für Eierlikörtorte, eine Schwäche, die, wie mir heute aufging, wesentlich mit dem Eierlikör on top und weniger mit dem Schokobiskuit darunter zu tun hatte. Als irgendjemand, ich glaube, es war der Christoph, mit dem Witzeerzählen anfing, herrschte bald die ausgelassenste Stimmung.

Ganz besonders ausgelassen war eine Dame, deren flockiges Haarweiß einen deutlichen Lilastich hatte und die wie ein Christbaum mit Klunkern behangen war. Sie schoss wirklich den Vogel ab, als sie plötzlich die Tulpen aus der Blumenvase riss, einen beherzten Schluck Blumenwasser direkt aus der Vase nahm, mehrtönig rülpste und das Tulpengrünzeug auf den Rest ihrer Sahneschnitte klatschte. Sie packte ihr neu belegtes Sandwich mit der Hand und wollte gerade hineinbeißen, als ihr eine andere Dame resolut in den Arm fiel. »Frau Perlinger, Frau Perlinger, das ist nicht zum Essen«, sie redete auf einmal wie mit einem Kleinkind, »das legen Sie jetzt wieder hin.«

Frau Perlinger starrte sie an, ihren Sahnetulpenmatsch fest in der Quetschhand, und wie sie starrte, so feindselig und fressneidisch, kapierte ich plötzlich, dass die Frau Perlinger gar keinen Witz gemacht hatte, sondern ernsthaft beabsichtigte, ihr Tulpengrün zu verschlingen – und notfalls auch jeden, der ihr dabei in die Quere kam. »Lassen Sie mich los«, quiekte sie laut, »lassen Sie mich! Wer sind Sie denn überhaupt! Hilfe! Hilfeeee!«

Aber die resolute Dame blieb resolut. »Das sind Tulpen, Frau Perlinger, Blumen, die sind nicht zum Essen da. Die legen Sie jetzt wieder hin.« Sie führte die Hand der Frau Perlinger sanft, aber bestimmt vom Perlingermund weg und zurück auf den Teller. Die Frau Perlinger starrte die Dame schon wieder mit einem neuen Blick an, sie starrte nicht mehr feindselig, sie starrte plötzlich voller Angst und ihre Augen füllten sich mit Tränen. »Wo bin ich«, flüsterte sie zitternd, »ich weiß nicht, wo ich bin.«

»Das ist nicht schlimm«, sagte die resolute Dame sanft, »ich sag es Ihnen, Frau Perlinger: Sie sind im St.-Blasius-Pflegeheim, Sie wohnen hier und ich bin die Frau Mühl, ich wohne im Zimmer eins neben Ihnen, und wenn Sie mögen, bring ich Sie jetzt in Ihr Zimmer.«

»Der Paul soll das machen!«, forderte die Frau Perlinger forsch und stieß die Frau Mühl von sich, um plötzlich wieder hilflos suchend um sich zu blicken. »Wo ist denn der Paul«, fragte sie mit bebenden Lippen, »der wollt' doch längst zurück sein vom Fischen?«

Die Frau Mühl ließ sich nicht beirren und half der Frau Perlinger, vom Stuhl aufzustehen. »Der Paul ist schon gestorben, Frau Perlinger. Aber später kommt Ihre Tochter zu Besuch, die kommt doch immer zu Besuch, die Tanja.«

»Der Paul ist schon gestorben?«, flüsterte die Frau Perlinger, als würde die Nachricht nur durch sie hindurchrinnen. »Mein Paul?« Plötzlich sah sie sehr alt aus, die Frau Perlinger. »Der Paul ist tot«, wiederholte sie tonlos, immer wieder, während die Frau Mühl sie behutsam davon- und in ihr Zimmer führte.

»Die Frau Perlinger ist dement«, erklärte die Dame links neben mir freundlich, legte ihre Hand auf die meine und drückte sie, »das läuft dann manchmal aus dem Ruder. Es tut mir leid, dass Sie sich erschreckt haben.«

»Ha«, lachte ich den Schreck weg und es war mir peinlich, dass man mir den Schreck offenbar anmerken konnte, »das war nicht wild, ich lass mich oft und leicht erschrecken, von allem Möglichen.«

»Wer ins Pflegeheim marschiert, ist nicht schreckhaft«, rief eine Dame von quer über dem Tisch, »der ist mutig! Auf Sie, mein Mädchen!«

Und sie hob ihren Eierlikörbecher, um mir zuzuprosten. Auch die anderen griffen die Eierlikör-Refill-Gelegenheit beim Schopfe und prosteten mir zu, und ich glaube, ich wurde rot. (Kann aber auch der Eierlikör gewesen sein, den ich selbst schon intus hatte.)

19

»Hast du gewusst, dass man, wenn man dement ist, auch nicht mehr weiß, was man essen kann und was nicht?«, hab ich den Christoph gefragt, als wir nach noch einer Eierlikörrunde und bisbaldigem Abschied das geliehene Geschirr zurück in den Speiseraum brachten.

»Wenn du dement bist, vergisst du sogar, dass du überhaupt essen musst«, grunzte eine Stimme hinter uns, »die von Itzingbüttel muss man immer dran erinnern.«

Da saß der adriagebräunte und gummigelatschte Filzhaartypi wie ein Shrimp am einsamen Tisch vor einem Suppenteller mit … Undefinierbarem. Heute trug er auch einen blauen Kittel mit brustplatziertem Namensschild: *Frederick, FSJ.*

Voilà.

»Und der hier«, er daumendeutete sich über die Schulter hinweg ans andere Ende vom Speisesaal auf einen sehr properen Mann, der aussah wie ein Dumpling mit Seitenscheitel und der trübe auf die leere Tischplatte vor sich starrte, »der vergisst immer, dass er schon gegessen hat. Dem hab ich grad zum fünften Mal seine Semmel weggenommen.«

»Vielleicht hat er Hunger«, wandte ich mitfühlend ein – und weil es mir unangenehm war, wie schweigepflichtslos und brutal der semmelentreißende Freddy über Anwesende sprach. (Auch wenn uns der Dumpling von hier nach dort kaum hören konnte – es sei denn, er erfreute sich zufällig des Gehörs einer Fledermaus.)

»Der hat keinen Hunger«, schnaubte der Freddy, »der hat ja schon fünf Semmeln gehabt! Und vorher Mittagessen mit Nachschlag.« Er schlabberte unbekümmert eine Löffelladung von seinem undefinierbaren Brei. »Letzte Woche wollte einer sogar seinen Teller essen. Der Herr Philippi. Der hat echt ins Porzellan gebissen, ich dacht', ich werd nicht mehr.« Er kicherte in sich hinein und schüttelte seine Filzmatte dabei.

»Und was isst du da?«, fragte der Christoph.

Der Freddy schaute auf seinen Teller. »Tafelspitz mit Kartoffeln und grünen Bohnen, wieso?«

Der Christoph deutete betreten auf Freddys Teller, der aussah, als hätte ihn der Freddy im entscheidenden Augenblick einem Nilpferd unter den Darmausgang gehalten: »Na ja. Weil das nicht aussieht wie Tafelspitz mit Kartoffeln und grünen Bohnen. Sondern wie … Schlamm. Wenn man es positiv sieht.«

»Ach so«, der Freddy sah die grüngräuliche Matschpampe auf seinem Teller jetzt offenbar mit unseren Augen, »das ist, weil man sich hier alles pürieren lassen kann, wenn man will. Und ich find das so wahnsinnig praktisch zum Essen.«

Er schaufelte sich zu Demonstrationszwecken einen Löffel Tafelspitzbrei in den Mund und triumphierte durch den Brei hindurch: »Nur mit Löffel!«, als hätte er uns soeben eine patentreife Erfindung vorgeführt (die er, was ihre gesellschaftsverändernde Durchschlagskraft betraf, offenbar in derselben Liga wie »Glühbirne« oder »Schwarzpulver« ansiedelte).

Dann baggerte er wieder mit seinem Löffel durch den Schlamm und schmatzte und machte sich nicht die Mühe, erst hinterzuessen, bevor er sprach, was, ehrlich gesagt, ziemlich nach Schweinetrog aussah. »Ihr seid sicher die, die hier Sista Dabbljuh um den Verstand bringen, richtig? Falls Sista Dabbljuh überhaupt Verstand hat …«

»Wer ist Sista Dabbljuh«, fragte der Christoph, der ja noch kein Eingeweihter war.

»Na, Schwester Warwara«, blubberte der Freddy durch den Tafelspitz, »Sista für Schwester und Dabbljuh für W, auf Englisch, is 'ne Abkürzung, verstehste?«

»Verstehe«, sagte der Christoph, und obwohl ich ihn noch nicht so gut kenne, konnte ich schon seine Gedanken lesen: *War ja jetzt auch nicht sooo schwer.*

»Ich schmeiß gleich meine Viele-bunte-Pillen-Party«, sagte der Freddy, der ausgeschlabbert und einen Kontrollblick nach der Wanduhr geworfen hatte, »wollt ihr mit?«

Der arme gutbürgerliche Christoph ist sofort ein bisschen grünbleich um die Nase geworden. »Pillen? Party? Ich muss nach Hause … weil … ich noch Besuch krieg.«

»Die Pillen sind nicht für dich«, beruhigte ihn der Freddy und führte uns den Flur entlang, »sondern für die Oldies hier. Die laufen ja nicht von selbst so zombiemäßig rum, sondern weil wir sie regelmäßig mit netten kleinen Schlafmittelchen füttern: siebzehn Uhr Abendessen und dann ab in die Heia.« Er klappte die Augen zu, warf den Kopf in den Nacken und ließ die Zunge seitlich raushängen. Dazu schnarchte er entsetzlich anschaulich mit echten Spuckeblasen.

133

»Ihr stellt sie ruhig?«, schockfolgerte ich tonlos. »Ist das denn erlaubt?«

»Nö«, sagte er schlicht und ließ das Geschnarche, »das ist natürlich nicht erlaubt. Das sind freiheitsentziehende Maßnahmen. Aber jetzt pass auf. Im Gesetz gibt es so eine niedliche kleine Lücke, die sagt, dass freiheitsentziehende Maßnahmen nur dann nicht erlaubt sind, wenn ihr *Zweck* der Freiheitsentzug ist. Wenn der Freiheitsentzug nur eine *Nebenerscheinung* ist, dann ist es erlaubt. Kapiert?«

»Nicht ganz«, gab ich zu.

»Wenn du, sagen wir, der Frau Hollerbach ein Beruhigungsmittel in den Rachen wirfst, damit sie nach siebzehn Uhr nicht mehr durch die Gänge spaziert und dir auf den Wecker geht, ist es nicht erlaubt. Wenn du aber feststellst, oh, die gute Frau Hollerbach ist ja depressiv oder von einer allgemeinen Unruhe geplagt, ich geb ihr mal ein Beruhigungsmittel dagegen, ein Beruhigungsmittel, das *zufällig* auch zur Nebenwirkung hat, dass die ehrenwerte Frau Hollerbach nach siebzehn Uhr nicht mehr durch die Gänge spazieren und mir auf den Wecker gehen kann, weil sie pennt wie ein Grabstein, dann ist es erlaubt. Jetzt kapiert?«

Ich nickte wie überfahren.

»Man kann sich also vorstellen, wie viele Bewohner hier von einer latenten Depression oder einer allgemeinen Unruhe erfasst werden. Bewohner, die eigentlich pudelmunter wären. Wenn man sie lassen würde.«

»Und das machst du mit?«, fragte ich und fühlte mich gleichzeitig ziemlich naiv, das zu fragen.

Als Antwort zuckte er die Achseln. »Von meinem Idealismus hab ich mich schon in der ersten Woche verabschiedet. Wir sind hier komplett unterbesetzt. Wenn die Frau Hollerbach durch die Gänge zwitschern würde, und mit ihr noch zwanzig andere, dann bräuchtest du echt ganz anders Personal. Die müssen betreut werden, da muss einer mitgehen. Wenn sie dement sind, verirren die sich und so weiter. Das ist überhaupt nicht drin. Das ist hier eine Verwahranstalt.« Er zuckte schon wieder die Achseln.»Ich setz mich, so oft ich kann, nach Italien ab. Andernfalls müsst' ich mir bald selber so eine Pillenschleckertüte zusammenstellen. Und wenn's hier kein Klavier gäbe, unten im Gesellschaftsraum – wär ich wahrscheinlich schon gar nicht mehr hier. Ich spiel eigentlich die meiste Zeit. Bisschen Chopin, bisschen Beethoven, hocken paar Oldies rum, freuen sich – und ich kann üben. In sechs Wochen ist meine Aufnahmeprüfung am Konservatorium. Ich werd nämlich Musiker. Wenn sie mich nehmen.«

»Und wenn sie dich nicht nehmen?«

Er zuckte die Achseln.»Werd ich trotzdem Musiker.«

Da entdeckten seine Augen hinter unserem Rücken etwas, etwas, das ihn offenbar freute und ihm sogar einen koboldesken Schabernackschalk in die Augen setzte:»Ich glaub es ja nicht«, rief er wie ausgewechselt munter, »Maguro in the streets! Ist dein PC abgestürzt oder warum kommst du aus deiner Höhle gekrochen?«

Der Typ, der aus seiner Höhle gekrochen oder vielmehr gefahren kam, war ein bisschen, aber nicht viel älter als der Freddy und saß in einem Rollstuhl. Am Rollstuhl war eine Infusionsstange angebracht, an der ein Beutel mit durchsichtiger Flüssigkeit hing, die ihm, dem Verlauf des dünnen Schlauchs zufolge, irgendwohin in die Seite tropfte. Seine Hände lagen jeweils auf den Rollstuhlarmlehnen, an deren Ende so etwas wie Hightechkonsolen angebracht waren. Sah so aus, als würde der Typ so ziemlich alles in seiner Umgebung mit minimalen Fingerbewegungen an dieser Konsole steuern können. Oder müssen. Denn offenbar konnte sich der Typ nicht sonderlich viel bewegen. Seine Augen blitzten unternehmungslustig, als er uns sah. Mit einem leisen Summen seines Rollstuhls kam er auf uns zugefahren: »Wenn du hier so rumtrötest, verehrter Bratling, muss ich doch nachschauen, was geboten wird! Nicht, dass ich was verpasse … Kannst du mich mal bitte hochziehen? Ich rutsche ab.«

»Klar kann ich dich hochziehen, Maguro«, sagte der Freddy und griff dem Maguro so unter die Arme, dass er ihn mit einem behutsamen, aber bestimmten Ruck ein Stückchen aufrichtete im Rollstuhl.

»Danke«, sagte der Maguro und hatte uns schon neugierig ins Auge gefasst, »wusste gar nicht, dass du Freunde hast, Bratling.«

»Hab ich auch nicht«, hat der Freddy nebensächlich geschlagfertigt, »die lungern hier nur rum, wollen Sista Dabbljuh in den Wahnsinn treiben oder vielleicht auch was zu essen abgreifen, so genau hab ich das noch nicht raus.«

»Oho, oho, hallopopo«, hat der Maguro gesagt und war gleich noch ein Stück neugieriger, »bei mir gibt's essenstechnisch nicht viel zu holen außer Flüssignahrung«, er ruckte seinen Kopf und auch die gewittergrauen Augen in Rich-

136

tung Infusionsbeutel, »aber Wahnsinn interessiert mich immer. Ich bin der Mike.«

Der Christoph stellte uns beide kniggevollendet vor, aber ich fragte:»Mike? Ich dachte: Maguro.«

»Maguro heißt er, weil er ein Freak ist, möget ihr gewarnt sein bis in alle Ewigkeit«, sagte der Freddy.

»Maguro ist das japanische Wort für Thunfisch«, wollte der Mike erklären, aber der Freddy plauderte schon halbstark weiter:»Thunfisch, weil dieser Typ hier, auch wenn man es ihm nicht ansieht, erstens Japanologie studiert und den ganzen Tag Mangas übersetzt und so 'nen Kram. Zweitens rutscht er ständig ab, wie so ein glitschiger Fisch. Und drittens …«, jetzt stockte der Freddy.

»Drittens ist er vom Aussterben bedroht«, vervollständigte der Maguro grinsend den Satz, »du wirst doch nicht etwa sentimental auf deine jungen Tage! Aber hey: Sterben werden wir alle! Ihr seht es nur nicht jeden Tag im Spiegel, so wie ich.« Er fing unseren entsetzt-betretenen Blick auf. »Kein Grund zur Beunruhigung, ich sterb auf jeden Fall vor euch, versprochen. Ich hab 'ne Form von Muskelschwund. Deswegen kann ich mich auch nicht allein im Rollstuhl halten und brauch so Leute wie den Bratling, damit sie mir das Rückgrat richten.«

»Und wieso nennst du ihn Bratling?«, fragte ich, möglichst unbekümmert, um das Gespräch irgendwie aus dieser Todesecke zu schippern.

»Bratling? Na, weil er so ein Ökotyp ist. Vegetarischer Veganer und so weiter.«

»Vegetarier«, stieg der Christoph in mein Schippermanö-

137

ver mit ein, wofür ich ihm um den Hals hätte fallen können, und wandte sich an den Freddy, »hattest du nicht grade Tafelspitz?«

»Sag ich doch«, lachte der Maguro, »Ökotypi: Wasser predigen und selber Wein trinken! Dieselfahrverbot in der Innenstadt, aber wieder mit dem Billigflieger nach Brindisi, stimmt's?«

»Wenn's halt so weit weg ist«, maulte der Freddy, »und außerdem: Musst du nicht an deinen PC? Deine Obsttante wartet doch sicher schon sehnsüchtigst, Sekunde, wie hieß die, *Pflaume*?«

»Pfirsichblüte heißt sie, du Brausefrosch, und in Tokio ist es jetzt mitten in der Nacht, wann merkst du's dir mal?« Er wandte sich mit gespieltem Bedauern an uns: »Das muss man verstehen, wo andere Leute ein Hirn haben, hat er leider bloß nassen Schwamm: nimmt nix auf, tropft nur durch. Dass er es schafft, sich wie echte Primaten aufrecht auf zwei Beinen zu halten, ist ein Phänomen für die Wissenschaft!«

Freddy nahm seine Bashingeinladung an: »Und der da hat 'ne Freundin, ist das zu fassen?«

»Wieso, du hast ja auch eine«, konterte der Maguro, »find ich weit verwunderlicher.«

Jetzt grinste der Freddy nur noch breit von-oben-bis-unten-verknallt und hob beide Hände zum Victoryzeichen. »Lasciatemi cantare«, stimmte er celentanokehlig* an, bis

---

* Für alle, die keinen Leib-und-Seele-Italiener wie Enzo haben, der am Stadtplatz seine Eisdiele mit viel Amore betreibt und bei dem den ganzen Tag nur Adriano Celentano oder Eros Ramazotti läuft, weil er es sonst vor Heimweh nach Sizilien gar nicht aushält: Adriano Celentano ist sowas wie der Frank Sinatra Italiens.

ihm offenbar ins Bewusstsein schoss, dass er sich in einem Pflegeheimflur und nicht auf der Hauptbühne von Rock im Park befand. Er senkte die Stimme wieder: »Ich mach hier mal weiter. Seh euch ja sicher bald wieder.«

»Mich könnt ihr auch mal besuchen kommen«, sagte der Maguro und brachte seinen Rollstuhl durch ein Fingertippen in Abfahrtsposition, »freu ich mich. Und du – Christoph war's, oder? –, spielst du FIFA?«

»Ich darf zu Hause keine Games haben«, hat der Christoph verschämt gekrächzt.

»Na, dann kommst du zu mir«, hat der Maguro im Davonfahren gerufen, »ich hab alles. Bring your friends. Oder darfst du zu Hause auch keine Friends haben?«

Da hat der Christoph einen Tick zu lang gebraucht für eine Antwort, und als ich ihn von der Seite angesehen hab, ist er ganz schön verlegen geworden.

»Gehst du mit mir noch auf ein Eis?«, hat er seine Schuhspitzen gefragt. »Ich lad natürlich ein.«

»Voll gern«, hab ich gesagt und es auch so gemeint.

Und wahrscheinlich wäre es auch ein wahrhaft sahnehaubiger und schokogestreuselter Abschluss für diesen Tag geworden, wenn wir beim Rausgehen aus dem Pflegeheim nicht dem Basti und dem Pawel in die Arme gelaufen wären, die, zu allem Überfluss, nicht allein, sondern in dauerkichernder Begleitung von Finja und Co waren.

Da sind der Basti, der Pawel und ich kurz ins Stocken gekommen, als hätte uns ein DJ gescratcht, was aber weder der Christoph noch die Finja oder ihr unvermeidlicher Anhang gemerkt haben. Das Scratching hat auch nur kurz gedauert, dann haben wir drei »Hallo« gesagt mit einer Stimme, als hätten wir je eine Vorratspackung getrockneten Majoran gegessen, sie haben linoleumschnittig gegrinst und ich hab ihnen einen hochverrätlichen Verachtungsblick zugeworfen. Als die Finja dann auch noch kichernd »Oh, hi« zu mir gesagt hat, ganz so, als wäre sie *megasurprised*, mich hier zu sehen, wo es doch zum-Birnbaum-noch-mal *mein* Pflegeheim ist, da hätte ich sie beinah bulldoggig angekläfft. Aber ich hab ja leider eine zu gute Kinderstube genossen, um derartige Impulse von der kurzen Leine zu lassen, und so bin ich einfach an ihnen vorbeispaziert und hab versucht, mir auch während des sehr opulenten Eisbechers mit dem Christoph nicht anmerken zu lassen, wie sehr mein Zwerchfell gezogen hat vor Autsch.

20

Am nächsten Tag herrschte eisigste Froststimmung zwischen dem Basti und mir, obwohl es draußen gute zwanzig Grad hatte und sich scheinbar alle dämlichen Singvögel dieser Stadt versammelt hatten und durch die offenen Klassenzimmerfenster zwitscherten und tirilierten und sich so ungeniert frühlingshaft und gut gelaunt benahmen, dass es echt schon peinlich war. Ich hab den Basti betont ignoriert und er mich auch, was seine sichtbarste Konsequenz darin trug, dass er nicht seinen Spitzer und ich nicht meinen Radierer in die Tischmitte legte, wie wir es sonst immer ritualisiert und verselbstverständlicht vor Stundenbeginn tun, weil er nie einen Radierer hat und ich seit Jahren schon keinen Spitzer mehr. Wir holten zwar beide unsere Wertstücke raus, legten sie aber sichtbar und zur Provokation nur neben unsere Federmäppchen. Es war ziemlich kindisch, ich weiß, und trotzdem. Manchmal, wenn man sich so ein gewisses Rodeopferd ausgesucht hat, krampft man sich eben fest und will da nicht so schnell wieder runter. Mit dem Pausengong sprang ich auf, verschwand wie ein Salamander unter Steinen und kam vermeidungsstrategisch auch erst zurück, nachdem die nächste Stunde schon wieder angefangen hatte. Ich hätte dem Basti ganz wunderbar noch bis Ende des Schuljahres aus dem Weg gehen können, wenn nicht murphy's-law-mäßig der Geschichts-Hopfer, der in seiner nochnichtlangherigen Ausbildung ein bisschen viel Waldorf und andere Liebhabepädagogik getankt hat, in der letzten Stunde mal wieder »Teamarbeit mit dem Banknachbarn« ausgerufen hätte, auf dass wir uns bis zum Ende der Stunde »in den erprobten Zweiergruppen« selbstständig den Ursachen für den Ausbruch des Ersten Weltkrieges annähern mögen und er, der Hopfer, bis dahin friedlich chatten könne. Das hat er so natürlich nicht gesagt, der Hopfer, dass er ungestört zu chatten begehre, aber seit er in die Kunst-Vinokurowa verknallt ist (und sie offenbar auch in ihn), müssen wir uns doch auffällig oft »Inhalte selbst erarbeiten«, während er über seinem Handy hockt und debil dauergrinst.

Der Basti hatte überflüssigerweise auch noch sein Geschichtsbuch vergessen, und weil ich nicht weiterhin so verbissen wie in Sachen Spitzer & Radierer sein konnte, ohne dass es auffällig geworden wäre – und wer weiß, was dem Wir-haben-uns-alle-lieb-Hopfer dann alles Demütigendes eingefallen wäre zur Wiedervereinigung und Re-Verkollegisierung – hab ich ihn halt mit reinschauen lassen. Da hockten wir, die Köpfe aneinander, während es zwischen uns nur so gefrierknackt hat. Ich war genau einen Absatz weit gekommen, als der Basti gezischt hat: »Ich weiß überhaupt nicht, warum du dich so anstellst.«

»Weil du ein Verräter bist«, hab ich sofort zurückgezischt, dankbar, dass das Fass jetzt angezapft war.

»Da ist rein gar nix verräterisch, wir haben ausgemacht, dass wir die anderen mobilisieren.«

»Aber doch nicht die Finja.«

»Wieso, du schleppst doch auch den feinen Pinkel an.«

»Der ist nicht der Erbfeind.«

»Die Finja ist auch nicht der Erbfeind, sondern domino-strategisch ein wichtiger Faktor und außerdem war sie am leichtesten zu cashen.«

»Du meinst: Sie ist verknallt in dich.«

»Wenn ich nur diejenigen Damen rekrutieren darf, die *nicht* in mich verknallt sind, dann wird das ein sehr männer-lastiger Haufen da im Pflegeheim«, seufzte er in einem An-flug von Stimmungsaufheiterungszwang und grunzte, weil er sich selber so witzig fand, »aber der Pinkel hockt sich na-türlich auch nur der guten Sache wegen bei Sonnenschein ins Altenheim.«

»Kann ich bitte Ruhe haben«, hat der Hopfer pikiert ge-sagt und seinen Kopf vage in unsere Richtung gehoben, weil er nicht sicher war, wo das Nest der flüsternden Zischelstö-rung lag, auf dass er es ausheben und ausräuchern könne.

»Ruhe zum Whatsappen oder wie«, hat der Basti seitlich durch die Zähne gezischt und der Hopfer hat uns fixiert – allerdings nicht sehr waldorfig.

»Wir diskutieren die Kriegsursachen«, hab ich laut gesagt, »sollten wir doch.«

Aber da hat das Hopferhandy schon wieder vibriert.

»Hör mal«, hat der Basti eindringlich weitergeflüstert, »die Finja ist die Einzige, die hier in der Klasse auch ans Weltverbessern glaubt, wenn du den Timo, den Hubsi und die Mehlwürmer mal ausnahmsweise nicht mitzählst. Sie hat zwar einen anderen Ansatz, aber auch ein paar echt gute Ideen, und wenn sie mit im Boot ist, dann ist es auch die Cosi und so weiter. Und dann holen wir nach und nach alle dazu, bis die Stimmung kippt, und ab dem hundertsten Affen sind dann plötzlich alle dabei.«

»Erzähl die Geschichte vom Affen ruhig laut und für alle anderen«, hat da der Hopfer gesagt, der plötzlich direkt vor uns stand, der hinterlistige Schleichi war wohl mal bei den Pfadfindern gewesen,»und ich bin ganz besonders interessiert daran zu erfahren, was Affen mit dem Ersten Weltkrieg zu tun haben!« Offenbar wollte heute die Kunst-Vinokurowa nicht ganz so, wie der Hopfer wollte.

Der Basti ist aber so geschliffen bastimäßig cool geblieben, wie es nur der Basti zuwege bringt:»*Der hundertste Affe* ist ein stehender Begriff in der Soziologie und bezeichnet so etwas wie den kritischen Punkt innerhalb einer Gesellschaft, ab dem die Stimmung kippt und mit einem Schlag das gesamte Kollektiv erfasst. Auf die Zeit vor Kriegsausbruch übertragen bedeutet das, dass es erst nur vereinzelt Kriegsbefürworter in der Bevölkerung gab, aber als der hundertste Affe dafür war, waren plötzlich alle dafür.«

»Sebastian, du übertreibst«, hat der Hopfer gedroht.

»Sie haben recht«, hat der Basti zerknirscht zugeben,»die Sozialdemokraten haben der Propaganda ein bisschen länger standgehalten. Aber aus Angst vorm Russen waren sie im August halt dann doch beim Burgfrieden dabei.«

»Die wirtschaftlichen Aspekte nicht vergessen«, hat da der Hopfer ratlos gemurmelt und sich wieder hinter sein Handy gehockt.

»Ihr würdet euch, glaub ich, echt verstehen«, hat der Basti sofort wieder den Flüsterfaden aufgenommen,»ihr seid euch nämlich voll ähnlich. Ihr solltet halt mal reden.«

Da fiel mir wie ein Stich was ein:»Bei wem wart ihr denn eigentlich gestern?«

Da hat er sich ein bisschen gewunden.»Bei der Klever. Die anderen haben alle schon Essen bekommen«, hat er angefügt, als wäre das eine Erklärung oder gar Entschuldigung, »und die Warwara hat uns weggescheucht.«

Aber da war es schon, als wär er mir mit dem Rasenmäher über alle Eingeweide gefahren, und was eine zarte Wiederannäherung hätte werden können, war nur noch Schredder.»Du schleppst die *Finja* zu *meiner* Frau Klever?«

»Mann, jetzt hab dich nicht so, das war doch nur zum Einstieg!«

»Können wir bitte ein bisschen mehr Ruhe haben, Herr Kanauer junior, auch wenn du zu historischen Erkenntnissen kommst!«, tadelte der Hopfer entnervt.

Die Ruhe konnte der Hopfer haben, ich würde kein Wort mehr mit diesem miesen Dolchstichling reden.

»Sie sucht sich schon noch ihren eigenen Mensch, keine Sorge, also wo ist dein Problem?«

Dieses beharrlich finjaversöhnliche Tongelage aus dem Bastimund war mir gänzlich fremd. Es klang, als hätte er die letzten Tage widerkäuend auf einer Almwiese voll gewisser handförmiger, siebenblättriger Kräuterleins verbracht.

»Du weißt genau, dass ich sie hasse.«

»Warum eigentlich?«

Ich stutzte. Ich hatte keine Ahnung. Wann hatten Finja und ich beschlossen, dass wir Feindinnen waren? Es war nie irgendetwas vorgefallen. Aber so ist das doch mit den Menschen: In den einen verknallst du dich auf den ersten Blick und ein anderer gibt dir eben augenblicklich das Gefühl von Perserkatze-fasst-in-Steckdose. Das muss man dann gar nicht erst verifizieren, wie der Mathe-Möchtl sagen würde. Was man weiß, weiß man. Ich zuckte die Achseln. »Ist doch auch völlig egal, warum und seit wann. Wenn sich das eben verselbstständigt hat. Das ist dann wie beim Nahostkonflikt.« »Aha. Verselbstständigt. Nahostkonflikt. Du merkst aber schon, dass du grade so gar nicht weltverbesserisch redest, oder? Wie war das: Weltverbessern fängt im Kopf an? Dann fang mal an.«

Und damit drehte er mir den Rücken zu und fragte allen Ernstes den Hibsicz neben sich, ob er bei ihnen mit reinschauen und mitmachen könne.

Ich war gefleischwolft.

Ich bin ungeheuer harmoniesüchtig, ich hasse es, mit jemandem zerstritten zu sein. Ja, mir ist es auch nicht angenehm, dass mit der Finja und mir immer so eine unausgesprochen versteckt-offene Dauerfeindschaft im Raum hängt wie Herbstnebel. Aber damit lernt man umzugehen, wenn man zufällig dasselbe Klassenzimmer teilt. Unerträglich wird mir eine Zerstreitung nur, wenn es der Basti ist, der im Schützengraben hinter seiner Kalaschnikoff sitzt. Immerhin ist der Basti mein Busenbruder. Und zu den Aufgaben eines Busenbruders gehört – und zwar in erster Linie! –, dass er loyal ist und gefälligst die Grenzgräben einhält, die man schon seit Jahren mit beachtenswerter Konsequenz hegt und pflegt. (Ich mag ja auch den Stiebereder nicht, obwohl mir der Stiebereder noch nie was getan hat.)

Auf dem Nachhauseweg kickte ich mir wütend alle eichhörnlich abgenagten Resttannenzapfen vom Vorjahr aus dem Weg. Es lagen sehr viele Resttannenzapfen vom Vorjahr auf dem Nachhauseweg. Was natürlich damit zu tun haben kann, dass ich den Weg durch den Stadtpark genommen hab. Und im Stadtpark vor mich hin dampfend auch noch drei Extrarunden gedreht hab. Bei der ersten Extrarunde war ich noch höllentief empört und bin im Kopf die Klassenliste durchgegangen, wer als Busenfreundnachfolger infrage kommen könnte. Leider war der Basti alternativlos. Deswegen hab ich mir in der zweiten Extrarunde gehörig selber leidgetan und die Ungerechtigkeit des Schicksals beklagt, sowie das lange, seidenglatt glänzende Blondhaar der Finja ver- und ihr wochenlangen Läusebefall oder wenigstens ein, zwei vorgekaute Hubba Bubbas hineingewünscht. Bei der dritten Extrarunde hab ich dann angefangen nachzudenken. Ein Busenfreund muss auch ehrlich sein. Und damit er ehrlich sein kann, muss er ehrlich sein dürfen. Also muss man ihn ehrlich sein lassen. Auch wenn es zwickt. Oder? Ich meine: Zum Jaja-Sagen braucht man keinen Freund, da reicht ein Wackeldackel. Ein Freund hingegen muss einem mit einem kleinen Stups die Richtung ändern, wenn man sich aufziehmausmäßig selbst gegen die Wand gefahren hat und einem die Rädchen durchdrehen, weil die Wand nun mal 'ne Wand ist und auch immer bleiben wird.

Langsam und leise schlich sich bei mir der kleine Verdacht ins Großhirn, dass der Basti einfach nur ehrlich gewesen war. Und außerdem etwas sehr Weises bemerkt hatte. Oder vielmehr wiederholt hatte. Denn es waren ja meine eigenen Worte gewesen: »Weltverbessern fängt im Kopf an.« Aber er hätte trotzdem nicht mit ihr zur Klever gehen müssen. Oder? Aber bevor ich zu weiteren Erkenntnissen oder sogar zu konkreten Handlungen hätte kommen können, war ich zu Hause angelangt. Und dort smellte der trouble.

21

»I smell trouble« war durchaus wörtlich gemeint, denn ich roch schon beim Wohnungstüraufsperren das Aftershave meines Papas. Es ist ein sehr angenehm würziges, dezent männliches Aftershave, das mein Papa nach der Rasur aufzutragen pflegt, kein Billigodeur, Geschmack bewahre!, aber in Kombination mit der Gefrierschnittstimme der Suse war der so selten gerochene und trotzdem vertraute Geruch dann doch eher troubleös.

»Wenn du mich auf allen Kanälen blockiert hast!«, hörte ich gerade den Papa fauchen.

»Eine Handyblockade heißt in den meisten Fällen *nicht* ›Ach-komm-doch-einfach-persönlich-vorbei-willst-auch-'n-Kaffee?‹!«, schnippte die Suse zurück.

»Es ist nun mal so. Die Verfügung ist aufgetaucht und damit müssen wir jetzt umgehen.«

»*Wir. Wir* müssen hier gar nichts.«

Ich seufzte. Aber ich konnte ja nicht auf ewig im Flur stehen bleiben, in der Hoffnung, dass entweder ich oder die elterliche Krise auf wundersame Weise zu nichts als Luft und Liebe wurde. Ich warf meinen Schulpack in die Ecke, laut genug, um sie vorzuwarnen, und trotzdem waren beide noch schwer damit beschäftigt, Mimik und Körperhaltung zu sortieren und zu verminnatauglichen, als ich in die Küche kam.

149

»Hallo Minnamädchen«, rief der Papa und hatte es dann doch geschafft, sein Ich-freu-mich-Gesicht zu installieren, was eine gesichtsmuskuläre Meisterleistung gewesen sein musste, bedachte man seinen vorherigen Gesichtszustand, der von Freude ungefähr so weit entfernt gewesen war, wie Honolulu von Bad Kleinkirchheim (wo auch immer Bad Kleinkirchheim liegt).

Ich ließ mich zwar von ihm drücken, stellte mich dann aber mit verschränkten Armen betont auf die küchenzeilige Seite, an der auch die Suse stand, damit ihm trotz aller Umgangsformerei klar war, in wessen Team ich grundsätzlich und ohne jede Transferabsicht spiele. Und der Suserücken, das konnte ich richtig sehen, hat sich sofort wieder ein kleines Zentimeterlein nach oben gestreckt.

»Na, was machen die Proben?«, hab ich den Papa gefragt, weil ich es auf eine sadistische Art und Weise genieße, wenn Erwachsene sich zusammennehmen müssen und um des lieben Frieden willens auf Konversationen eingehen, die gerade jenseits ihrer Stimmung liegen. Statt zu sagen: »Du, die Proben sind hier grad echt nicht das Thema«, was er sich nur hätte erlauben können, wenn er noch bei uns wohnen würde, riss sich der Papa am Riemen und fing tatsächlich weitergehen-es-gibt-hier-nichts-zu-sehen-mäßig von seiner Probenphase an, die natürlich schwierig war, als es an der Tür klopfte.

»Ich mach auf«, rief ich sofort und kam zwei Sekunden später mit dem Peter im Schlepp zurück in die Küche.

»Was macht denn jetzt der B-Schauspieler hier?«, hat der Papa abfällig gestöhnt.

»Besser B-Schauspieler als B-Mensch«, hat der Peter nur kühl geantwortet, was in seiner Schlagfertigkeit quasi ein rhetorischer rechter Haken an das Kinn des Herrn Papa war, wo er, wie mir die Legende theatertratschlich zugetragen worden war, auch einmal einen echten, körperlichen rechten Haken vom Peter empfangen hat, nachdem er sich der Suse gegenüber eine für das peterliche Gentlemanempfinden untragbare Unhöflichkeit erlaubt hat. Seither rufen sich die beiden nicht unbedingt jeden Abend an, um sich zum Einschlafen Gutenachtgeschichten vorzulesen, falls damit klar wird, was ich meine. »Oder zahlst du inzwischen Unterhalt?«

Das hat noch mehr gesessen, auch bei mir, weil mir die Suse nie erzählt hat, dass der Papa keinen Unterhalt für mich zahlt. Der Papa hat tatsächlich ein bisschen zu zappeln angefangen, fliegende Blicke zu mir geworfen und sich das Käppi abgenommen, um sich verdächtig lang am Kopf zu kratzen.

Der Peter hat mit teflonbeschichteter Coolness der Suse den Autoschlüssel ausgehändigt und dann hat er sie auch noch – und das war reine Provokation – sehr fest umarmt, wobei er eine Hand an ihrem Hinterkopf hatte, was schon ziemlich intim und geborgen aussieht, wenn das jemand macht. Mir hat er zugewinkt, am Papa ist er grußlos vorbei und weg war er wieder.

»Wieso …«, hat der Papa begossen angesetzt und auf den Autoschlüssel gezeigt, »ihr könnt doch bei mir mitfahren.«

»Nö«, hat die Suse schlicht gesagt, »dann wär ich ja abhängig von dir. Und außerdem würde ich auf der Hinfahrt Krätze kriegen, das ist nicht gut für meinen Teint.«

»Gott, bist du anstrengend«, hat der Papa geätzt, »dann eben nicht, wir sehen uns dort. Ciao, Minnamädchen.« Und ohne meine Antwort abzuwarten, ist er mit Ich-mein-ja-nur-erhobenen Handflächen davongeturnschuht.

Die Suse hat einen Brustseufzer losgelassen.

Und dann hat sie mich aufgeklärt, dass die Oma noch einen Hirnschlag gehabt hat und nur noch künstlich beatmet wird, es gar keine Aussicht auf Besserung gibt und man erwägt, das Beatmungsgerät abzustellen, auf dass die Oma friedlich in die andere Welt eintreten könne. Und aus welcher zuvor unentdeckten Schublade auch immer sei jetzt eine Patientenverfügung aufgetaucht, in der die Oma offenbar die Suse und nicht den Papa, der ja ihr leiblicher Sohn ist, als Bevollmächtigte eingesetzt habe, und das schon vor Jahren.

Ich hab natürlich nicht genau gewusst, was das alles heißen soll, und da hat die Suse etwas weiter ausgeholt.

»Was ein Testament ist, weißt du. Und eine Patientenverfügung ist so etwas wie ein Testament für den Fall, in dem die Oma jetzt klemmt, nämlich, dass man zwar noch am Leben ist, aber nicht mehr in der Lage, selbst für sich zu sprechen. In so einer Verfügung steht dann drin, was mit einem passieren soll, wenn man beispielsweise einen Hirnschlag hatte und nur noch künstlich beatmet werden kann. Da steht dann beispielsweise drin: ›Ich will nicht künstlich ernährt werden‹, oder: ›Wenn ich nur noch künstlich beatmet werden kann und keine Aussicht auf Besserung besteht, soll man das Beatmungsgerät abstellen.‹ Oder, globaler: ›Ich will überhaupt gar keine lebensverlängernden Maßnahmen bekommen, wenn ich danach nur noch rumliegen kann‹, und so weiter, juristisch natürlich etwas hübscher formuliert. Und in so einer Verfügung bestimmt man dann auch einen Menschen, der für einen sprechen und sich darum kümmern soll, dass alles, was in dieser Verfügung steht, auch umgesetzt wird. Und so wie es aussieht, bin dieser Mensch ich. Und weil die Oma verfügt hat, dass man in einem Fall wie dem ihren das Beatmungsgerät abschalten soll, muss ich da jetzt hin und mich drum kümmern. Dinge unterschreiben. Mit den Ärzten rücksprechen. Überhaupt, die Verfügung erst mal lesen.«

»Und warum bist du das und nicht der Papa?«

»Darüber können wir nur spekulieren: Entweder hat die Oma auf ihre altersweisen Tage noch ihre Meinung mich bezüglich geändert, was nicht sehr wahrscheinlich ist, oder sie hat in einem lichten Moment den Schuftcharakter ihres Sohnes erkannt und mit mir das kleinere Übel gewählt.«

»Aber du kannst das doch sicher ablehnen, oder? Dass du das sein musst. Ich meine, sie hat dich nicht mal gefragt und du, und ihr …«, ich brach ab. Wie sollte ich sagen, dass die Suse doch die Oma so ausdauernd, nun ja, nicht gehasst, aber zumindest so sehr *nicht* ertragen hat, was, den Suseberichten nach, auf tiefer Gegenseitigkeit beruht hat, dass ich es merkwürdig fand, dass sie sich jetzt auch noch um das alles kümmern sollte.

»Ach, weißt du, Hoppelhase, manche Dinge muss man eben tun. Und wenn man sie schon tun muss, dann gefälligst mit dem gebührenden Anstand. Das Große Drehbuch hat mir vier Tage Vorstellungsfrei beschert, es wird sich was dabei gedacht haben … Kommst du mit?«

153

Ich hab deutlich rausgehört, dass sie mir so eine unangenehme Shittigkeit nicht per Anordnung aufs Auge drücken wollte. In ihrem Fragetonfall war praktisch schon die Kapitulation davor, dass vier Tage sturmfrei verlockender waren als Erwachsenenzank, Pflegeheim und Omasiechtum. Ich glaube, ich bin sonst immer sehr mirdochegal, wenn die Suse Dinge tun muss, auf die sie keinen Bock hat, ich muss schließlich auch oft Dinge tun, auf die ich keinen Bock hab. Aber heute dachte ich: Auf manchen Shittigkeiten kann man den anderen einfach nicht allein sitzenlassen, und wenn es für einen noch so viel bequemer wäre, es zu tun.

22

Ich stelle mir vor, wie es sich anfühlt, mitten in einer Operation am eigenen Leibe wach zu werden. Es gibt Berichte von Menschen, denen das passiert ist, und die erzählen, wie sie sich wie von außen selbst beobachten können und alles wahrnehmen, was um sie rum passiert. In Filmen ist das der Moment, wenn die Hauptfigur stirbt – an Unfall, verdammt komplizierter OP oder dem reinen Glück, eins von den dreien ist es ja in der Regel, weswegen so ein Filmleben zu Ende geht – und sich dann die Kamera so nach oben bewegt, als Zeichen dafür, dass die Seele aus ihrem Körper tritt und immerhöhersteiglich entrückt, um sich praktisch aus der Vogelperspektive selber dabei zuzusehen, wie andere versuchen, ihr das Leben zu retten – oder es nicht versuchen, sondern nur schreien und weinen und sich vor Gram das Hemd zerreißen oder einen immer wieder übertrieben abküssen. Wenn es ein Happy-End-Film ist, dann schießt die Kamera auf ein Stichwort (»Ich habe dich immer geliebt«) oder auf einen Oh-das-muss-ich-ja-noch-erledigt-kriegen-im-Leben-Einfall des Sterblings wieder zurück auf die Erde und in die Hauptfigur hinein und alle sind happy, aber auch ein bisschen verwirrt. Es ist jetzt vielleicht ein etwas übertriebenes Bild, die Kamerahochfahrt und der Nahtod, schließlich war nicht ich es, die im Sterben lag, sondern meine Oma, aber ich fühlte mich trotzdem betäubt und gleichzeitig ganz da und ganz klar, ein Unterwassergefühl mit Kiemen und Schwimmhäuten, während man mir mit Skalpell die Bauchdecke aufschneidet.

Natürlich wurde niemandem die Bauchdecke aufgeschnitten, selbst der Oma nicht – und mir schon gleich gar nicht. Aber ich habe gespürt, dass gerade Dinge passieren, die sich mir einprägen, die mich prägen werden, die irgendwie von Wichtigkeit sind und etwas bedeuten, auch wenn ich nicht genau wusste, was. Wenn ich mich im Spiegel gesehen hätte, hätte ich wahrscheinlich meinem Spiegelbild eine Überschrift texten können: »Der Moment, wenn du merkst, dass ›Leben‹ auch ganz anders ausfallen kann«.

Ich hab aber nicht in den Spiegel geschaut. Ich hab nur die anderen beobachtet. Die Ärztin, die beim Reden ihre Fingerspitzen immer merkelmäßig aufeinandergelegt hat, als würde sie ganz vorsichtig beten. Den Arzt, der seine Arme beim Sprechen und Zuhören dauerverschränkt hielt und dabei so breitbeinig in den Knien stand, als wär er Seemann auf hoher See und auf jeden Wellengang vorbereitet. Die Pflegerin, die glücklicherweise nicht die Pflegerin war, mit der die Suse damals dieses Keifgefecht hatte, weil die Oma jetzt auf einer anderen Station lag, und die auf wundersame Weise das Wesen einer kühlenden und beruhigenden Sommerbrise hatte. Den Mann mit dem Fahrwassertonnenbauch, der wie in einem Slapstick immer dann seine Infusionsstange schiebend auftauchte und konfus fragende Gespräche anfangen wollte, wenn man sich gerade leerstarren wollte. Die Joanna, die so auffällig oft mit mir zum Getränkeautomaten spaziert ist, oder zum Eisautomaten oder zum Süßigkeitenautomaten oder zum Kaffeeautomaten, Hauptsache: automatisiert, dass die Automaten irgendwann schon fast so was wie unsere Kumpels waren. (Vorgeblich spazierte die Joanna mit mir, um die Suse mit Zucker und Hitze zu versorgen, damit sie vor Grübelsorge und Entscheidungsschwäche nicht zusammenklappe, aber ihrer gezwungen ungezwungenen Unbeschwertheit entnahm ich, dass sie eigentlich mich flankierte und vor einem Schwermutstrauma zu bewahren suchte.) Ich beobachtete den Papa, der seine Gemütszustände so schnell änderte wie ein Chamäleon seine Farbe, von weinerlich zu sauer zu hektisch zu verzweifelt zu eingekehrt zu aufbrausend, und der schließlich wieder auf eine Probebühne entschwand, um sich zu verstecken. Und ich beobachtete die Suse, die ein ernstes, gramgefaltetes Gesicht getragen hat, das ich an ihr noch nie gesehen habe, ein Gesicht, bei dem ich gern mal mit dem Staubtuch drübergegangen wäre gegen den Grauschleier.

»Ich will das nicht entscheiden«, hat die Suse gesagt, »ich kann das nicht entscheiden« – und hat erst einmal die Verfügung auf ihre Echtheit prüfen lassen. »Dem trau ich alles zu«, hat sie gemurmelt und damit wohl weniger Omas Hausarzt gemeint als vielmehr den vergnügungssüchtigen Papa, der es in Suses Augen durchaus fertigbringen und der verliebten Bequemlichkeit halber eine Unterschrift fälschen würde.

»So viel Geist hat er nicht«, hat aber die Joanna gesagt, »für so eine Tat braucht's Hirn. Entschuldige, Minna, ich sollte nicht so über deinen Vater sprechen: Halt dir die Ohren zu.«

Als die Echtheit der omalichen Unterschrift auf der Verfügung geprüft und bestätigt worden war, als die Suse lange mit den Ärzten gesprochen und sehr viel und oft den Kopf in die Hände gestützt auf diesen Krankenhausmetallsitzen gesessen und keine Notiz von dem Fahrwassertonnenmann genommen hat, der wie eine Campingdusche einen dünnen Strahl Murmelworte auf ihren vergrabenen Kopf herabrieseln ließ, als wir abends appetitlos vor Halloumi-Burgern gesessen hatten und die Joanna irgendwann zu ihrem erkalteten Burger gesagt hatte: »Ein Mensch, der achtundsiebzig Jahre alt geworden ist, darf auch mal sterben«, ist die Suse am darauffolgenden Tag mit höhligen Augenringen aufgestanden, hat einen stummen, aber keinen unfreundlichen Kaffee getrunken und dann den Papa angerufen, damit er zum Abschiednehmen und Abschalten komme.

Der Papa ist mit seinem Miezchen gekommen, oder vielmehr: mit *einem* Miezchen, denn bei dem Miezchen, das er in Begleitung hatte, schien es sich nicht mehr um das legendäre Premierenpartymiezchen zu handeln, sondern schon wieder um ein anderes, aber dennoch hat es der Suse gehörig die Halskrause aufgestellt wie bei einer Kragenechse. Dem Papa war es auch ein bisschen unangenehm, als das Miezchen uns anderen überschwänglich die Hand gab und sich mit einer unpassend gut gelaunten Selbstbewusstseinsstimme tatsächlich mit Ich-freu-mich-so vorstellte. Auch ihre übrigen Sätze ließen ahnen, dass sie nicht nur leicht unsensibel war, was Vor-Beatmungsapparatur-Abschalt-Situationen betraf, sondern auch generell im geistigen Diskuswurf nicht mal einen halben Meter weit kommen würde. Ich hab sie erst mal demonstrativ gesiezt, damit sie sich alt fühlt, und die Joanna hat so getan, als könnte sie sich ihren Namen einfach nicht merken. Unsere Art, der Suse Solidarität zu signalisieren.

Dann sind wir rein zur Oma.

Die Oma lag unter der Beatmungshaube und ihr schmächtiger Brustkorb hob und senkte sich mit dem Ziehharmonikaschnaufen des Beatmungsgeräts, das wie ein nicht abschüttelbarer Aufpasser neben ihr stand. Wir haben jeder der Oma eine Hand aufgelegt, an der Stelle, an der wir standen, die Suse ihr auf die Schulter, ich am Arm, die Joanna an der Hand, die Pflegerin, die am Bettende stand, den Fuß, drüben war der Papa an Omas Arm – das Miezchen hat sich beim Papa festgehalten – es war fast, als würden wir einen Beschwörungszauber zur Wiederbelebung ausführen. Verabschiedet hatten wir uns ja schon. Der Papa hat sich trotzdem noch einmal zur Oma gebeugt und hat ihr ans Ohr gesagt: »Alles wird gut.«

Und dann haben wir, weil die Oma doch so katholisch war und es sich gewünscht hätte, alle zusammen das Vaterunser aufgesagt, was sich komisch und feierlich zugleich angefühlt hat, weil ich keine drei Menschen kenne, die weniger religiös oder kirchengläubig oder gottfürchtend sind als die Suse, die Joanna und der Papa. Und nach dem »Amen« hat dann der Arzt das Beatmungsgerät ausgeschaltet. Und das Beatmungsgerät ist ohne Gnade einfach mitten in der Pumpbewegung stehengeblieben und da hat sich auch der Brust-

159

korb der Oma nicht mehr bewegt und das Herzzickzack auf dem Monitor ist in eine unwirkliche grüne Geradlinigkeit übergegangen. Die Oma war tot.

Und da erst hab ich angefangen zu weinen.

Die Pflegerin mit dem Sommerwesen ist ans Fenster und hat es geöffnet. »Damit die Seele nach Hause fliegen kann«, hat sie mir zugeflüstert und mir ihre kühle Hand auf die Schulter gelegt und das war, als könnte diese Erschütterung in mir irgendwann wieder Boden unter den Füßen bekommen.

Der Papa hat auch geweint und sich vom Miezchen umarmen und die Wange streicheln lassen. Dann hat sich der Papa vom Miezchen gelöst, um mich zu umarmen. Dann wollte er auch die Suse umarmen, aber die hat einen Schritt zurück gemacht: »Du weißt, dass sie zu Hause sterben wollte«, hat sie leise gesagt, »das nehm ich dir übel.«

Da hat der Papa nur den Kopf gesenkt und genickt.

Und die Suse ist mit Strammschritt davon und die Joanna und ich sind ihr hinterher.

»Was passiert denn jetzt mit der Oma, müssen wir die nicht irgendwie mitnehmen?«, hab ich draußen im Auto gefragt.

Und die Joanna hat geantwortet, weil die Suse zu konzentriert war, ihr Aufgebrachtsein im Körper und nicht raus zu uns zu lassen: »Das übernimmt dein Papa. Er ist ja jetzt der hinterbliebene Angehörige und Testamentsempfänger, der kümmert sich jetzt um die Beerdigung und alles. Und wisst ihr, um was wir uns jetzt kümmern?«

»Um was?«

»Um unser leibliches Wohl.«

Und dann hat uns die Joanna erst mal ihre heilende Hühnersuppe aufgetischt, zur Wiedererweckung unserer Lebensgeister. »Wenn ein Mensch einen Schock erlitten hat«, hat die Joanna mir ihre Suppenkost erklärt, »kann ihm die Seele einfrieren. Merk dir, Minna: Nach einem Schock braucht der Mensch Wärme in den Bauch, und zwar real und physisch. Suppe, Schnaps oder Kaffee – in genau dieser Reihenfolge ihres Vorhandenseins. Dann erst kommt die Psychowärme, Hand auf die Schulter und ein Lächeln.«

Irgendwie muss es gewirkt haben, denn nach der Suppe haben wir uns Unmengen an Nigiri und Maki liefern lassen und alles auf Joannas Balkon und ohne Essmanieren verputzt, weil wir jetzt erst merkten, welchen aufholbedürftigen Leerstand wir nach den zwei Tagen Spatzenhunger in unseren Mägen hatten. Die Joanna und die Suse haben sich auch einer Flasche Rotwein gewidmet, sodass unsere Stimmung irgendwann zwar noch traurig, aber auch gelöst war. Und in diese Stimmung hinein hat die Joanna gesagt – und es war nicht klar, wohin sie es sagte, zu mir, zur Suse, zu sich oder auch nur ins Nichts: »Wenn ein Mensch stirbt, das macht mich so demütig. Da wird mir bewusst – und zwar so klar, wie wenn ein Gewitterblitz die Nacht ins Licht reißt – dass uns gar nicht so viel Zeit für die Gestaltung unseres Lebens bleibt. Und dass wir auf manche Dinge nicht warten sollten, dass sie sich von allein erledigen. Da sollten wir den Anfang machen. Aufeinander zugehen.«

»Ich werd auf den nicht zugehen«, hat die Suse gesagt und sich nachgeschenkt.

Da ist die Joanna aufgestanden, hat einen ihrer Zeichenkartons in Plakatgröße geholt, ihn mir gezeigt und gesagt: »Ich stell den mal hier hin.«

Ich hatte der Joanna nämlich bei unseren Automatengängen auch vom momentanen Weltverbesserungsgraben berichtet. Dass ich mich an die Plakatproduktion machen sollte oder wollte, war allerdings so nicht besprochen worden. Aber die Joanna hat noch einen Stapel Zeitschriften angeschleppt und ihn auch auf den Tisch geklatscht. »Ich hab dir mal ein bisschen was zusammengestellt, falls dich die spontane Bastellust anfällt. Ich bezieh zwar nur die *GEO* und die *mare*, aber da sind jede Menge ausschneidenswerte Fotos drin.«

Und zur Suse, die fragend vom Rotwein aufgeschaut hat, hat sie gesagt: »Berufswunsch in Collagetechnik und DIN A2.«

»Aha. Und da hast du keine *Theater Heute*?«, hat die Suse ungläubig gefragt und skeptisch eine *GEO* geflippt, denn die *Theater Heute* gehört in einen Theaterhaushalt wie in normale Haushalte Klopapier und Dosenöffner.

»Input kommt immer nur von außen«, hat die Joanna gekontert, »man kann sich doch nicht ständig selber lesen! Und das Kind soll eh nicht zum Theater. Das Kind soll was Anständiges werden.«

»Anständig reicht«, hat die Suse geknurrt, »das Kind soll nicht was Anständiges werden, sondern anständig an sich.«

»Recht hast du«, hat die Joanna gesagt und ihr Glas in Suses Richtung zum ergebenen Prost gehoben.

»Wo ist der Unterschied«, hab ich gemurmelt, weil ich schon in einer Titelreportage über das komplexe Paarungsverhalten von Tiefseekraken abgetaucht war.

»Ersteres ist nur eine Gesellschaftskategorie«, hat die Joanna mit ihrer Lern-fürs-Leben-Stimme gesagt, »Zweiteres eine Frage des Charakters. Und deine Mutter und ich, wir geben Charakter immer den Vorzug.«

23

Es gab, wie man sich vorstellen kann, ein nicht gerade leises Raunen in meiner Klasse, als ich an meinem Rückkehrermorgen mein Plakat über mich und meine Sehnsuchtsinnereien neben das bastiliche Plakat gefestnadelsteckt hab. Nur die Finja hat nicht geraunt. Die hatte den Mund vor lauter Verdatterei so weit offen stehen, dass sie nur dann ein Geräusch hätte von sich geben können, wenn ihr der Wind am hohlen Mund vorbeigefahren wäre und somit auf ihr wie auf einer leeren Flasche geblasorgelt hätte. Da es aber windstill war in unserem Klassenzimmer, ist sie eben stummfischig geblieben. Allerdings nicht lang. Ich hatte mich, die tuschelnde Verwunderung über die Aufhebung des Finja-Boykotts in meinem Rücken lassend, kaum neben den Basti gepflanzt und sein den-Gang-der-Dinge-segnendes Grinsen empfangen, als die Finja schon vor mir stand mit roten Flecken am Hals und ihrer unvermeidlichen Gefolgschaft im Anhang. (Können die nicht allein von A nach B gehen?? Früher hätte ich gesagt: wie die Fliegen um den Kackhaufen. Aber neuerdings bin ich ja pro Finja, oder zumindest nicht mehr anti Finja, deswegen sage ich: wie die Monde um den Pluto! – und verdrehe die Augen nur inwendig.)

»Ich find das echt …«, hat sie aufgebracht angesetzt, und zwar so laut, dass es gesamtklassig zu hören war (auch wenn eh schon alle ihre Luchslauscher aufgestellt hatten), »also die

Pflegeheimidee ist so super, ich glaube, das könnte echt funktionieren, wenn wir alle mitmachen! Jedenfalls«, sie hat Luft geholt, sie war nämlich richtig außer Atem, »wir sind dabei.«

Und damit hat sie sich umgedreht und ist mit so hochrot-fleckigem Kopf davongestapft, als hätte sie mir gerade die Einladung zum Duellieren überbracht.

»Ist die immer so dampfmaschinig?«, hab ich dem Basti zugeraunt.

»Man nennt es energetisch«, hat er beiläufig gesagt und ich hab überlegt, ob er vielleicht wirklich in die Finja ver-knallt sein könnte, »und ich wusste gar nicht, dass du Mee-resbiologin werden willst.«

Aber da kam schon der erste Zettel zu mir durchgereicht, von der Finja: »Heut vorm Pflegeheim Treffen im Café Klei-ber?«

Stumm hab ich dem Basti die jetzt auch noch verschrift-lichte Verschwesterungsanfrage gereicht.

Da hat er noch mehr gegrinst. »Da steht wohl noch je-mand aufs Kleiber. Ich sag doch: Ihr seid euch ähnlich.«

(Dass die Finja ebenso gerne wie ich in ein geplüschtes Papageiencafé mit eher altdamigem Stammpublikum pilgert, ist jetzt allerdings noch lang kein Zeichen dafür, dass wir sonderlich seelenverwandt wären, sondern eher dafür, dass unsere Stadt eine recht kleine ist. Bei uns gibt es nicht so viel Auswahl. Um wissenschaftlich genau zu sein, reden wir von exakt drei Lokalitäten, an denen man sich nachmittags auf-halten kann, sofern man sein Hinterteil auf einem beque-men Stuhl platziert haben und gleichzeitig etwas trinken

will, das auch wirklich nach Kaffee und nicht nach Benzin-
plörre schmeckt: Da ist Enzos Eisdiele, die ist allerdings immer rappelvoll und eignet sich eher zur Repräsentation als
zur Konspiration, dann das Lissi, die haben einen sensationellen Kaffee, aber da dauersitzen auch leider immer halbalte
alleinstehende Männer vor traurigen Bieren und sabberglot-
zen einen enthemmt an, und dann eben das Café Kleiber:
beste Torten, bester Kaffee, bester Aki – und seine Ruhe hat
man auch.)

Auch wenn der Basti die große Gefahrenlosigkeit propa-
gierte und ich in meinem Versöhnwillen ja auch durchaus
geneigt war, ihm zu glauben, wollte ich es trotzdem ungern
allein mit der Finja und ihrer unweigerlichen Gefolgschaft
aufnehmen, drei oder vier gegen eine? Ich hätte sogar meine
Schüchternheit überwunden und den Pawel gefragt, wenn
er heute in der Schule gewesen wäre, leider war der krank
oder schwänzend.

Überraschenderweise aber saß die Finja allein neben dem
vor sich hindösenden Aki, als ich ins Kleiber kam, und hat
sofort entschieden fröhlich ihre Eisschoki zur Seite gestellt,
auf dass nichts, rein gar nichts, in unserer neu eröffneten
Kommunikationsachse stehe:»Ich bin so froh, dass dieses
Konkurrenzding zwischen uns jetzt ein Ende hat!«, hat sie
gerufen. Und dann hat sie, noch bevor auch ich meine Eisschoki ordern konnte, erzählt, wie schlimm sie es findet, dass
es in unserer Klasse so viel Ellbogerei und Kleingruppenge-
rotte gibt und dass ständig jeder jeden disst, wo er nur kann.

»Weißt du, ich geh echt ungern in die Schule.«

Das hat mich jetzt aber wirklich erstaunt. »Aber du hast doch die Mia und die Cosi und überhaupt: 'ne große Klappe.«

»Zwei Leute helfen dir auch nicht unbedingt, wenn dich dafür fünfundzwanzig scheiße finden. Oder zu laut. Oder zu schlau. Oder zu breitarschig. Oder zu wenig dressed. Oder zu pretty. Oder zu dies. Oder zu das. Und du genau weißt, dass sie sich das Maul zerreißen, wenn du morgens spießrutenmäßig durch sie alle durch bis zu deiner geschützten Insel gehst. Oder? Ist doch so.«

Ich war ein bisschen beschämt, weil meine ganze Finjaallergie tatsächlich und hauptsächlich darauf beruht, dass ich sie so unerhört pretty finde und mich nicht und dass mir das im Hinblick auf den Pawel gehörig die Stacheln aufstellt, was ich aber niemals so zugegeben hätte.

»Und ich meine: Zum Glück hab ich eine große Klappe. Jetzt stell dir mal vor, wie es dem Ferdi geht. Oder der Sylvia. Oder Anja der Stillen*, mit ihrer Neurodermitis! Weißt du, ich hab sogar überlegt, ob wir nur deshalb überall so grottenschlecht sind, dass der Kopetzki die Elitekrise kriegen muss. Weil wir so ein ungesundes Klassenklima haben. Nur bei der Muhbalk sind wir super, sogar überm Jahrgangsschnitt. Und warum? Weil die jedes Gedisse sofort unterbindet.«

Und dann hat sie erzählt, dass sie sich deswegen die Plakaterei ausgedacht hat, weil sie glaubt, dass Kommunikation der Schlüssel zu allem ist und dass – und das sei jetzt viel-

---

* Das ist tatsächlich ihr Spitzname, so nennt sie sogar der Eiberer!

leicht ein bisschen manipulativ, weil sie das aus der Therapie-
trickkiste von ihrer Mama habe –, jedenfalls, dass jemand,
der etwas von sich preisgibt, wie jetzt zum Beispiel seine
Sehnsucht, was er werden will, oder was ihm wichtig ist, dass
so jemand einem anderen nicht mehr so leicht eine reinwür-
gen kann, weil er ja quasi im Glashaus sitzt.»Ich sage jetzt
nicht, dass wir alle nur noch kuscheln und knutschen sollen.
Aber ich fände es gut, wenn jeder einfach so sein kann, wie
er ist. Und die Hamster sind der Anfang, weil ein Tier einen
halt einfach immer so nimmt, wie man ist.«

Das erklärte jetzt zwar noch nicht das Seidentuchgewalle,
aber ich war mir sicher, dass sie es erklären können würde,
wenn ich sie befragte. Ich hatte angenommen, das Gehams-
tere und Geseidenwalle und Verplakatieren wäre nur so
komisches Wolkengehüpfe, das verdammt nach gebatikte-
Langröcke-tragenden, liebemachenden Esodamen klingt,
die sich zum gemeinsamen Menstruieren bei Mondenschein
treffen. Aber offenbar hatte sich die Finja zum Thema Weltverbessern eine ganze Menge überlegt und gedacht.

»Ich meine: Das weiß doch jeder Manager, dass Mitar-
beiter ein gutes Arbeitsklima brauchen. Und schickt die
ständig auf Teambildung und Betriebsausflug und wasweißich und stellt ihnen veganes Bioessen hin. Und deswegen …«, sie nahm einen sehr langen Schlürf von ihrer
Eisschoki,»deswegen brauchen wir die Klassenfahrt! Abgesehen davon, dass die Pflegeheimsache natürlich auch 'ne
gute Sache an sich ist«, hat sie schnell angefügt,»aber der
Basti hat erzählt, dass deine Theorie ist, dass wir möglichst
alle mitmachen sollten, das hast du da, als du das Pflege-

heimbesuchen vorgestellt hast —«, wir tranken beide einen Schluck von unserer Eisschoki, um die Erinnerung an unsere wildkatzengehegereife Keiferei zu überspielen, »— gar nicht gesagt. Und ich glaub, du könntest recht haben. Wir sollten es jedenfalls versuchen. Und deswegen hab ich überlegt, wie wir unsere gesamte Klasse dazu bringen könnten mitzumachen.« Sie unterbrach sich. »Versteh mich nicht falsch, ich will *dein* Ding nicht zu *meinem* Ding machen, okay? Credits gehen alle an dich. Ich will einfach nur *gemeinsame* Sache machen und hab zufällig auch 'ne gute, sachdienliche Idee.«

Ich hab gegrinst. »Schieß los.«

»Schieß! Los!«, hat da plötzlich der Aki so laut gekrächzt, dass wir beide total zusammengefahren sind, weil er schließlich das ganze Gespräch bisher so dösig und still gewesen war, dass wir glatt vergessen hatten, was für ein gestörter, latent gefährlicher Vogel neben uns hockte. »Schieß! Los! Bitte!«

Wir mussten lachen, auch wenn das den Aki noch mehr aufgeregt hat. »Ha-ha!«, hat er geschrien. »Haha!«, und dabei ist er immer wieder von einem Krallfuß auf den anderen getreten und hat sich geduckt, als würde er tanzen. »Ha! Ha! Schieß! Los!«

Das Losschießen war aber überhaupt gar nicht möglich, weil der Aki jedesmal, wenn die Finja zum Reden ansetzen wollte, so markerschütternd geschrien hat, dass wir einen Kicherflash bekommen haben. Was spiralgesetzmäßig den Aki noch weiter aufgestachelt, was uns noch weiter aufgestachelt, was den Aki noch weiter aufgestachelt und so weiter

169

hat, bis die dickliche Luise, Bedienung im Kleiber, zu uns gekommen ist und uns der Tierquälerei beschuldigt hat.

»Aber er hat angefangen«, haben wir gesagt, die Finja und ich, und uns die Kichertränen weggewischt.

»Ruhe jetzt!«, hat die Luise den Aki angeherrscht. Und zu uns hat sie gefaucht: »Und ihr benehmt euch ihm gegenüber. Sonst setz ich euch um.«

Da war wieder Ruhe. Bei uns zumindest. Der Aki hingegen hat jetzt die Luise beschimpft. »Lu-iiiiiiise«, hat er gekrächzt, »Rrrrrrruhe. Rrrrrrrruhe.« Und wahrscheinlich hätte er noch andere Dinge gesagt, wenn man sie ihm beigebracht hätte. Die Luise hat das, glaub ich, auch so empfunden, weswegen sie sogar noch einmal umgekehrt ist. »Der Aki kommt gleich unters Tuch«, hat sie gefaucht.

Da hat der Aki tatsächlich nur noch leise gemault.

Bei der Finja und mir aber war jetzt auch das letzte Resteeis endgültig geschmolzen. Nicht das Eisschokiresteis. Sondern das zwischen uns. Und dann hat die Finja losgeschossen.

Dass es ein bisschen sehr überwindungsschwer sei, sich selber einen Altmenschen zu suchen, das wäre ein Problem. Und dass wir doch deswegen den Freddy, der doch alle kenne im Pflegeheim, einfach als Vorhut aussenden könnten, oder die Schwester Brigitte aus dem ersten Stock, die Warwara schließe sie jetzt mal aus als Verbündete. Aber Verbündete brauche man immer. Und deswegen solle der Freddy bei den Bewohnern vorfragen, wer überhaupt Lust auf Besuche habe. Und dann könnte man über diejenigen ein kleines Profil erstellen, das könne ja vielleicht der Pawel machen, wenn er doch eh schon so reporterlich unterwegs sei, und die besuchsempfangswilligen Altmenschen in der Klasse präsentieren. So könnte man das Matching verunkomplizieren und die Hemmschwelle tiefer legen.»Pronto!«

»Genial«, hab ich gesagt. Denn das war es ja auch.

»Cool. Dann gehen wir jetzt gleich mal zum Freddy und lassen unseren Charme spielen. Oder? Ich meine: Wir sind schon zu sechst. Sechs von achtundzwanzig, das sind, das sind … das ist schon mehr als ein Viertel! Das werden wir doch hinkriegen!«

Zur Zustimmung und Besiegelung hab ich meine Eisschoki lautschlorzig ausgeschlürft. Und dann hab ich gedacht: Vielleicht kann jemand pretty sein *und* schlau *und* eine Freundin.»Du hast ja gar keine roten Flecken mehr am Hals«, ist mir plötzlich aufgefallen,»du kriegst doch sonst immer so rote Flecken, wenn du mit mir redest.«

Da hat die Finja die Augen niedergeschlagen:»Heut steht ja ausnahmsweise auch mal nicht der Basti neben dir.«

»Ach krass, und ich hab immer gedacht, du kannst mich so sehr nicht ausstehen, dass sogar dein Körper reagiert.«

»Siehst du, das kommt davon, weil wir nur *denken*, dass der andere sicher das und das denkt. Aber wir *reden* nie darüber. Oder fragen nach, ob er das auch wirklich denkt, was ich denk, dass er denkt. Obwohl wir acht Stunden am Tag zusammen verbringen!«

»Der Basti mag dich, glaub ich, auch«, hab ich vorsichtig gesagt und dann, weil ich fand, dass ich glashaustheoretisch im Gegenzug auch ein bisschen von mir preisgeben könnte:»Ich hab immer gedacht, du stehst auf den Pawel.«

Die Finja hat ihre Eisschokisahnereste mit dem Strohhalm aufgezuzelt wie ein Ameisenbär seine Ameisen. »Der Pawel ist, zugegeben, süß, aber ein Fuchstyp. Ich steh mehr auf den Bärtyp.«

Ich war baff, weil ihre Tiertypisierung so zielgerade und mit nur einem Wort die Charaktere und sogar die Körpersprache der beiden vollständig erfasst hatte. »Du hast total recht! Der Basti ist voll bärig. Und der Pawel ein Fuchs!«

»Deswegen würdest du auch echt gut zum Pawel passen. Du bist nämlich auch einer.«

Da musste ich lachen. »Dann passt du aber nicht zum Basti, tut mir leid, du bist nämlich ganz sicher kein Bär, nicht mal ein Waschbär. Du bist eher was Gazelliges.«

»Fast, aber schon nicht schlecht. Ich bin ein Pferdtyp. Und Pferde passen ganz *hervorragend* zu Bären.«

Und dann sind wir ins Pflegeheim gefuchspferdet und ich weiß zwar nicht mehr, *wer* den Anfang gemacht hat, aber ab der Buchshecke gingen wir untergehakelt.

24

Wir hatten einen vergessen in unserer Acht-von-achtund-zwanzig-Rechnung. Und zwar den Christoph. Und ohne den wären wir ganz schön aufgelaufen beim Freddy, der hat sich nämlich rein gar nicht von unserem Charme beeindrucken lassen, da hätten wir noch tagelang unsere Charmekanonen abfeuern können, eine nach der anderen, das reinste Festival der Pyrotechnik hätte das werden können, ohne dass der Freddy sich auch nur im Ansatz bemüßigt gezeigt hätte, uns in unserem glanzvollen Vorhaben unterstützend zur Seite zu stehen.

»Nö«, hat er nur immer wieder gesagt, sodass ich schon ein kleines Jucken in meinen Fingerspitzen spürte, die ihm unbedingt in die Filzdreads fassen und »Ding-Dong« machen wollten. »Nö. Ich bin meiner Chefin gegenüber loyal.«

»Was hat denn das mit Loyalität zu tun«, hat die Finja gestöhnt, die, glaub ich, noch weniger gewöhnt war als ich, dass ihr sehr weiblicher Gutaussehcharme so überhaupt gar keinen Effekt hatte, »du sollst weder ihre Buchhaltung offenlegen noch irgendeinem Siechenden den goldenen Schuss setzen oder Kissen auf Ich-will-einfach-nicht-von-selber-sterben-Gesichter drücken! Du sollst *fragen* …«

»Jaja, ich weiß schon, was ich soll, das habt ihr jetzt schon ein paarmal gesagt. Aber das ist mit der Warwara nicht abgesprochen. Die mag es nämlich gar nicht, dass ihr hier so durch unseren Blasius wuselt. Wir sind ja kein Abenteuerspielplatz. Und auch kein Zoo. Die Leute hier wollen ihre Ruhe.«

»Das sehen die Leute aber anders«, hat da der Christoph gesagt, der gerade gemächlich die Treppe hochgestiefelt kam. »Ich komm ja grad von meinen Ladys, heute hat die Frau Oppenheimer gebacken, Freddy! Eierlikörtorte. Für dich gibt's auch noch ein Stück.« Er hatte den Treppenabsatz erreicht, auf dem wir mit dem Freddy standen, und klatschte sich erst mal gediegen mit dem Freddy ab, bevor er uns ganz kurz ich-übernehme-ab-hier-mäßig zunickte: »Ey, Bruder. Was ist denn los mit dir, dass du so blockierst? Hat sich die Olivia noch nicht gemeldet?«

Der Freddy schüttelte mit verkniffeltem Mund den Kopf.

»Vergiss sie einfach. Ich mein: so ein mega Typ wie du! Fährst ständig zu ihr runter, und sie? War sie schon mal hier? Nein. Kein. Einziges. Mal. Da siehste doch gleich, was das für eine ist.«

»Sie hat aber auch kein Geld zum Reisen«, quäkte der Freddy.

»Blödsinn«, hat da der Christoph gesagt, »wenn man will, dann kann man auch. Dann spart man eben!«, er klopfte ihm auf die Schulter. »Kopf hoch! Kommt die Nächste. Du brauchst doch nur so machen«, der Christoph schnippte mit den Fingern, »dann hast du schon wieder eine.«

Ich hätte fast losgeprustet – und auch die Finja hat mir einen unauffälligen, aber sehr aussagekräftigen Blick zugeworfen.

»Ich bin jetzt 'ne Stunde beim Maguro«, hat der Christoph gesagt, »schaust mal kurz vorbei, wenn du kannst.«

174

Der Freddy hat gegrunzt, oder geschnieft, oder irgendetwas dazwischen, jedenfalls hat er ganz schön kläglich ausgesehen. Der Christoph hat so lässig »Ciao, Mädels« zu uns gesagt, dass ich dachte, einer von uns spielt grad im falschen Film, entweder er oder wir »Mädels«, und dann ist er zum Maguro verschwunden. Was für ein Auftritt, hab ich gedacht, und dann be- und gewundert, wie er sich hier so heimisch und mit diesem gewissen Lokalpatriotismus, wie ihn nur freiwillig Zugezogene aufbringen, zwischen den Fluren und Menschen bewegte.

Der Christophauftritt hatte aber nicht nur bei mir Eindruck hinterlassen.

»Also gut«, hat der Freddy geseufzt, »ich frag sie alle. Das war's dann aber auch, okay, ich hab damit dann nichts weiter zu tun, klar?«

»Jaja«, haben wir gesagt.

25

Aber unsere schicke, detaillierte und Für-jeden-was-dabei-Übersicht der Besuchswilligen hing und hing schon eine Woche, ohne dass sich noch ein weiterer Pflegeheimbesuchszuwachs in unserer Klasse geregt oder gar freiwillig gemeldet hätte.

»Ist ja gut und schön«, hat die Merle gesagt, als wir uns ein Beispiel bei den Unterschriftensammlern in der Fußgängerzone genommen haben, die einen auch immer einzeln und persönlich anlabern, damit man für den Tierschutz unterschreibt oder Wurzelbürsten kauft, »aber ich hab echt anderes zu tun.«

»Meine Mama sagt auch, dass sie von dem ganzen Wohlfühlweltgedöns nichts hält«, hat die Alwa ihre oder vielmehr die Meinung ihrer Mama beigesteuert, obwohl sie um die Beisteuerung gar nicht gebeten ward, »weil am Ende jeder selber schauen muss, wo er bleibt, und da hilft eben nur Karriere: Einser-Abi und dann Elite-Uni.«

Da hilft in allererster Linie *Hirn*, hab ich gedacht, also kannst du's gleich sein lassen. Die Artikulation meiner Gedanken hab ich mir trotzdem verkniffen. Man kann schließlich nicht wissen, nach wie vielen Versuchen und Tropfen-höhlt-Stein-Verstetigungen die Alwa ja vielleicht doch den Wunsch verspüren könnte, sich unserer Truppe anzuschließen.

»Ich glaube«, hab ich angesetzt, als wir Besuchler eine kurze, nachunterrichtliche Zwischenberatung im Klassenzimmer hielten, »ich glaube, wir sind schon das Maximum. Wir konzentrieren uns jetzt einfach auf das Besuchen, machen das Beste draus, reichen es ein und kümmern uns nicht länger darum, ob wir komplett werden.«

»*Wenn du willst*«, hat der Pawel angesetzt und ich hab erst an der Art, wie er dabei aus dem Fenster sinnierte, erkannt, dass er etwas zitierte und nicht mir ergeben beipflichtete, »*wenn du willst, dass dir die anderen beim Schiffbauen helfen, musst du in ihnen die Sehnsucht nach dem Meer wecken*. Oder so ähnlich«.

Wir haben ihn angestarrt.

»Hat Saint-Exupéry gesagt.«

»Wer?«, hat der Basti gesagt. »Klingt ja wie 'n Schimmelkäse.«

»Der, der den Kleinen Prinzen geschrieben hat, den kennst du«, hat der Pawel behauptet, aber der Basti war sich dieser Kenntnis offenbar nicht so bewusst.

»Aha. Und was heißt das übersetzt?« Ich weiß nicht, warum, aber die pawelsche Sprücheklopferei bringt mich trotz aller Verliebterei irgendwie immer per Expresslift auf die Palme. »Wir bauen nämlich kein Schiff, soweit ich weiß.«

Aber der Pawel hat den leicht genervten Unterton bei mir entweder nicht rausgehört oder nicht raushören wollen.

»Das heißt: Wenn du willst, dass sich jemand in dein Projekt mit einbringt, dann muss er wissen, wofür er das tut. Und wenn er dann selber dafür brennt, also sinnbildlich auch unbedingt aufs Meer raus will, dann wird er kreativ. Es reicht also wahrscheinlich nicht, zu sagen, hier, wir wollen die Welt verbessern, engagiert euch mal nach Gusto im Pflegeheim und aufdiePlätzefertiglos, sondern wir sollten … wir sollten vielleicht ein bisschen was von Tallinn erzählen. Damit sie auf den Geschmack kommen. Und auch da hinwollen. Bis jetzt sind es ja nur die Minna und ich. Die da so richtigrichtig hinwollen, mein ich, nicht einfach nur auf Klassenfahrt.«

Das war für mich die größte Ehre auf Erden, vom Pawel, zukünftigem Auslandskorrespondenten und Grand-Canyon-Sehnsuchter, als eingefleischter Mitreiselüstling wahrgenommen zu werden, und es freute mich glühwürmchenmäßig. Die Sprücheklopferei war geschenkt.

»Na, dann müsst ihr zwei den Tallinnvortrag halten«, hat der Basti geschlussfolgert.

Aber damit war die Finja nicht einverstanden (offenbar kann auch sie trotz Verliebterei die ein oder andere Palme erklimmen): »Wir sollten schon alle dahinterstehen«, hat sie gefaucht, »sonst wird das nix.«

Da hat der Basti, und das war praktisch eine Liebeserklärung, die Schultern sacken lassen und ohne weiteren Protest seinen Notizblick rausgeholt, auf dass er sich schon mal Stichpunkte in Sachen Tallinn mache.

26

Ich muss zugeben, dass der Pawel mit seinem Saint-Exupé-ry-Spruch mal eine richtig gute Idee gehabt hatte. (»Lesen bildet«, würde der Deutsch-Pletzinger jetzt selbstzufrieden sagen, so selbstzufrieden, als hätte er all die lieblichen Bildungswerke selbst verfasst.) Jedenfalls verspreche ich hiermit reumütig, mir in Zukunft erst all seine Sprüche erklären zu lassen, bevor ich napoleonisch dagegenpulvere. Denn kaum dass wir in der nächsten Englischstunde, die uns die gütige Muhbalk unter der Auflage, dass wir nur Englisch sprechen, geopfert hatte, zu siebt (!) von den weltkulturgeerbten Mittelaltergassen Tallinns, den Sandstränden und der Mitternachtssonne zu schwärmen begonnen hatten, fingen sich, das konnte man fast zeitluplich ablesen, in den betont desinteressierten Gesichtern plötzlich Gedanken und Ideechen zu regen an. Wir erzählten, dass in Tallinn die meisten jungen Leute Englisch sprechen (was die Muhbalk zu einem gestischen Da-schaut-her verleitet hat), dass es mal eine Hansestadt war, die unter Stalin erst russifiziert und nach der Öffnung gehörig westifiziert wurde und sich inzwischen irgendwo mittig eingependelt hat. Wir schwärmten von Kunst, Theater und Kultur, vom Hafen, Stadtrundgängen über den Hausdächern und einem Restaurant, das von einem Kran hochgezogen und in der Schwebe gehalten wird. Wir vergaßen nicht, zu erwähnen, dass die Bars und Clubs keine

Sperrstunde haben (was die Muhbalk zu einem gestischen Glaubt-nicht-dass-ihr-es-übertreiben-könnt veranlasst hat), und natürlich auch nicht, dass in Relation zur estnischen Einwohnerzahl ungewöhnlich viele Damen Topmodels sind – was entsprechende (und beabsichtigte) Reaktionen nicht nur beim Markus und beim Murat ausgelöst hat. Ja, wir hatten unseren Vortrag tatsächlich ein bisschen geübt und unter der strengen Suse, die dir jeden Körpermuskel einzeln korrigiert, wenn deine Haltung nicht stimmt, praktisch auf Musicalniveau gebracht, weil es nichts Tödlicheres als fade Referate gibt.

Als allen der Mund so richtig wässrig war vor Reiselust, hab ich gesagt, dass wir das alles umsonst haben könnten, weil wir uns überlegt haben, dass »eine Klasse, in der man sich am herausragendsten engagiert«, wie es laut Wettbewerbsausschreibung wortwörtlich hieß, diejenige Klasse sein könnte, in der sich *alle* engagieren, und dass wir es doch die nächsten zehn Wochen bis zum Finale einfach auf einen Versuch ankommen lassen könnten, es wäre ja nicht für die Ewigkeit.

Dann erzählte der Basti, wie viel Freude und Neuerkenntnisse er beim Zigarreschmauchen und Das-Leben-Besprechen mit dem Schnedelbach hat, die Cosi besang in etwas sehr blumiger Ausschmückung (ja, ich weiß. Ich muss mich noch ein bisschen an sie gewöhnen), dass ihr die Frau von Itzingbüttel jetzt das Stricken beibringt, und der Christoph ließ seine Damen, die ihn zweiwöchentlich mit selbstgebackenen Torten füttern, wohl aus Imagegründen unter den Tisch fallen, und konzentrierte sich in der Berichterstattung ausschließlich auf die FIFA Games mit dem Maguro und verwies auf noch freie Plätze – was ebenfalls eine gewisse, vorhersehbare und beabsichtigte Reaktion in den Gesichtern manch männlicher Wesen ausgelöst hat.

Abschließend beruhigte die Finja alle damit, dass man nicht, wie andere (flüchtiger Seitenblick hin zum euphorisierten Christoph), praktisch jeden zweiten Tag ins Pflegeheim pilgern müsse, sondern dass es völlig ausreiche, zwei Stunden die Woche, also eine Schuldoppelstunde, dem Weltverbessern angedeihen zu lassen, das wäre doch für jeden machbar. Dass wir einen zumindest mentalen Eroberungssieg errungen hatten, war uns klar, als alle am Ende unseres »Referats« applaudierten. Und dann hat auch noch die Muhbalk gerufen, dass sie jedem für die erste Pflegeheimstunde Hausaufgabenfrei gibt und dass sie vorhat, in den nächsten Wochen besonders viel Hausaufgaben aufzugeben. Ich weiß nicht, ob das den finalen Ausschlag dafür gab, dass im Anschluss gleich fünf Leute aus unterschiedlichen Lagern zu uns gekommen sind, um sich für einen Altmenschbesuch anzumelden – unter Vorbehalt, man wolle »erst mal kucken, dann mal sehen«, aber jeder Anfang ist ja bekanntlich ein Anfang (zugegeben, der ist nicht ganz so sinnig wie die Sprüche, die der Pawel immer raushaut, aber ich nähere mich an).

»Der Ferdi kommt auch noch«, hab ich zum Basti auf unserem sehr zufriedenen Heimweg gesagt, »da wett' ich.«

»Jetzt wird sie größenwahnsinnig. Meinetwegen alle – aber nicht der Ferdi. Da wett' ich meine James-Bond-Sonderedition im Schuber dagegen.«

»Schlag ein!« Er tat's. Und ich gewinnergrinste: »Ich seh etwas, was du nicht siehst!«

»Und das wäre?«

»Das wäre, dass der Ferdi angefangen hat, Schnitzelsemmeln zu essen in der Pause. Nicht mehr Wurstsemmeln. Und willst du wissen, wieso er das tut?«

»Du wirst es mir sagen.«

»Weil in der Schnitzelsemmel ein Salatblatt drin ist als Garnitur. Und das verfüttert er jedes Mal an den räudigen Hamster, wenn keiner hinschaut – außer der aufmerksamen Minna, die ihre Holzaugen überall hat.«

»Ist nicht dein Ernst.«

Ich nickte nur.

»Shit.« Er machte eine Pause. »Hab ich grad eben wirklich ›James-Bond-Sonderedition im Schuber‹ gesagt?«

»Jep, genau das hast du gesagt.«

»Ich glaube, ich hab ›eine Kugel Eis‹ gesagt.«

»Ist okay. Aber mit Sahne.«

27

»Wie das hier passieren konnte«, hat die Grinsinger keine drei Wochen später gezischt und böse mit den Schweinsäuglein gefunkelt, »weiß ich nicht.«

Sie starrte finster wie ein Ein-Mann-Inquisitionsgericht auf die letzte verbliebene Schux in ihrer Hand. Sie hatte eine elendig ätzende Schulstunde damit zugebracht, uns die Schuxen auszuteilen und genussvoll jeden Einzelnen von uns mit seinem Kardinalfehler an den öffentlichen Pranger, also das Whiteboard, zu stellen, auf dass er diesen Fehler spontan verbessere, was zäh und unerfreulich gewesen, weil nur den wenigsten gelungen war.

»Ich weiß es noch nicht«, hat die Grinsinger weiter gefunkelt, »aber ich werde Ihnen dahinterkommen. Und das wird dann nicht angenehm für Sie werden, das garantiere ich Ihnen.«

»Wen meint sie?«, flüsterte ich dem Basti zu. Ich hatte nicht verfolgt, wer von uns seine Schux noch nicht bekommen hatte. Wer hatte sich etwas geleistet, das die Grinsinger so herrlich aus der Fassung brachte?

Die Grinsinger hat von der Schux aufgeblickt und ihr Gesichtsausdruck war wirklich ich-schlaf-heut-Nacht-lieber-mit-Licht-an. Und dann hat sie sich vorm Ferdi aufgebaut.

Ja, vorm Ferdi.

183

Wir fingen an, unsere Hälse zu recken, und auch diejenigen, die inzwischen heimlich angefangen hatten, noch mal Französischvokabeln für die vierte Stunde durchzugehen, witterten den Skandal und schauten von ihren Unter-der-Bank-Büchern auf. Der Ferdi sah der Grinsinger auffallend angstlos ins Gesicht. Es gongte sogar schon zur nächsten Stunde und keiner von uns hat sich bewegt.

Die Grinsinger zischte:»Laut Sitzplan saßen Sie zwischen dem Herrn Erlinger und dem Herrn Kowac. Vorne, hinten, neben Ihnen … um Sie herum saßen nur Vierer und ein Dreier. Wie es Ihnen da möglich war, ja, wie es Ihnen überhaupt möglich war, eine Zwei plus zu fabrizieren, ist mir unerklärlich.«

Ein Raunen durchwogte die Klasse. Hatte man da gerade eine »Zwei plus« vernommen? Und hatte man sie wirklich vernommen, als das Wort an den Ferdi gerichtet war? An Ferdi, die müffelnde Klassenniete? Und gerade wo ich »Müffelniete« dachte, fiel mir auf, dass das Ferdihaar heute gar nicht fettig leuchtete, sondern einen erstaunlich zivilisierten Eindruck machte.

Die Grinsinger knallte dem Ferdi seine Schux aufs Pult und stützte sich mit beiden Händen darauf ab, um noch eindringlicher mit ihm reden zu können. Ich glaube, sie sieht zu viel *Tatort* am Sonntag, und liebt hemmungslos alle Szenen, in denen der Kommissar »andere Seiten aufzieht« bei der Vernehmung. »Ich hatte erwogen, Ihnen einfach eine Sechs zu geben. Sie *müssen* betrogen haben.«

»Ich hab jetzt Nachhilfe«, hat der Ferdi gesagt und ihr fest in die Augen gesehen dabei.

»Ihren Nachhilfelehrer möchte ich gern mal sehen«, hat die Grinsinger gehöhnt, »ich nehme an, er heißt Spicker. Aber da ich es Ihnen für dieses Mal nicht nachweisen kann – bei der nächsten Schulaufgabe in drei Wochen werde ich ein besonderes Auge auf Sie haben. Und wenn Sie da wieder auf Ihren üblichen Fünfer kommen, werd ich Sie bluten lassen. Dann sorge ich dafür, dass Sie bei der Notenkonferenz dieses Mal nicht gnaden- und schulschnitthalber durchgewunken werden!«

Damit hat sie ihre Mappe gepackt und ist abgedüst wie ein empörter Schuppendrache, dem ein Vollhorst in Ermangelung der nötigen geistigen Kapazität auf den Schwanz gestiegen ist. (Keine Ahnung, was mit ihr los ist: Wenn wir schlechte Noten schreiben, regt sie sich auf, und wenn einer von uns plötzlich eine gute hinlegt, passt es ihr auch nicht.)

Wir waren natürlich sensationell neugierig auf den Ferdi. Dass er nicht gespickt haben konnte, weil er sich selbst zum Spicken zu dämlich anstellt, war uns allen – im Gegensatz zur Grinsinger – glasreinigerklar. Dass die Ferdieltern überhaupt keinen Cent für Turnschuhe und erst recht nicht für Nachhilfe und auch sonst nicht viel für den Ferdi übrighaben, war uns allen aber auch glasreinigerklar.

»Spuck's aus«, hat der Javi gesagt, quasi von Einser zu Fast-Einser, was strategisch war, weil es dem Ferdi sicher schmeichelte und somit ihm das ein oder andere zu entlocken geeignet war, »bei wem hast du Nachhilfe?«

»Bei der Frau Perlinger«, hat der Ferdi geflüstert.

»Bei der Perlinger«, haben sich alle durcheinander gewundert, und »seit wann gehst denn du ins Pflegeheim?«

und ich hab dem Basti meinen Ellbogen in die Rippen gerammt und mit wettköniglichen Stummlippen die Wörter »mit Sahne« geformt.

»Aber die Perlinger stand doch gar nicht auf unserer Liste«, hat sich der Christoph gewundert.

»Ich wollt' ja eigentlich auch zum Akimov. Aber ich hab die Tür verwechselt und dann war es eben so.«

»Aber die Perlinger ist doch dement!«, hat die Merle gerufen.

»Klar ist sie dement«, hat der Ferdi gesagt und die Schultern gezuckt, wie man die Schultern zuckt, wenn man jemanden echt gernhat und es einem kräuterquark ist, ob der einen an der Schacke hat oder nicht, »aber wenn sie Latein macht, dann, glaub ich, vergisst sie, dass sie dement ist.«

»Haha, witzig«, hat der Stiebereder gekichert, »sie vergisst, dass sie dement ist.«

Der Ferdi war kurz irritiert, ob er wieder mal was unerreicht Doofes gesagt hat, aber von uns anderen ist keiner so recht auf den Stiebereder-Witz eingestiegen, wir haben nur den Ferdi angestiert wie ein Mondkalb und wollten mehr hören. Da hat der Ferdi die Achseln gezuckt, als müsste er sich entschuldigen, und hat leise gesagt: »Jedenfalls geht sie da immer voll ab. Oder auf. Also, es macht ihr halt Freude. Zwischendurch hat sie schon so Aussetzer, aber mit 'ner guten Konjugation kann man sie da auch wieder einfangen«, er hat schon wieder die Achseln gezuckt, »oder ich lass sie halt ein bisschen vom Paul erzählen, macht mir echt nichts aus. Weil: Ich kann mich eh nie so lang konzentrieren. Weil ich ja ADHS hab.«

»Und ich hab ADAC«, hat der Stiebereder gegrölt.

»Halt die Klappe, du Trampeltier«, hat die Merle gefaucht.

»Ja, halt die Klappe«, hat der Javi gesagt und »Unsensibling« die Cosi und noch zwei, drei andere haben sich ähnlich ausgedrückt.

Da ist was mit dem Ferdi passiert. Weil nämlich bisher noch nie jemand gesagt hat, einer soll die Klappe halten, wenn es um den Ferdi ging. Im Gegenteil. Bei Witzen über den Ferdi hat immer jeder gelacht, egal, ob die Witze witzig waren oder nicht, das war Gesetz, das war so, wie wir alle automatisch aufspringen und »Grüß Gott, Herr Möchtl« sagen, wenn der Mathe-Möchtl zur Tür reinkommt. Ich glaube, wir waren alle selber ganz erstaunt, dass wir plötzlich keinen Bock hatten, über den Ferdi zu lachen. Und der Ferdi hat mit einem Mal eine ganz andere Körperhaltung bekommen, als hätte er jetzt erst entdeckt, dass man so eine Wirbelsäule auch aufrichten kann, und hat gesagt: »Kommt doch auch, bei ihr macht Latein echt Spaß!« Dabei hat er mit den Schultern gezuckt, als wär es ihm egal, ob wir kämen oder nicht, so wie er immer tut, als wär ihm egal, was wir sagen und machen, aber zum ersten Mal hab ich gespürt, wie sehr es ihm eben nicht egal ist, und ich glaube, die anderen haben das auch gespürt.

Da hat der Markus (der Markus! Der Draufhaumarkus!) die Achseln gezuckt und gesagt: »Na ja. Schaden kann's ja nicht.«

»Nee, bei 'ner Fünf kann's wirklich nicht mehr schaden«, hat der Murat gegrinst und der Markus hat gesagt: »Ey, Klappe, du stehst doch selber auf Fünf.«

»Nicht mehr lang«, hat der Murat checkermäßig gesagt und seinen Zeigefinger pistolenlike auf den Markus gerichtet: »Ich seh dich bei der Perlinger.«

Und gerade da ist der Eiberer zu uns reingestunken und wir haben uns backtobusiness alle auf unsere Plätze verteilt, aber irgendwas war anders. Der Ferdi hat sich mindestens dreimal beim Eiberer gemeldet und was richtig gewusst und der Eiberer ist wie ausgewechselt zum Entertainer geworden und hat jedes Mal so übertrieben getan, als müsste er sich die Traumaugen reiben, dass wir alle lachen mussten, auch der Ferdi, und der Ferdi, glaube ich, hatte zur Abwechslung mal 'nen richtig guten Tag an der Schule. Aber das meine ich noch gar nicht mit »irgendwas war anders«. Es war irgendwas anders mit *uns*. Es war ein Gefühl wie bei den Pilzen, die untereinander alle miteinander verwurzelt und verwoben und verflochten sind, auch wenn es oberhalb der Erde aussieht, als würde nur hier mal ein einsames Pilzlein stehen und dort ein einsames Pilzlein, aber unterirdisch gehörten wir plötzlich zusammen und das hat sich ziemlich gut angefühlt, so, als wären wir alle irgendwie unangreifbar.

28

Und so kam es, dass plötzlich und tatsächlich unsere ganze Klasse geschlossen auf die ein oder andere Weise besuchlerisch im Pflegeheim unterwegs war. Und wie wir unterwegs waren! Ein hochsaisonlicher Bienenstock hätte vor Demut gezittert, wenn er uns gesehen hätte. Die Merle zum Beispiel hatte, grimmig entschlossen und die ebenso grimmig entschlossene Frau Mühl an ihrer Seite, eine beachtliche Pflanz- und Gartentruppe gegründet. Diese Pflanzguerilla harkte jetzt Beete, wo zuvor nur die stiefmütterliche Ödnis einer flächendeckenden Rindenmulchlandschaft gewesen war, pflanzte jede Menge gespendete Kleinblüher, besetzte einen vermoosten Rasen für die Gemüsezucht (auch wenn es landwirtschaftlich gesehen schon etwas spät war, aber Radieschen, Bohnen, Salat und Schnittlauch wachsen ja unkrautlich irgendwie immer) und organisierte Gießaufträge, Schneckensuche und Unkrautjätung mit straffer Hand. Die Sylvie hatte bei einer kleinen, uns allen dennoch nicht entgangenen Kurzepisode mit dem Christoph die kuchige Damenrunde entdeckt und ließ sich jetzt gierig mit anderen hauswirtschaftlich Angehauchten in die hohe Wissenschaft des Brandteigmachens oder die Geheimnisse des perfekten Streusels auf Apfelgehefeteigtem einweihen. Und die Zena, die ja immer so versessen auf Upcycling ist, lernte jetzt bei der Frau von Itzingbüttel das hehre Stricken und hatte nicht vor, eher wieder damit aufzuhören, als bis sie selbst im Vollpatent voll patent war.

Wer von den anderen alles sich auf Vorlesen, Bridgespielen oder einfach nur das Spazieren im Garten unter eventueller Benutzung des offiziell eröffneten Café-Kleiber-Pfades verlegt hatte, kann ich überblicklich gar nicht sagen. Ich kann nur sagen, dass sogar der Hubsi und der Timo ihre Grinsingerexplonade fürs Pflegeheim aufgegeben haben – auch wenn das eher etwas damit zu tun haben kann, dass die Mehlwurmkolonie letzte Woche geschlüpft ist, und zwar in der hinteren Ecke von Hubsis Kleiderschrank, was leider zuerst die Mama vom Hubsi entdeckt hat und nicht der Hubsi selbst, nämlich als sie neue Frischwäsche bei ihm im Schrank verstauen wollte. Und weil die Mama vom Hubsi im Gegensatz zum Hubsi mit Tieren nicht sonderlich gut kann, vor allem, wenn sie ihr zu Hunderten aus den dunklen Tiefen eines Kleiderschranks entgegengeflattert und -gekrochen kommen, hat die Mama vom Hubsi einen kleinen hysterischen Anfall erlitten und dem Hubsi daraufhin jede weitere Haustierhaltung empfindlichst untersagt. Vielleicht war es deshalb naheliegend, dass sich der Hubsi mit dem Mollusken angefreundet hat, mit dem er rege Diskussionen über Weltpolitik und Weltwirtschaft führte, und jedes Mal, wenn er der Zusammenkunft wieder entrat, mit Weihnachtsblick verkündete, Diplomat werden zu wollen.

Und falls sich jetzt jemand fragt, wo der auf ewig antigestimmte Stiebereder abgeblieben ist: Sogar der hat dem Klassenzwang nicht ewig widerstehen können. Er tauchte ab und zu auf, um im Garten körperlich zu werden oder uns anderen kluge Ratschläge zu geben, selbstredend nie ohne seine typische Eigentlich-hätte-ich-Besseres-zu-tun-Attitüde, aber manchmal integrierte er sich auch ganz friedlich in die Maguroclique zum Gamen oder Mangasschauen.

Das einzige idyllstörende Element in all der Weltverbesserung war und blieb die Warwara, und das mit Ehrgeiz. Sie hatte zwar irgendwann und erfreulicherweise der logischen Verknüpfung folgen können, dass ein Herr Schnedelbach vorzugsweise nur dann zum Hosenkackkandidaten wird, wenn er unterhalb eines Rauchmelders eine schmaucht, nicht aber, wenn er dies unterhalb eines freien Himmels tut – da ein Himmel üblicherweise keinen Alarm schlägt, sobald man ihn beraucht –, aber sie empörte sich über den vielen unautorisierten Verkehr in den Gängen und Fluren. Dass der viele Verkehr überhaupt nur deshalb ermöglicht wurde, weil der Freddy, der unter den christöphlichen Engelszungen zu einem wahren Überläufer und Unterstützler geworden war und die paradiesischen Freuden der Renitenz entdeckt hatte, wusste die Warwara nicht. Sie wusste nicht, dass der Freddy im Untergrund agierte, wo er sich, nach fachlicher Rücksprache mit meinem Lieblingsschnauzarzt, kühn vortastete in Sachen Schlaftablettenrationoptimierung. Es war die Idee vom Christoph gewesen, der den Freddy an seine Geständnisse bei unserer ersten Begegnung erinnert hatte, und als der Freddy ein revolutionäres Funkeln in den Augen bekommen hatte, wagten sie es, den Schnauzarzt, der des Freddys kluger Einschätzung zufolge der fortschrittlichste in Sachen Medikamentation zu sein schien, zu seiner fachlichen Meinung hierzu zu befragen. Ob es denn nicht möglich sei, das Siebzehnuhrschnarchen zumindest etwas nach hinten zu verlegen, fragten sie ihn. Und der Schnauzarzt meinte, da würden sie bei ihm nur offene Türen einrennen. Weil es neue Untersuchungen gebe, die den beruhigenden Effekt von körperlicher und/oder geistiger Betätigung auf das altersmenschliche, und hierbei insbesondere auf das dementöse Gemüt beweisen würden. Der Freddy kürzte also »unseren« Aktivmenschen – zumindest denen, deren Hausarzt der geschnauzte war – probeweise und kurzerhand die Beruhigungstablettenfütterung am Mittag und, von den Ergebnissen bestätigt und tollkühn geworden, schließlich auch noch die vom Nachmittag. Und wie der Schnauzarzt geahnt bis vorausgesehen hatte, führte die gesteigerte Aktivität der Altmenschen tatsächlich zu einer derart hinlänglichen Ausgeglichenheit, dass es nicht länger Beruhigungsmittel waren, die man zur Aufrechterhaltung des pflegeheimlichen Friedens brauchte, sondern einfach nur noch Gartenbeetharken, Backen und Ausflügeln ins Schwimmbad oder in die Eisdiele.

Die Warwara, die das Tablettenrationieren immer dem Freddy überlassen hatte, merkte erst drei Wochen später, dass das Pillenpensum mancher Bewohner erheblich reduziert worden war. Verwirrt hat sie erst, wie er selbst uns haarkleinlich zugetragen hat, dem Freddy eine gesalzene Kopfwäsche verpasst, weil sie nicht glauben wollte, dass die Pillenkürzung auf ärztliche Anweisung oder, sagen wir es juristisch korrekt, nach Rücksprache geschehen war. Dann aber musste sie, nach einem Klärgespräch mit dem Schnauzarzt, einsehen, dass unser Aktivitätenprogramm offenbar tatsächlich dieselbe Wirkung hatte wie eine überdurchschnittliche Dosis Tavor.

Trotzdem traute die Warwara dem neuen pflegeheimlichen Frieden nicht. Zwar ließ sie in phasenweisen Anwandlungen von Großmut und meistens auch unter fingerwickelnder Fürsprache entweder des Christophs oder der Hauchsylvie zu, dass beispielsweise der Garten umgebuddelt und begärtnert und in der Küche gebacken wurde. Aber sie beschwerte sich immer lauter und schwitzender nicht nur darüber, dass sie den organisatorischen Überblick über ihre »Bewohner« verlöre (sie nennt die Altmenschen tatsächlich »Bewohner«, dabei wäre »Bewahrter« so viel treffender, denn das war Warwaras Vorstellung von Ordnung: dass die Altmenschen möglichst auf ihren Zimmern hocken und warten), sondern auch und vor allem, dass im Falle eines Falles, also eines wörtlichen Falles, eines Altmenschenfalles, der einen Oberschenkelhalsbruch nach sich ziehen könnte oder die ewigliche Umnachtung oder gar die vollständige Eingehung ins Totenreich, jeden Falles, dass dann die Versicherungslage eine zu unklare wäre.

Unangenehmen Rückenwind hat die Warwara für ihre Argumentation bekommen, als plötzlich und unangekündigt die Presswurst im Pflegeheim auftauchte und ihren Vater zu sehen begehrte. Da hat ihr nämlich die Warwara in liebenswürdiger Zuvorkommenheit offenbart, dass der presswurstliche Vater, also der Schnedelbach, unter aufsichtiger Begleitung des Sebastian Kanauer Junior im Garten hocke und sich, wie es ihm zur lieben Gewohnheit geworden, ein paar Stamperl Hochprozentigen hinter die dürstende Binde kippe, während er seiner täglichen Zigarre zuspreche, aber diese väterliche Nachmittagsbeschäftigung sei doch ihr, der Margot Schnedelbach, durchaus bekannt, weil sie jetzt so dreimalverfahren dreinschaue?

Da ist die Presswurst aber zu genau der Aufbrausperson mutiert, als die sie dem Basti schnedelbachlich beschrieben worden war. Und leider hat sich ihr die Warwara charakterlich spontan angepasst und ist, empört darüber, dass man ihr hochbärenbindlich ein Presswursteinverständnis vorgelogen hatte, Unwissenheit beteuernd und exempelstatuierversprechend hinter der Presswurst her und in den Garten grenadiermarschiert.

»Ha«, hat die Presswurst triumphal ausgerufen, als sie den Schnedelbach mit dem Basti auf einer Eintrachtsbank entdeckt hat, ist wie der Weißhai auf die beiden zugeschossen, hat sich die Schnapsflasche geschnappt und sie kopfüber in den benachbarten Schnittlauch geleert.

»Aber …«, hat der Basti gestammelt und etwas reaktionsverlangsamt auf die Flasche gedeutet, »das war ein dreißig Jahre alter …«, und wenn der Basti solche Trennungsschmerzen einer Flasche gegenüber zeigt, musste es wohl wirklich ein besonderes Tröpflein gewesen sein.

»Wo sind wir denn hier?«, hat die Presswurst ihn trotzdem unterbrochen. »Seit wann verführen denn jetzt die Minderjährigen die Erwachsenen zum Alkoholtrinken?« Dabei entriss sie dem Schnedelbach die Zigarre: »Mein Vater ist herzkrank!« Sie rief das »herzkrank« so melodramatisch, als würde sie hauptrollig bei den Wagnerfestspielen in Bayreuth auftreten. Ich hab mich mal vorsichtshalber zur Rückendeckung neben den Basti positioniert. Die Presswurst, die offenbar mit der Qualmzigarre in ihrer Hand nicht so recht umgehen konnte, stocherte die Glut umständlich auf dem Kiesweg aus und zerfledderte und zerrupfte dann die Tabakblätter auf schnedelbachscher Augenhöhe. Und die Warwara hat im Rücken der Presswurst jede Presswurstbewegung nachgetanzt, als würde sie einen feindlichen Basketballspieler decken.

»Ich werde das zur Anzeige bringen«, hat die Presswurst gerufen, »es kann hier nicht einfach jeder Dahergelaufene bei meinem Vater ein und aus spazieren, wie es ihm beliebt, und ihm verbotene Substanzen verabreichen!« Sie war so wutbleich, dass man sehen konnte, wo ihr Make-up aufhörte.

»Was willst du denn zur Anzeige bringen, du Pute«, hat da plötzlich der Herr Schnedelbach gerufen und es dröhnte, dass Felswände hätten einstürzen können, wenn welche rundrum gewesen wären, »dass ich Besuch bekomme? Dass ich rauche und saufe, wie's mir passt? Verbotene Substanzen, du wirst doch auch immer blöder! Ich bin ein Mann, ein Mann, sag ich!«

Er erhob sich und stand – ebenfalls nicht unwagnerisch – an seinen Rollator gelehnt wie eine Reiterstatue gegen den Wind. Offenbar hatte ihn die Zigarre als Wüterich geradezu erneuert. Man konnte jedenfalls durchaus vermuten, dass das Presswurstbrausen von einer genetischen Veranlagung herrührte. Allerdings konnte man auch und allein von der Körpergröße her vermuten, wer im Cholerikerwettbewerb noch immer den ersten Platz machte.

»Aber Vati«, hat die Presswurst plötzlich einknickend geweinerlicht, »du sollst doch nicht mehr so viel trinken, wegen dem Herz und überhaupt: dein Blutdruck!«

»Papperlapapp«, hat der Herr Schnedelbach gedonnert, »eine alte Eiche verpflanzt man nicht, ich will so abgehen, wie ich gelebt habe. Bin hier nicht in der Entzugsanstalt und sterben muss ich sowieso! Kann euch doch nicht schnell genug gehen, dir und deinem Lackaffen von Mann! Aber bis dahin werd ich leben und dazu gehört mir wie die Atemluft der Besuch von diesem jungen Kameraden«, er prankte dem Basti seine Großhand auf die Schulter und rüttelte ihn zärtlich, wobei man am Bastizusammenzucker erkennen konnte, dass eine geschnedelbachte Zärtlichkeit noch immer sehr marinedrillig war, »daran wirst du rein gar nix ändern.« Und zum Basti sagte er wahrlich liebevoll: »Am Donnerstag kommst du wieder, dann besprechen wir die Seeschlacht von Trafalgar. Und jetzt abtreten.«

Das war eine klare Beihilfe zur Flucht und wir haben uns dementsprechend beeilt, aus dem Presswurstradius zu gelangen, bevor der Schnedelbach vielleicht doch noch vor Aufregung oder Altersschwäche oder Wasweißich in die Hosen kackt, das wäre ungünstig für uns gewesen. Der Schnedelbach winkte uns zum Abschied, zwischendurch rüttelte er immer wieder die Faust, als wollte er sagen: »Die kriegen uns nicht klein, und wenn, dann laufen wir noch zwölf ausgewachsene Meter.« Es sah aus, als konnte er sich nicht entscheiden, ob er lieber Teletubby oder Dwayne Johnson sein

wollte. Merkwürdig, dass man ein sexistischer Lebemann-
arsch sein kann und gleichzeitig ein kleiner Junge, den man
am liebsten mal ganz fest in den Arm nehmen würde.

Die Warwara aber kam uns hinterhergefetzt wie ein Terrier: »Ich hab es doch gleich gesagt: Das gibt Teufelsküche
mit den Angehörigen. Jetzt hab ich die Misere und muss
bügeln und besänftigen und ich mag weder das eine noch
das andere. Das geht so nicht. Das geht so einfach überhaupt
gar nicht! Und dass du mir«, sie deutete auf den Basti, als wär
sie von ihm liebhaberlich betrogen worden, »dass du mir
derart dreist ins Gesicht gelogen hast, das ist keine Basis für
eine vertrauensvolle Aufenthaltsduldung. Das sag ich euch
gleich. Das werden wir noch diskutieren.« Sie hat die Arme
über den Kopf geworfen: »Als wenn ich für so was auch
noch Zeit hätte!« Und entrüstet ist sie zurück zur Presswurst
geraupt.

Zum Diskutieren ist es dann aber gar nicht mehr gekommen.

29

»Hab ich es doch gleich gewusst!«, hat die Warwara übeltätlich gerufen, als sie anderntags wie ein Rammbock in den Garten gewalzt kam. »Wenn man Strolchen wie euch Tür und Tor öffnet! Ihr kommt hier nicht mehr rein, bis das geklärt ist!«

»Was gibt es denn zu klären?«, haben der Basti, die Finja und ich gefragt.

»Den Diebstahl«, hat die Warwara mit einer gewissen Befriedigung gesagt.

Wir wussten natürlich nicht mal halbschimmerlich, wovon die Rede sein sollte. Aber hinter der Warwara war schon, trippelschrittlich verlangsamt, das hufende Hutzelweiblein in Lodentracht aufgetaucht: »Die waren's«, hat sie kreisgesägt, »die waren's, ganz bestimmt!«

»Wir waren hier gar nichts«, hat die Finja gezischt, die das Hufweiblein genauso wenig wie ich auch nur eine Sekunde auf der Haut haben wollen würde, und ich hab gefragt: »Was eigentlich?«

Da hat das Hufweiblein zu flennen angefangen: »Meine Perlen«, hat sie geflennt, dass sich ihre vom Lippenrot formlos verschmierten Lippen noch formloser verzerrten, »mein Schmuck! Gestohlen!« Und wieder hat sie mit dem Finger verfolgungswahnlich auf jeden Einzelnen von uns gezeigt: »Die waren's! Die!«

198

»Warum sollten wir Ihre dämlichen Perlen klauen wollen?«, hat der Basti gerufen.

»Wir wissen doch nicht mal, dass Sie welche haben«, hat die Finja gesagt, »sehr schmuckbehangen rennen Sie ja nicht gerade rum!«

»Die waren in meinem Zimmer«, hat das Hufweib unbeeindruckt aller Einwände gerufen und zappelte hampelmännlich, »Erbstücke meiner Großtante, jeder weiß das! Die waren's.«

»Können Sie das beweisen?«, hat die Merle gerufen.

»Ja«, hat das Hufweib verzerrgeschrien, »weil die Perlen weg sind! Und ihr in meinem Zimmer wart! Das hab ich gesehen! Die waren's!«, hat sie wieder aufgebracht zur Warwara gehetzt. »Die waren's, die!«

Jetzt aber ist die Warwara dann doch etwas genervt geworden von dem hysterischen Hufweibgekeif: »Das wird die Polizei feststellen, die ist bereits verständigt. Das sind ja auch schwere Anschuldigungen. Aber ihr«, sie schweifte mit einem ausholenden Arm in unsere Runde, »ihr könnt dennoch schon mal eure Sachen packen. Nach der Vernehmung seid ihr nämlich weg, egal, was die ergibt. Mir ist das jetzt endgültig zu viel Trubel am Arbeitsplatz.«

Bis zur Vernehmung konnte und wollte die Warwara aber dann nicht warten mit dem Besuchsrechtentzug. Denn bei dem Perlenalarm, den die Insunza, wie das Hufweiblein mit bürgerlichem Nachnamen hieß, auf den Pflegeheimfluren geschlagen hatte, hatte sich herausgestellt, dass auch andere Damen von einem Schmuckklau betroffen waren. Der Diebstahl war sozusagen virulent im zweiten Stock aufgetreten. Man vermisste Geerbtes, Gekauftes und Geschenktes im hochkarätigen Stile. Die Insunza hatte auch vor der Polizei zur Aussage gebracht, dass wir bandenmäßig und unterderdeckestecklich in das Diebstehlen verwickelt waren. Als Beweis schien sie zwar nichts weiter in der Hinterhand zu haben als die Tatsache, dass wir ab und zu in den Zimmern der jeweils Bestohlenen verschwunden waren. Aber sonst sei ja praktisch niemand von auswärts im Hause unterwegs, schon gar nicht so »von der Leine gelassen« wie wir, wie sie es in ihrer genießerisch-gehässigen Art zu formulieren wusste. (Berichtete der Freddy. Ob da ein Übertragungsfehler unterlaufen ist, weiß ich nicht, es ist natürlich möglich. Wenn auch ungewiss und außerdem nicht von Belang, da es den Hufweibcharakter einfach treffend wiedergibt.) Jedenfalls war die Polizei noch immer damit beschäftigt, sich einen Überblick über das Ausmaß des Diebstahls zu verschaffen, und konnte uns noch nicht vernehmen. Weshalb wir natürlich auf Kohlen saßen und nicht abwarten wollten, wie die Geier über uns kreisten. Wir beriefen eine krisenstäbliche Klassenkonferenz ein.

»Okay, Leute«, hab ich eröffnet, »Hand aufs Herz. War es jemand von uns?«

»Das würde derjenige vor versammelter Mannschaft wohl kaum offen zugeben, oder?«, hat der Pawel gesaglächelt.

»Vielleicht nicht offen, aber in geheimer Abstimmung«, hab ich mich von der Pawelbrise in meinem Mageninneren nicht weiter verunsichern lassen, »wir müssen unbedingt wissen, welche Verhandlungsposition wir bei der Warwara haben. Wenn es einer von uns war, okay, dann in die Binsen mit Tallinn. Aber wenn es von uns keiner war, erstreiten wir uns das weitere Besuchsrecht.«

»Bis zum letzten Atemzug«, hat der Christoph mit tapferer Rekrutenstimme gesagt und für ein paar Schmunzler bei all den Damen gesorgt, die ihm neuerdings hoffnungslos verfallen waren.

»Ich glaube«, hat der Basti grimmig gesagt, »die Insunza hat sich das nur ausgedacht. Weil sie keinen Match bekommen hat. Ich meine: Die Zena war mal bei ihr, oder, Zena?«

Die Zena hat sofort die Schneidet-mir-lieber-den-Hals-ab-denn-die-Frau-geht-gar-nicht-Geste gemacht.

»Die Insunza kann sich das nicht ausgedacht haben«, hab ich gesagt, »weil Schmuck praktisch im ganzen zweiten Stock fehlt. Da steckt wer echt Langfingriges dahinter und wir müssen wissen, ob das jemand von uns war, und dann müssen wir überlegen, wie wir uns da wieder rausboxen.«

Also habe ich erwirkt, dass wir eine geheime Abstimmung durchführen – womit alle einverstanden waren. Jeder hat vom gleichen Notizblock ein Papierfetzeleck bekommen und musste derreihenachlich vorne, wo wir einen leeren Turnbeutel platziert hatten, mit dem Rücken zu uns zwei Striche machen: entweder ein Kreuz für »Ich war es nicht, schwöre«, oder zwei parallele Striche nebeneinander für »Einer von uns war es, unter Umständen sogar ich selbst«. Es ging alles so geheimlich und reibungslos vonstatten, die OSZE hätte uns glatt ein Bienchen ins Heft gestempelt. Der Turnbeutel wurde gehörig geschüttelt, dann wurden alle Zettelfetzen geöffnet und siehe da: Es gab nur Kreuze.

»Und wenn er jetzt gelogen hat, der Dieb?«, hat die Merle

geflüstert, als wär er unter uns, der Dieb, und würde gleich reihum morden und brandschatzen.

»Dann wird er in der Hölle schmoren, spätestens wenn es auffliegt, die Polizei ist doch schon am Spurensichern«, hab ich gesagt, »das Zweifeln und Verdächtigen bringt uns jetzt nicht weiter, das zerlegt uns nur und das hat doch die Warwara schon vor, die reicht, finde ich, das müssen wir nicht noch selber machen. Wir gehen jetzt davon aus, dass wir es nicht waren. Punkt.«

»Okay«, hat der Basti zu bedenken gegeben, »damit sind wir jetzt aber nicht wirklich weiter als vorher, oder? Wir waren es nicht, die Insunza sagt »doch« und die Warwara glaubt es.«

»Dann hilft nur eins«, hat der Timo duster gesagt, »wir müssen den wahren Dieb finden.«

Das gab sowohl zustimmendes als auch skeptisches Gebrabbel.

»Und wie?«

»Na, was ein ordentlicher Kleptomane ist, der geht wieder los, der kann nicht anders. Wir stellen überall Überwachungskameras auf. Und zwar … in den Zimmern. Und filmen die frische Tat! Fertig.«

»Und wer soll das finanzieren, du Schneckenhirn, Kameras in sämtlichen Pflegeheimzimmern?«

»Na, der Kanauer.«

»Wenn mein Papa sinnlos Geld ausgeben wollen würde, würde er es für was Sinnvolleres ausgeben.«

»Hä?«, hat der Markus gesagt. »Das hab ich jetzt nicht kapiert.«

»Macht nichts«, hat der Basti durchaus freundlich und verbindlich gesagt und die Finja hat übersetzt: »Der Herr Kanauer finanziert lieber nachhaltigere Projekte.«

»Dann müssen wir uns eben selber reinsetzen«, hat der Benni gesagt – und auch wenn er das im Scherz gesagt hat, haben wir uns alle hochaugenbraulich angeschaut gegenseitig.

»Und wenn der Dieb reinkommt, filmen wir mit dem Handy und zack!«, hat die Merle gesagt.

»Das wird aber eine unbequeme Nacht«, hat der Ferdi gestöhnt, aber komischerweise hat niemand grundsätzlich »Nein« gesagt oder sonst wie protestiert.

»Aber wie kommen wir rein, wenn die Warwara die Buddha auf uns angesetzt hat?« (Ein paar von uns nennen die Pförtnerin »Buddha«.)

»Der Freddy lässt uns rein, durch den Keller!«

»Wir können den Freddy nicht einweihen.«

»Warum denn nicht? Der kann uns überall aufsperren und alles.«

»Ja, aber wir wissen nicht, ob nicht vielleicht er der Klau ist!«, hat der Christoph erklärt.

Das hat allen eingeleuchtet. Ich hab mich gewundert, dass der Christoph so viel unbestechlichen Klarblick hatte, was den Freddy betraf, ich hatte eigentlich erwartet, dass er für-den-Freddy-leg-ich-meine-Hand-ins-Feuer-mäßig protestieren würde.

»Und wie kommen wir dann an Buddha vorbei?«

Das war allerdings noch ein Problem. Udo Jürgens würde schließlich – bei allem musikalischen Respekt – kaum aus-

203

reichen, um die pförtnerliche Wachsamkeit auf genau das Level herunterzudimmen, bei dem achtundzwanzig Top-One-Staatsfeinde im friedlichen Gänsemarsch in die Festung ausschwärmen konnten, ohne dass der bulldoggilöse Wachhund die Warwara herbeibellen würde. Wir erörterten gewisse, von James Bond, Miss Marple und Ocean's Eleven inspirierte Möglichkeiten, in denen Rhizinusöl, der Stromsicherungskasten im Heizungskeller und Fakeanrufe »von oben« eine sehr ehrgeizige Rolle spielten – und die wir dann doch allesamt als »undurchführbar« klassifizieren mussten. Auch die Feuertreppe und den Einmarsch durch die Hintertür mussten wir verwerfen, weil alles alarmanlaglich gesichert war.

»Wir sind zur falschen Zeit geboren!«, hat der Hubsi theatralisch ausgerufen und Anja die Stille (!) hat vorgeschlagen, zur Pförtnerin zu gehen und sie mit ihrer Unschuldslammart und eventuell auch ein paar Tränen abzulenken, auf dass wir alle an ihr vorbeischlüpfen könnten, und dann hat sie uns sogar vorgemacht, wie sie auf Knopfdruck weinen kann, was tatsächlich sehr ergreifend war, und ich hab ihr gesagt, dass sie ein Talent hat, ein schauspielerisches, und es unbedingt in die Theater-AG tragen soll, was sie, glaub ich, sehr geschmeichelfreut hat.

»Aber Leute«, hat da der Timo gesagt, »habt ihr schon mal dran gedacht, was passiert, wenn wir uns bei den Oldies reinsetzen? Abgesehen davon, dass wohl kaum alle damit einverstanden sein werden, jeweils einen von uns als freundlich schnarchenden Leibwacheübernachtungsgast bei sich aufzunehmen: Wenn wir uns bei allen reinhocken, wird der Dieb ja wohl kaum losgehen. Oder?«

»Schlaftabletten für alle!«, war Cosis Vorschlag, aber dass dann logischerweise auch der Dieb garantiert pennt und nicht losgehen kann, hat sie eingesehen.

»Wenn er überhaupt in der Nacht losgeht«, hat der Hubsi noch dazugesenft.

Das war überhaupt die Frage. Wir drehten uns scheußlich im Kreis.

Bis plötzlich Merles Handy klingelte.

»Freddy?«, sagte sie rangänglich, (was den Verdacht erhärtete, dass die Merle jetzt tatsächlich was mit dem Freddy hatte, wie schon geraunt wurde), und dann, nach einer Lauschepause: »Echt? ... Ach echt? ... Echt jetzt? ... Echt? Echt krass!«, wobei sie uns in all der Echtigkeit fortwährend mit Großaugen benickte, sodass klar war, dass es hochbrisante Neuigkeiten gab, und wir sind natürlich fast in sie hineingekrochen vor Neugier.

»Ihr glaubt es nicht«, hat sie gesagt, als sie auflegte. »Ihr glaubt es einfach nicht.«

»Ja was denn«, haben wir alle gerufen.

»Die Perlen der Insunza sind wieder aufgetaucht. Die Polizei hat sie bei der Hausdurchsuchung gefunden. Und jetzt ratet mal, bei wem!«

»Keine Ahnung«, riefen wir, »sag endlich!«

»Bei der Insunza herself.«

Und das gab fast Tumult.

»Ich hab doch gesagt, ihr glaubt es nicht.«

Nein, das glaubten wir wirklich nicht. Aber es war wohl so, wie der Freddy kolportiert hatte, der treue Freddy (möge er uns verzeihen, dass wir ihn, wenn schon nicht in direkter

205

Fingerzeigelinie verdächtigt, so doch zumindest aus dem Kreise der Verdächtigen nicht ausdrücklich ausgeschlossen hatten. Aber gut, er würde von diesem kleinen Geistesverrat nie erfahren – sofern die Merle nicht in Loyalitätskonflikte kam), dass tatsächlich die Insunza, nach einer Eingebung ihres boshaften Charakters und um die Aufmerksamkeit zu erheischen, die sie nicht ausreichend zu bekommen meinte, die Diebstahlangelegenheit nur vorgetäuscht hatte! Und perfide, wie sie war, und ebenso entschlossen in der Glaubhaftmachung der Diebstahlerei, habe sie bei anderen eben auch noch gleich gemopst. Und weil sie offenbar nicht nur ein perfider, sondern auch ein selten dummer Mensch war, habe sie die Perlen einfach und der Bequemlichkeit halber bei sich selbst versteckt, und zwar: im Nachtkästchen. Auf die Idee, dass die Polizei ihre Aussage eventuell nachprüfen könnte, sei sie wohl im Leben nicht gekommen.

Wir starrten uns alle gegenseitig an. Dann brachen wir in Lachen und Erleichterung aus.

»Das war Sabotage«, hat der Christoph gerufen, »Wir lassen uns nicht sabotieren! Jetzt schuldet uns die Warwara was! Und zwar«, seine Augen bekamen ein Funkeln, »das Sommerfest!«

Da ist ein gefestigter Trupp von uns, ich glaube, wir waren zu zehnt, direktemang ins Pflegeheim marschiert. Die Buddha hat zwar ihre Augenbrauen gehoben, aber sicher nur, um uns zu demonstrieren, dass sie jederzeit *könnte*, wenn sie nur wollte. Vielleicht sollten wir bei Gelegenheit mal die ein oder andere diplomatisch veranlasste Pralinenschachtel an diesem Außenposten abwerfen.

Der Freddy hat uns im ersten Stock schon erwartet. »Die Sista Dabbljuh ist im zweiten Stock«, hat er geraunt, »aber die hat grad keine so gute Laune. Der Zapecheni war unbeaufsichtigt und hat wieder zugeschlagen.«

Wann die Warwara schon mal gute Laune gehabt hätte, haben wir uns gesagt und sind weiter in den zweiten Stock vorgestoßen. Da haben aber selbst wir erkannt, dass die Warwara Gutelaunetechnisch gerade extrem schwierigen Umständen ausgesetzt war. Denn der Zapecheni hatte es in seiner stark fortgeschrittenen Demenz für einen lustigen Einfall gehalten, die Wand im Flur mit seinem eigenen Verdauungsendprodukt zu beschmieren. Von seiner Zimmertür zur nächsten, also einer ungefähren Landebahnlänge von zwei, drei Metern, schmierstank eine braune Schleifspur. Und die Warwara war gerade dabei, die Scheiße – im leider doppelten Wortsinn – wieder wegzumachen, mit Chlor und Handschuhen bis unter die Achselhöhlen und einem ächzenden Stöhnen. Jetzt kapierte ich auch, warum im Pflegeheim der untere Wandbereich mit dieser wasserabweisenden, abwischbaren Lackfarbe gestrichen war. Und ich kapierte auch, dass es wirklich eine Meisterleistung gewesen wäre, jetzt auch noch Hoodalallylaune zu haben.*

---

* Ja, ich weiß, kein Mensch außer mir sagt »Hoodalally«, was wirklich extrem zu bedauern ist. Denn wenn man sich bestens gelaunt und voller Inbrunstlust auf eine zahlen- und waffenmäßig haushoch überlegene Armee von Fieslingen zu stürzen beabsichtigt, gibt es garantiert keinen besseren Angriffsschrei als den von Disney's Robin Hood.

»Ihr schon wieder«, hat die Warwara geseufzt. »Ich hatte schon auf zwei Fliegen mit einer Klappe gehofft!«

»Wir haben gehört, dass es die Frau Insunza selber war«, hab ich vorsichtig angesetzt, denn ich hatte nicht vor, die Warwara zu reizen, »und da dachten wir, wir dürften vielleicht einfach da weitermachen, wo wir aufgehört haben, und Schwamm drüber.« Ich hab mir auf die Zunge gebissen, denn das war eine etwas sehr dreist anspielende Redewendung angesichts des ätzmittelgifttriefenden Schwamms in der Hand der Warwara, den ich nur ungern im Gesicht gehabt hätte.

»Und wir wollen auch gar keine Entschuldigung«, hat der Christoph fortgeführt, der sich ja auch bei der Warwara dank seines blitzsauberen Schniegelaussehens so einiges erlauben kann, »aber das Sommerfest, wir dachten: Jetzt könnten wir doch das Sommerfest!«

»Werd ich euch denn nie los!«, hat die Warwara himmelwärts gestöhnt und wir haben das mal als astreines »Ja« aufgefasst.

30

Das Sommerfest war eine lang gehegte Sehnsucht vom Christoph. Hundert Mal war er damit nicht nur der Warwara, sondern auch uns in den Ohren gelegen und hatte utopisierend geschwärmt, wie sehr doch ein »generationsübergreifender Tanztee« für das Sonnengemüt von Besuchten und Besuchenden förderlich, um nicht zu sagen: absolut notwendig sei. Ich weiß nicht, was den Christoph seit ein paar Wochen reitet, ja, seit der Grinsingerverweisaktion weiß ich das schon nicht, aber seit der Pflegeheimerei ist er wie hunderachtziggradlich ausgewechselt. Bislang hatte er auf der Beliebtheitsrangskala so weit abgeschlagen auf den Unterplätzen vor sich hingedümpelt, dass er praktisch schon gar nicht mehr gelistet wurde. Aber inzwischen war die Tabelle so was von umgedreht! Er hatte sich mit dem Maguro und dem Freddy angefreundet. Er hatte dem Maguro (und sich selbst) eine Clique von FIFA-spielenden Freibeutern verschafft, namentlich den Hubsi, den Markus, den Murat und den Timo, die den Christoph wiederum ritterschlaglich in ihre Mitte aufgenommen haben. Er hatte bei der Warwara einen nicht kleinen Stein im Brett, seit er ihr einmal aufforderungslos ein störrisches Pflegebett mit Packen-wirs-an und strotzendem Mannesmut in den Aufzug und von dort zur Reparatur in den Keller verfrachtet hat. Er hatte einen lieblingsenkelichen Stand bei den Kuchendamen, die ihm

209

ständig Fünf-Euro-Scheine zusteckten, welche er zunächst zwar nicht zugesteckt haben wollte, sie aber schließlich doch in seinen stetig wachsenden Pool von Verehrerinnen investierte, um das ausgiebige Einladen zu Eisbechern zu gewährleisten. Ja, ich glaube, von uns allen ist der Christoph am meisten aufgegangen durch das Pflegeheimen. Und das, obwohl weder die Christophmama noch der cognacverehrende Christophpapa von seinem neuen Hobby wussten. »Die denken, ich bin jetzt bei Jugend forscht und bei den Jungen Unternehmern und bei der Jungen Partei«, hat er mir achselzuckend gesagt, »jedenfalls ganz jung und jugendlich. Wenn die mitkriegen, dass ich sozial und nicht karrierefördernd unterwegs bin, hab ich ab morgen Hausarrest mit Fußfesseln. Aber auch eine Junge-Unternehmer-Nachmittagsgruppe macht mal Sommerfest. Bei denen heißt das dann zwar »Networking«, kommt aber aufs selbe raus: Beer and Barbecue!«

Mit dem Beer allerdings sollte es bei uns so seine Schwierigkeiten geben, weil die Warwara zwar eine lampionige Tanzteeveranstaltung in ihrem höchst ehrwürdigen Pflegeheimgarten zu bewilligen bereit war, dies aber nur unter Ausschluss sämtlicher Alkoholika, seien sie im oder am Körper getragen. »Ich mag keine Leichen. Und am allerwenigsten mag ich die Alkoholleichen!«, sagte sie bestimmt. »Kein Bier, kein Wein, und wenn die Erdbeeren eurer Bowle im Perlsekt schwimmen, wird der Tanztee geräumt. Klar?«

»Klar«, sagten wir und riefen plakatlich zur Buffettbeteiligung auf, schleppten Grill und Kohle und Belagerungsportionen gefüllter Riesenchampignons an (weil die, so dachten wir, auch von jemandem mit Drittgebiss gekaut werden können, im Gegensatz zu einem T-Bone-Steak), bedauerten, dass wir nicht das Klavier auf die Veranda schaffen konnten, damit der Freddy uns stilvoll hätte den Walzer spielen können, richteten dafür die Boxen einer Musikanlage gebündelt auf die Verandamitte und liehen uns von der Frau Mühl ihren zwölf-CD-lichen Schlager- und Operettenschatz. Die Sylvie und die Cosi hatten die Koordination der »Deko-AG« übernommen und offenbar das halbe Pflegeheim damit beschäftigt gehabt, aus Hunderten von weißen und roten Servietten Papierblumen zu basteln. Als ich die Dinger in riesigen Papiertüten gelagert sah, hatte ich, ehrlich gesagt, so meine Zweifel, wie dekorativ sich ein Haufen Abfall ausnehmen würde, aber als sie in den Zweigen der Büsche und Bäume und auch an der Verandabrüstung hingen, sahen sie wirklich hübsch aus – ein Wort, das ich extrem selten verwende –, sehr gartenpartymäßig sahen sie aus und sehr, sehr Bullerbü.

Nicht ganz so auf Bullerbü, sondern eher auf Moskau waren allerdings die Jungs, namentlich der Hubsi, der Markus, der Murat und der Timo, die schwere Rucksäcke schleppten, aus denen sie mehrere Zwei-Liter-Plastikflaschen zogen und im »Gartenteich« versenkten. (Der »Gartenteich« besteht aus vier eingegrabenen Plastikflachwannen, in denen hauptsächlich Grünzeug schlingt.)

»Was muss denn da so sorgfältig gekühlt werden?«, hab ich sie ahnungsvoll gefragt, als sie nach der Versenkung zum Christoph und mir an den Grill schlenderten, um sich artig für die Grillschicht einteilen zu lassen.

Der Hubsi hat erklärentschuldigend die Handflächen gehoben. »Die Warwara hat nur gesagt: keinen Wein, kein Bier und keinen Perlsekt in der Bowle. Also bitte! Das sind Wodkalimo, Wodkacola, Wodka-O und Wodka pur«, er machte seine Hubsi-ich-bin-so-klein-und-niedlich-Entenschnute, als er meinen gequetschten Blick sah, »ach, come on, Minnadarling, ein paar Prozente müssen schon drin sein.«

»Jau. Alles andere ist Kindergeburtstag mit Topfschlagen«, hat der Murat gekichert und ich hab nur die Augen verdreht. Was hätte ich auch tun sollen? Die strenge Jugendherbergsleitung spielen? Wo der Hubsi, der Murat, der Markus und der Timo extra Hemd trugen und sich sogar Krawatten umgebunden hatten? Und auch sonst (und mit jedem Teichgang mehr) so willens waren, sich charmesprühlich zu benehmen, dass sie sogar die ältere Damenwelt zum Tanzen aufforderten, als der Schlager- und Operettenschatz losschmalzte und sich ein paar Pärchen auf der als Tanzfläche designierten Verandamitte einfanden. Die armen Damen, die natürlich gerührt und verzückt ob der durchlaucht jugendlichen Tanzaufforderungen waren! Sie hatten nicht bedacht, dass Jungs unserer Generation nicht tanzen können. Also, schon tanzen. Aber eben nicht paartanzen. Der Gesichtsausdruck der Damen wechselte von Überraschung zu Verwunderung, hin zu Unglauben und schließlich einer Wie-langkönnen-drei-Minuten-sein-Verzweiflung. Die Jungs, vom Wodka immun gegen jede Selbstkritik, schnitten tanzschrittlich so erbärmlich ab, dass selbst der demente Herr Praban mit seinem Von-einem-auf-das-andere-Bein-Tanzbärgewiege vergleichsweise echt let's-dancy war.

»Da sollte man vielleicht mal einen Tanzkurs veranstalten, vor einem Tanztee«, seufzte die Frau Mühl und wollte partout nicht noch ein zweites Mal aufgefordert werden. Aber das trübte ihr die Laune nicht, sie setzte sich einfach wieder an den Damentisch und unterhielt sich und die anderen. Es unterhielten sich einige prächtig. Am prächtigsten aber unterhielten sich der Schnedelbach und der Molluske, nachdem sich der Schnedelbach »als Hayekexperte« unschuldig in einen flammenden Vortrag bezüglich der Wirtschaftslage der EU in Bezug auf die Osterweiterung eingemischt hatte, den der Molluske dem Hubsi und anderen Lauschwilligen hielt. Der Schnedelbach hatte den Mollusken – einen sehr feingliedrigen, aristokratisch gut aussehenden Herrn mit gewaltigen Augenbrauen – zwar schon hin und wieder im Speisesaal sitzen und mit geradem Rücken salzfreie Schonkost zu sich nehmen sehen, aber den essmanierlich tadelfrei Speisenden nie nach seinem Namen gefragt oder anderweitig verknüpfen können, dass es sich um ebenjenes Subjekt handelte, das er mit Leidenschaft und Ausdauer brieflich oder durch die Zimmerdecke hindurch anzugiften pflegte. Und als ihm dämmerte, mit wem er argumentativ so sunnyboylike auf einer gemeinsamen Welle surfte, war es schon zu spät, da man inzwischen bei Hobbes und Kant angelangt war und der Gedankenaustausch zu anregend.

Das Gartenfest war also durchweg ein durchschlagender Erfolg, konnte man sagen. Bis der wilde Herr Greulich, der mit den paar wenigen Weißhaaren um die hohe Glatze und seiner spitzböglichen Nase ein bisschen was von Mr. Burns hatte, verlautbaren ließ, dass er früher ja mal Hippie gewesen war, und zwar streng orthodox, mit Kommune und Vielweiberei. Dabei hat er dem Freddy zugezwinkert. Und das war wohl irgendein Stichwort, weil sich daraufhin der Freddy mit dem Maguro und dem Greulich in eine hintere Ecke des Gartens verzogen hat. Und der Christoph, der Timo, der Hubsi, der Markus, der Murat und die Zena, die sind auch mit.

Und als sie wiederkamen, haben sie alle ziemlich breit und friedenspfeiflich gegrinst. Auch der Herr Greulich. Ja, man kann sagen, der Herr Greulich war ordentlich betankt und bedampft worden. Wie auch der Christoph, der wohl vergessen hatte, dass er echt nichts verträgt. Wie zwei letzte Mohikaner sind der Greulich und der Christoph kichernd durch die Blumenbeete gestakst und haben das Anschleichen an den »Feind« geprobt, wobei der »Feind« offenbar die nichts ahnende Damenrunde der Sylviebäckerinnen war, die am weißbetuchten Kaffeetafeltisch saß und so angeregt zwitschernd Konversation betrieb, dass sie die sehr unschleichende Anschleichung der beiden trotz ihrer Unschleichenhaftigkeit leider nicht bemerkte und phänomenal erschrak, schrie und kreischte, als der Greulich und der Christoph mit »Buhuu«-Gebrüll aus dem Rhododendron gesprungen kamen. Das anschließende Geschimpfe vonseiten der empörten Weiblichkeit hat dem Greulich und dem Christoph eine ordentliche Lachgackerattacke beschert, woraufhin sie natürlich noch mehr bezankt wurden, sich indianermäßig verkicherisierten und an der Musikanlage zu schaffen machten. Plötzlich war Ende mit Operettenschmonzetten, stattdessen black-and-whitete Michael Jackson aus den Boxen und der Christoph und der Greulich haben sich bekugelnd aufs Thing-Dancing verlegt, was heißt, sie haben Dinge nachgetanzt, die sie abwechselnd und raustimmig ausriefen: »Kaffeekanne«, »Tacker«, »fliegender Teppich«, »Stehlampe« und weitere Einrichtungsgegenstände. Ältere Leute behaupten ja gern mal, dass die junge Generation degeneriert wäre – aber das hier, bei aller platonischen Liebe dem Christoph gegenüber, war sogar generationsübergreifende Degeneration. Und bedauerlicherweise, obwohl ich eigentlich sehr für Gender bin, muss ich anfügen, dass die Degeneration geschlechtsspezifisch war.

»Und jetzt kommt der dreifach getigerte Hüftschwung«, hat der Greulich dem Christoph zugerufen, »wenn du den einer Frau zeigst, kniet die nieder, das sag ich dir!«

Und damit ist der Greulich zum King reloaded geworden und hat seine Hüften so dermaßen wild geschwungen, dass man es mit der Angst zu tun bekommen konnte. Aber mitten in der Schwingerei hat sich der Greulich mit der rechten Hand an die linke Brust gefasst, hat die Augen aufgerissen und ist im Freeze stehen geblieben. Wir dachten erst, das wäre ein neuer Move, aber dann ist er einfach umgekippt und das sah nicht mehr nach Move aus, sondern ziemlich ernst. Und deshalb haben ein paar von uns entsetzt aufgeschrien und irgendjemand muss hineingelaufen sein, um die Warwara zu holen. Ein paar von uns sind hin zum Greulich, aber wir haben auch nicht so recht gewusst, was wir mit einem toten Menschen anfangen sollten. Da ist aber schon die Warwara gekommen und hat uns weggescheucht, sodass wir in einem sicherheitsabständlichen Umkreis standen wie bei einem Hahnenkampf.

»Notarzt«, hat die Warwara geradeaus gesagt und mir ist es eiskalt den Rücken runtergegruselt, weil sie so gefasst war. Der Freddy ist ans Telefon gerannt, die Warwara hat dem Greulich das Hemd aufgeknöpft, ihn an den Schultern gerüttelt und ihm ihr Ohr aufs Herz gedrückt. Dann hat sie »Musik aus!« gebellt und mit der Herzdruckmassage angefangen. Sie kniete über dem Greulich, hatte beide Hände übereinander auf seine Herzgegend gelegt und dann hat sie ihm viele kleine heftige Stöße verpasst, als würde sie einen verstopften Abfluss abpümpeln – und wahrscheinlich war das auch ein bisschen der Sinn dahinter. Dann hat sie das Stoßen unterbrochen, um dem Greulich Luft in die Spitzbogennase zu pusten. Und da haben einige von uns ihr Gesicht verzogen, weil der Greulich nämlich leichenweiß aussah und sein Gesicht vor Schweiß glänzte wie ein Käse in der prallen Sonne, es war ein grauseliger Totenschädel und sicher nicht sehr appetitlich, ihm die Nase zu schlabbern. Nach ein paar Atempustern, für die die Warwara immer Luft holte, als müsste sie minutenlang in einem Dunkelsee auf Tauchgang gehen, hat sie wieder mit der Stoßerei angefangen. Und das ging so hin und her, bis der Notarzt mit zwei Sanitätern kam. Der Notarzt hat die Warwara abgelöst mit der Herzdruckmassage und die Warwara ist mit Wackelknien aufgestanden, stand da wie nach fünfzig Kilometern Dauerlauf und hat auf den Greulich gestarrt, als wäre da, wo er lag, ein Schwarzes Loch. Es war eine erschütternde Konzentration in der Luft, nur diese Stöße inmitten einer ganz unwirklichen Stille, als würde das, was passierte, gar nicht wirklich passieren, sondern nur jemand in Dauerschleife von seinem Albtraum erzählen.

Plötzlich hat der Notarzt aufgehört zu pumpen, und sich aufgerichtet. Er hat tief Luft geholt und dann den Sanitätern zugenickt. Da haben die Sanitäter dem Greulich eine Atemmaske drübergestülpt, ihn auf ihre Liege gehievt und in den Krankenwagen verfrachtet. Wir sind natürlich alle gedengelt hinterhergeschlichen, schaulustig und schockiert zugleich, um zu sehen, was noch passieren würde. Aber es ist nicht mehr viel passiert, was sehenswert gewesen wäre: Ein Sanitäter ist mit zum Greulich gestiegen, der andere hat die Türen zugeschlagen und sich hinters Steuer gesetzt. Und dann ist der Krankenwagen mit dem Greulich im Kasten davongeblaulichtet und wir sind zurück in den Garten und auf die Veranda getröpfelt, wo weder die Warwara noch der Notarzt mehr waren. Und auch keiner mehr von den Altmenschen. Nur noch der Maguro war da und der Freddy, der seelenruhig das Buffett abgraste, und der Christoph, der sich offenbar in der Zwischenzeit noch einen extra angezwitschert hatte.

»Da hätte der Greulich vor lauter Tigergras um ein Grauhaar das Zeitliche gesegnet heute, was?«, hat der Freddy gesagt und war vor Vollmund und wohl auch vor Vollleber etwas schwer zu verstehen. »Aber da ist er noch mal davongekommen!«

Und da hat dann ein Feierwilliger von uns, ich weiß nicht mehr, wer es war, es *könnte* der Christoph gewesen sein, den Schlager- und Operettenschatz wieder boombabychakalaut aufgedreht. Gegen den Christoph als Übeltäter im warwaraschen Sinne spricht allerdings, dass er kaum so schnell von der Musikanlage wieder in die Mitte der Tanzfläche hätte kommen können, wo er es war, von mehreren Zeugen gesichtet, der mit melodisch verzücktem Gesicht die Arme hochwarf und brunfthirschig röhrte (denn von »Singen« konnte selbst bei freundlichster Zugewandtheit echt nicht mehr die Rede sein): »Ich hätt' getanzt heut Nacht, die ganze Nacht, heut Nacht« – was uns alle höchst verwunderte, nicht nur sein wirklich phänomenaler Elvishüftschwung, sondern auch und viel mehr, woher er Operettentexte auswendig konnte.

Richtig interessant wurde es aber erst, als es plötzlich *zwumms* machte, die Musik auf Nimmerwiederhören geschluckt wurde und das große Verandalicht suchscheinwerfend anging wie vor einem Folterverhör. Da stand sie, die Warwara, und selbst ein Siegfried, bekanntlich Drachentöter, hätte vor ihr ein Nichtsfürungut eingelegt und sich höflich zurückgezogen.

»Was glaubt ihr eigentlich?«, hat sie aufgebracht geschrillt und die Fäuste geballt. Wir standen alle halb betreten, um nicht zu sagen, voll daneben. Bis auf den Christoph. Der stand nicht, weder betreten noch daneben, sondern tanzte auch musiklos wie John Travolta zu seinen verwegensten Zeiten. »Exzellente Frage«, hat er gerufen und die Hände so schwungvoll über den Kopf geworfen, dass er beinah umgefallen wär vor lauter Schwung, »an was glauben wir eigentlich?«

Da hat sich die Warwara aber vor ihm aufgebaut und matronenmassig die geballten Fäuste in die Hüften gestemmt! »Ich glaube«, hat sie unerschütterlich gesagt, »dass hier jemand einen im Tee hat und dass das hier keine Rauf- und Trinkhalle ist!«

Da hat der Christoph einen verklärten Duzidu-Blick aufgesetzt und sich an die Warwara rangewanzt: »Och, Warwilein, jetzt sei doch nicht immer so spröde«, hat er gerufen und dann, und da ist er vielleicht tatsächlich ein bisschen zu weit gegangen, hat er die Warwara dreifach angetigert.

Und da der dreifach getigerte Hüftschwung bei der Warwara natürlich nicht die vom Greulich prophezeite Wirkung hervorgerufen hat (was selbstverständlich die Hüftschwungthese noch lang nicht widerlegt, sondern allenfalls infrage stellt, ob die Warwara ein Weibchen ist), hat sie halsschlagaderndick »Es reicht!« geschrien und ganz so ausgesehen, als wäre sie nach dem Greulich die Nächste, die sich auf der Notarztbahre in die Horizontale begeben müsste: »Ein Bewohner stirbt fast wegen eurer Fisimatenten und ihr macht hier einfach weiter Party, als gäb es keinen Herrgott und nix!«

»Fisiwas«, hat der Christoph gekichert und der Warwara ernsthaft eine Hand auf die Schulter geklatscht. Das hat er aber nicht getan, um der Warwara im Folgenden gut zuzureden, wie wir urplötzlich erkannt haben, sondern um sich abzustützen, aber noch bevor wir reagieren und ihn da rausbugsieren konnten, um das Schlimmste zu verhindern, hatte er schon den Kopf einfach nach vorn gestreckt und der Warwara direkt vor die Füße gekotzt.

Die Warwara hat ein paar gefährlich stille Sekunden lang auf ihre kotzgesprenkelten Füße gestarrt.

219

Dann hat sie den Kopf gehoben und gesagt:»Ihr. Alle. Habt. Haus.Ver. Bot. Ab. So. Fort. Ich will von eurem Weltverbessern hier nichts mehr wissen. Geht woanders die Welt verbessern. Aber nicht bei mir. Packt euch und verschwindet. Sonst. Gibt's. Po. Li. Zei.«

Da sind der Hubsi und der Benni hin, um den wankenden Christoph zu stützen und ihn erst mal aus dem Sichtfeld der Warwara zu schaffen. Den Markus, der ziemlich erfahren mit Saufkotzen, dementsprechend unempfindlich ist und schon ganz pragmatisch mit Küchenrolle und Desinfektionsspray angetrabt kam, hat die Warwara mit einer unmissverständlichen Handbewegung gestoppt.»Nein, nein«, hat sie gesagt, ihm Küchenrolle und Spray abgenommen und dem Freddy mit den Fingern geschnippt,»das macht der Freddy. Ihr verschwindet JETZT.«

Da sind wir abgezogen, mit Sack und Pack.

Ziemlich unehrenhaft entlassen standen wir in der Parkanlage.

Es war ein Abend für Liebesschwüre, lau, mild, noch gar nicht dunkel, die Rosenbüsche dufteten und summten vor Insektenfleiß und eine unfassbar helle Halbmondschnitte prangte am Himmel. Ich dachte: Was hat dieser Mond nicht alles schon beschienen und erlebt – und jetzt also einen heimatundwirkstättenlos gewordenen Haufen Pseudoweltverbesserer.

»Das war's dann wohl mit Lettland«, hat der Benni gesagt als Schwachversuch, uns mit unserem Lieblings-Running-Gag ein bisschen aufzulockern. Da ist aber niemand drauf eingestiegen mit einem: »Tallinn liegt in Estland, du Pfosten«, selbst der Pawel nicht, der hat nur den Kopf gehoben und den Benni derart angeschaut, dass der Benni kapiert hat, dass die Betretenheit wirklich global war.

»Ja, das war's dann wohl mit Lettland«, hat der Basti gesagt, »Goodbye, Schnedelbach.«

»Mann, sterben doch eh alle!«, hat sich der Markus aufgeregt. »Warum müssen sie denn im Bett liegen dafür? Ist doch viel stilvoller, wenn einer beim Tanzen abtreten kann, oder?«

Das haben wir auch nur stumm be-hmmt.

»Und jetzt?«, hat die Charlie gefragt und plötzlich haben alle mich angeschaut.

Aber mir ist nichts mehr eingefallen.

Da hat mich die Zena plötzlich ganz fest umarmt und war auf einmal jemand, den man echt mögen könnte: »Sieh's mal so: Nur die richtig guten Partys enden mit Hausverbot.«

»Jau. Alles andere ist Kindergeburtstag mit Topfschlagen«, hat der Christoph gejohlt, sich über den nächsten Rosenbusch gebeugt und gediegen hineingekotzt. Und dann hat er vor lauter Kotzerei das Gleichgewicht verloren und ist in die Rosen hineingefallen. Da lag er und hat gekichert, obwohl er sich ganz schön an den Dornen aufgerissen hat, aber er fand es königlich witzig, wie wir uns mindestens zu zehnt bemüht haben, ihm da wieder hochzuhelfen.

31

»Was ist denn mit dir los?«

Die Suse hatte mich offenbar schon seit einer Weile beim Im-Risotto-Rumstochern beobachtet und jetzt unterbrach auch der Peter seinen Redefluss über die Unerträglichkeit junger Regisseure wie auch seine Parallelgeschäftigkeit in der Zubereitung der nachspeislichen Schokosoufflés und setzte seine Besorgtmiene auf. Peters Besorgtmiene geleitete meine Stimmung endgültig zur Abschussrampe. Es ist die Sorte Miene, mit der er nur die Suse ich-wäre-so-ein-guter-Vater-mäßig beeindrucken will und ich gar nicht gemeint bin. Aber ohne Peter hätte ich vielleicht gar nicht ausreichend Veranlassung gesehen, meinen Löffel entnervt ins Risotto fallen zu lassen und die Augen zu verdrehen. So gesehen gut, wenn ein Peter im richtigen Moment in seiner Küche steht und dreigängige Abendessen für einen zubereitet. Ich ließ also entnervt meinen Löffel ins Risotto fallen und verdrehte die Augen. »Kann ich nicht mal in Ruhe essen?«

»Aber du isst ja nicht!«, stellte der Peter fest und kniff ein Auge zusammen. »Was ist, rücken dir die Jungs zu sehr auf die Pelle?«

Das einzige männliche Wesen, das mir zu sehr auf die Pelle rückt, bist du. Hätte ich sagen wollen. Hab es aber doch nicht gemacht, erstens, weil es sich nicht gehört, wenn man in der Küche des anderen sitzt und sich bekochen lässt, zweitens, weil die Suse mit einem Abwinkwischer hin zum Peter schon das Wort übernommen hatte.

»Weißt du eigentlich«, sagte sie liebevoll und gleichzeitig ernst hinter ihrem Warteschleifen drehenden Risottolöffel, »warum Eulen so kluge Vögel sind?«

»Nein, warum«, stöhnte ich, aber ich stöhnte nur fürs Protokoll, mit ihren rhetorischen Fragen kriegt mich die Suse ja doch immer.

»Weil sie von Zeit zu Zeit ihr Gewölle hochwürgen.«

»Ihr was?«

»Ihr … sag mal, bringt man euch heutzutage wirklich gar nichts mehr bei? Ein Gewölle! Die Teile von ihren Beutetieren, die Vögel nicht verdauen können. Katzen übrigens auch nicht. Also Fellhaare, Knöchelchen, Mäusezähne, Rattenschwanz, all so was. Das sammelt sich erst fröhlich in ihrem Magen, und wenn ein respektabler kleiner Klumpling zusammengekommen ist, hockt sich das kluge Eulentier auf einen Ast und würgt und würgt und würgt so lange, bis ihm der Klumpling hochkommt.« Zur Veranschaulichung fing die Suse an zu würgen. Und würgte. Und würgte.

Der Peter beobachtete sie angewidert. »Suse!«, entfuhr es ihm tadelnd, als die Suse ihren pantomimischen Klumpling schließlich erfolgreich ins Risotto kotzte.

Aber die Suse ignorierte ihn. »Also sei ein kluges Eulentier und spuck aus, was dir schwer im Magen liegt!«

»Aber bitte nur im übertragenen Sinn«, fügte der Peter an.

»Ja, bitte nur im übertragenen Sinn«, flötete die Suse, »dieser Pellenrücker hier ist nämlich direkter Nachfahre und Al-

223

leinerbe der Herrn von und zu Knigge und deswegen nur zart besaitet.«

»Ich bin eben einfühlsam. Wenn ich jemanden kotzen seh, muss ich mitkotzen vor lauter Mitgefühl, da kann ich nichts machen. Aber einfühlsame Menschen sind dafür auch exzellente Ratgeber.« Er sah mich auffordernd an.

Die Suse nickte und sah mich auch auffordernd an.

Ich sah die beiden an. Und entschied, dass sie mich mochten. Und wenn einen jemand mag, dann muss man ihm auch die Gelegenheit geben, dich auch dann noch zu mögen, wenn du in Tiefseetrouble bist.

Also erzählte ich.

Ich erzählte von der Finja und wie gut alles angefangen hatte. Ich erzählte von den Klassenkameraden, die plötzlich wirklich Klassenkameraden waren, und vom Blumenbeetanlegen und vom Gemüseziehen und vom Strudelunterricht und der Lateinnachhilfe, vom Vorlesen, vom Café-Kleiber-Pfad und vom Marinedrill, von den Bridgerunden, von der Textilen Einsatztruppe und vom Überläufer Freddy. Und dann erzählte ich von den verschwundenen Perlen der Insunza und von der Presswurst und davon, wie der Christoph auf die Idee kam, die Schlaftablettenrationen abzusetzen und stattdessen einen Tanztee einzuführen. Und dass das Ganze etwas ausgeartet war, weil sich der wilde Herr Greulich für Michael Jackson gehalten hatte und deswegen jetzt nur um Haaresbreite *nicht* mit dem King zusammen im Pophimmel hockte und chillig Gitarrenriffs oder den dreifach getigerten Hüftschwung übte. Was alles vielleicht noch vertretbar gewesen wäre, wenn der Christoph seine Mageninhalte besser unter Kontrolle gehabt hätte. Was man ihm aber nicht wirklich anlasten konnte, weil er sich fürs Weltverbessern eingesetzt hatte wie kein Zweiter. Aber dass wir jetzt trotzdem alle und vor allem das Pflegeheimbesuchen ziemlich im Verdauungsendprodukt saßen, um es mal mit Rücksicht aufs Risotto kanauerisch zu formulieren. Weil die Warwara erwägte, uns anzuzeigen, und nebenbei, die Presswurst auch, aber bei der wussten wir nicht, warum genau, weil ihr Vater ist schließlich volljährig und kann sich besaufen und in die Hosen kacken, so viel er will. Sagt er zumindest.

»Na, na, na, angezeigt wird hier nicht«, sagte der Peter beschwichtigend.

»Du kennst die Schwester Warwara nicht«, meinte ich nur, »die bringt das fertig.«

»Ist der Papa vom Christoph nicht Rechtsanwalt?«, fragte die Suse.

»Ist er«, knurrte ich, »aber falls du denkst, dass er uns oder auch nur den Christoph raushaut: Systemfehler. Der ist so sauer auf die ganze Weltverbesserung und speziell die Gartenparty, dass er den Christoph sogar von der Schule nehmen und ins Internat stecken will. Dem wär's noch recht, wenn der Christoph ins Gefängnis käm'!«

»Blödsinn«, sagte der Peter, »niemand geht hier ins Gefängnis. Und schon gar nicht wegen der Weltverbesserung.« Er zückte sein Handy. »Ich kenn zwar diese Betschwester Fidirallala tatsächlich nicht, aber ich entnehme deiner Schilderung, dass es sich bei ihr um eine Person des weiblichen Geschlechts handelt. Und was Rechtsanwälti betrifft«, er blickte sich vergewissernd die Suse an, »ist das dieser Fellner, der auch im Stadtrat sitzt?«

Die Suse nickte grimmig.

»Das war doch der«, redete er parallel weiter, während er in seinem Handy herumsuchte, »der bei der Stadtplatzsanierung gegen die Begrünung gestimmt hat? Weil er das Rascheln von Herbstlaub für eine akustische Zumutung hält? Unsympath!« Er hatte offenbar die Nummer gefunden, die er gesucht hatte. Er wählte, horchte, fragte noch vage in Richtung Suse: »Kandidiert der nicht auch für den Landtag?« Und rief dann: »Sybillchen, meine störrische Bergziege!« Offenbar bekam er eine ähnliche Erwiderung, denn er lachte fideliös, bedeutete der Suse, sie solle die Soufflés bekümmern, und ging zum Weitertelefonieren aus der Küche.

»Was macht er denn jetzt?«, fragte ich irritiert.

»Er lässt seine Kontakte spielen«, sagte die Suse schlicht und schob zufrieden die Schokosoufflés in den Ofen. »Der Peter hat wirklich ausgezeichnete Kontakte.«

»Und was machen diese ausgezeichneten Kontakte?«

»Die kraulen die Warwara und auch den Fellner so lange unterm Kinn, bis sie zu schnurren anfangen. Merk dir, Mäusezahn: Jeder Mensch hat eine Schwachstelle. Und bei den meisten ist es ihre Eitelkeit.«

32

Es stellte sich heraus, dass Sybille, die störrische Bergziege, tatsächlich ein Tier war, und zwar ein hohes, sie war nämlich kulturressortleitende Redakteurin bei der *Allgemeinen Zeitung**. Allerdings hatte sie kaum Ähnlichkeit mit einer Bergziege, auch nicht im Profil. Sie sah eher ziemlich gut aus, blondiert und rosig und wohlduftend, als ob sie morgens immer mit trällerguter Laune aufstehen würde und mit dem unbedingten Entschluss, das Leben selbst dann zu genießen, wenn es mal eckig war. Sie kam zusammen mit einem herb männlichen Wesen in einem knatternden roten VW-Käfer angefahren, sprang aus dem Wagen, streckte ihren langen Yogakörper und rief fröhlich:»Das nächste Mal nehmen wir wieder mein Auto, Uderzo, damit das klar ist! Dann brauchen wir auch nicht drei Stunden, sondern vielleicht nur 'ne halbe.«

Man spürte sofort eine gewisse Brise vom Leben in einer Stadt, in der die Uhren etwas schneller ticken als bei uns, ach was, in der die Uhren überhaupt nicht mehr ticken, weil sie alle digital laufen.

Uderzo, das herb männliche Wesen, zwei Kopf kleiner als

---

* Nur schnell was zur *Allgemeinen Zeitung*, damit die sybilliöse Bedeutung auch ja in ihrer ganzen Reichweite ermessen werden kann: Die *Allgemeine Zeitung* ist nicht irgendein Lokalmagazin, in das man hierzulande Steckerlfisch einwickelt, sondern ein Blatt, das man kniefälligst zurate zieht, wenn man überregional informiert und über die gesellschaftlichen Entwicklungen des Landes auf dem Laufenden gehalten sein will.

Sybille, schälte sich aus dem Auto, kniff sofort die Augen zusammen und blinzelte finster in den Himmel. »Scheiße«, stieß er voller Inbrunst aus, »Sonne.«

»Ja, ja, ja«, winkte die Sybille munter ab, »wir fangen eh drinnen an und bis später zieht's noch zu!« Da entdeckte sie uns, den Basti, den Pawel und mich, die wir uns am Schultor postiert hatten, um der Sybille ein freund-und-willkömmliches Geleit ins Klassenzimmer zu bereiten.

»Huhu!«, rief sie, begeistert winkend. »Ihr seid sicher meine Weltverbesserer!«

Ich mochte sie sofort. Sie schüttelte uns obelixmäßig die Hände und sah uns tiefblau in die Augen, als gäb es Dinge dort zu lesen, die wahrhaft interessant waren. Offenbar war sie schon im Arbeitsmodus: Jede Regung, jedes Wort von uns wurde aufgesogen, um fein säuberlich einem Gesamteindruck hinzugefügt und später, nach Bedacht der Farbwahl, ihrer Reportage eingewoben zu werden.

Uderzo stellte sie uns als den Fotografen vor, woraufhin der nur grunzte und grummelte und brabbelte und Stative und Kurataschen aus dem Kofferraum hievte und sie, ohne zu fragen oder zu bitten, dem Pawel und dem Basti überhalf (immerhin nicht auch noch mir!).

Sybille sagte so laut, dass Uderzo es hören konnte: »Uderzo ist immer etwas grumpy, wenn die Sonne scheint, das muss man ignorieren. Nach dem Mittagessen wird's meistens besser.«

Auch daraufhin grunzte und grummelte und brabbelte Uderzo nur und scannte die Umgebung, als wären wir in dieser Umgebung nicht vorhanden.

Der Pawel senkte die Stimme: »Was hat das mit der Sonne zu tun? Ist er Vampir oder warum?«

Die Sybille lachte auf, so laut und keckernd, dass vor meinem geistigen Auge jetzt doch kurz ein Bergzicklein über Gebirgsfelsen sprang. »Nö. Zumindest nicht, dass ich wüsste. Aber direktes Sonnenlicht ist schlecht für die Fotos. Wegen Belichtung, Schatten unter den Augen und Pipapo. Fragt nicht: Er macht *Kunst*. – Wo geht's denn jetzt in eure Klasse?« Also sind wir hin.

Die Grinsinger machte ein Gesicht, als hätten wir sie nackig und mit Playboy-Bunny-Öhrchen in ein Fass voll Sauerkraut gesetzt und würden jetzt der Reihe nach Thumbs-up-Selfies mit ihr machen. Sie musste den Tag, an dem sie unsere Klassenlehrerin geworden war, gehörig verfluchen. Steif und gepudert wie ein zahnstochergespießter Nachtfalter stand sie neben dem Kopetzki, der wie ein kleiner Zirkusdompteur mit geschwellter Brust auf und ab schritt und gleichzeitig sein eigener dressierter Zirkuspudel war, artig und mit sabbernder Hängezunge Kunststückchen machte, um bei der Sybille Eindruck zu schinden. Er erzählte hochglanzprospektlich, was er gerne von sich und seiner Vorzeigeschule in der Zeitung lesen wollen würde. Die Sybille nickte und nickte, aber an der Art, wie sie sich während des Zuhörens unauffällig umsah und uns andere beobachtete, merkte ich, dass sie sich schon längst ihre eigene Story bastelte.

Als der Kopetzki anfing, sich zu wiederholen – also nach ungefähr drei Sätzen – hakte die Sybille eine Frage an die Grinsinger ein: »Und was sagen Sie zum Weltverbessern?«

Die Grinsinger räusperte sich mit einem Gesichtsausdruck, als hätte sie eine Klobürste im Hals. Dann sagte sie mit ihrer unnachahmbaren Art, das Kinn hochzuheben und nur durch die Nüstern zu sprechen, was sie schon zu Hause vorm Spiegel vorbereitet haben musste: »Es ist bedenklich und ein Zeichen der Schieflage unseres Bildungssystems, dass alle aus dem Häuschen geraten, wenn Heranwachsende – wohlgemerkt: Heranwachsende! – ein Pflegeheim usurpieren, statt sich ihrer schulischen Ausbildung mit dem Eifer und der Dankbarkeit zu widmen, die sie dem Steuerzahler schulden. Dies ist die schlechteste 8. Klasse, die ich in meiner bisherigen Schullaufbahn als Oberstudienrätin erlebt habe, und es stünde ihr besser an, sich an die Mathe- und Lateinhausaufgaben zu setzen, statt in Pflegeheimen die Arbeit zu übernehmen, die man dort aufgrund notorischer Unterbesetzung und Unterbezahlung des Fachpersonals nicht zu leisten imstande ist – auch dies eine Schieflage, die unser Staat sehenden Auges ignoriert!«

»Äh … ja«, sagte die Sybille und kontrollierte ihr Diktiergerät, wie um sich zu vergewissern, dass sie diese Skandalaussage auch tatsächlich zitierfähig im Kasten hatte, »das ist wirklich sehr interessant, aber wir machen eine Themenreihe zu ›Würdevoll Altern‹, nicht zur PISA-Studie, die PISA-Studie hatten wir grad.«

Die Grinsinger klappte ihren Barschmund zu und presste die Lippen bis zur Nichtvorhandenheit aufeinander. Ganz offensichtlich tat sie dies zum Schutz der Sybille, andernfalls wäre sie wohl zur Boa Constrictor geworden und hätte die Sybille erst unzerkaut verschluckt und dann wochenlang verdaut. »Aber die Schieflage«, japste die Grinsinger durch die zusammengezwickten Kiefer hindurch, »die Schieflage!« Die Sybille lächelte verbindlich. »Die Schieflage wird auf jeden Fall erwähnt!« Dann schaute sie mit formvollendetem Liebreiz auf ihr Handydisplay und rief: »Oh, ich muss los, ich bin zum Lunch verabredet! Frau Grinsingähhh … Frau Griesinger, Herr Kopetzki, vielen Dank für dieses unterhaltsame Interview. Und euch treff ich pünktlich um fünfzehn Uhr dreißig vorm Pflegeheim, all right?«

»All right«, riefen wir 8b-linge einstimmig und mit einem kleinen Klassenfahrtsgefühl in der Schülerbrust und schon war die Sybille mit dem maulwurfigen Uderzo im Schlepp zum Lunch mit dem Peter abgezwitschert.

Der Kopetzki hat der Grinsinger einen Ich-pluster-mal-die-Backen-auf-bevor-ich-was-sage-Blick zugeworfen – wobei unklar blieb, ob er wegen der Sybille oder wegen der Grinsinger oder vielleicht auch nur aufgrund einer genetischen Disposition zum Kugelfisch werden musste. Dann hat er sich mit der Hand über die schweißglänzende Glatze gestreichelt und ist, erschöpft von seiner Pudelnummer, davongestakst.

»Was für eine Panflöte«, hat der Basti geflüstert und ich hab genickt, »wird Zeit, dass die Muhbalk endlich Direx* wird.«

Die Grinsinger hat, kaum dass der Kopetzki die Tür hinter sich geschlossen hatte, natürlich wieder einen Klassiker

---

* Ja, bei uns an der Schule hat man einen Hang nicht nur zu Sätzen, sondern auch zu Abkürzungen mit x. Ein Direx ist bei uns schlussfolglich ein Direktor.

hingelegt. Nach der sybillösen Demütigung war das ja auch irgendwie zu erwarten gewesen: »Hefte raus! Benotete Übungsübersetzung. Für die Spitzfindigen unter Ihnen, bevor wieder die Diskussion losgeht: nennen Sie's *schriftliches Massenausfragen*.«

Ich glaube, man hätte auf der Grinsinger ein Spiegelei braten können, so gekocht hat sie innerlich. Aber wir hatten so viel Sybillenschimmer getankt, wir haben, ohne der Grinsinger ein Wimmern oder Flehen oder auch nur einen winzigen Beschwerdemucks zu gönnen, erst unsere Hefte und dann unser perlingerpoliertes Übersetzungskönnen rausgeholt und waren durch die Bank ein einziges Was-juckt's-die-stolze-Eiche-wenn-sich-die-Wildsau-an-ihr-reibt.

23

Was das Unterm-Kinn-Kraulen betraf, schien die Grinsinger gehörig resistent zu sein (was sie ja fast schon wieder sympathisch machte*). Aber auf sie hatten wir es bei unserem medial-genialen Feldzug ja auch gar nicht abgesehen, sie war nur ein Scharmützelschauplatz auf dem Durchmarsch hin zur Warwara. Und was die bloße Ankunft der Sybille aus der Schwester Warwara gemacht hatte, war tatsächlich ein kleines Marienwunder. Wobei der Schwester Warwara wohl weniger die Heilige Jungfrau Maria auf freiem Felde als vielmehr ein gutes Vorher-Nachher-Tutorial auf Youtube erschienen war. Jedenfalls war sie fast nicht wiederzuerkennen. Abgesehen davon, dass sie ihren Drahthaaren offenbar eine Intensivkur verabreicht und auch mal einen Fön benutzt hatte, abgesehen davon, dass sie etwas Lippenstift und Rouge aufgetragen hatte, was ihrem sonst so wasserleichenblassen Aufgedunsgesicht direkt etwas Charme verpasste, abgesehen davon, dass sie im Stehen jetzt immer Heidi-Klum-mäßig ein Bein vor das andere schob und ihre Handflächen keck auf den Oberschenkeln ablegte – ja, abgesehen davon kannte sie uns plötzlich alle mit Namen. War unglaublich freundlich. Legte, wenn Uderzo sein Objektiv auch nur antäuschweise zückte, einem von uns, der gerade in

---

* Ich sagte: *fast.*

Reichweite war, wie zufällig ihre Hand auf die Schulter, während sie karamellisierte Sahnesätze von sich gab: »Ohne das unerschütterliche Engagement dieser Schüler wäre die außergewöhnliche Betreuung unserer Heimbewohner gar nicht möglich«, oder: »Jeder kann seine Ideen einbringen und dann entscheiden wir gemeinsam, was machbar ist und was nicht«, oder: »Wir sind mit diesem Konzept Vorreiter in unserer Region, wenn nicht sogar in ganz Deutschland.«

Und das aus dem Munde genau der Person, die uns letzte Woche erst das kollektive Hausverbot erteilt hatte! Sie wurde nicht mal rot dabei. Hätte der Peter uns nicht zuvor in seinen perfiden Plan eingeweiht, ja, hätte er die warwarasche Verwandlung nicht eins zu eins vorhergesehen und uns entsprechend unsere Rollen zugeteilt, ich wäre vermutlich vor Empörung splitterbömblich explodiert. So aber lächelte ich nur fotogen und überließ der Schwester Warwara zur Schmückung die fremden Federn, die sie uns praktisch eine nach der anderen und ohne zimperlich zu sein mit jedem ihrer Ich-bin-ja-neuerdings-so-dafür-Statements vom Bürzel rupfte.

Peters Plan war aufgegangen: »*Charity, Merity, Publicity* sind wirksam bei *Stupidity*.«

Aber so stupid war die Warwara gar nicht.

»Minna, kommst du nachher mal bitte zu mir ins Schwesternzimmer?«

»Klar. Äh, ich allein?«

Die Warwara musterte mich von oben bis unten. »Auch wenn man mir das bei meiner Leibesfülle vielleicht nicht ansieht: Ich bin Vegetarierin.«

»Bitte?«

Sie verdrehte die Augen. »Das heißt: Ich fress dich schon nicht.«

»Kriegt sie etwa Humor?«, wunderte sich der Basti, als die auf gut gelaunt gekrempelte Warwara wieder verschwunden war. »Pass auf, jetzt werdet ihr noch best friends!«

»Der Posten ist leider schon besetzt«, seufzte ich bekümmert und legte ihm den Arm um die Schulter, »und wenn sich der Betroffene weiterhin so anstellt, ist es eine Anstellung auf Lebenszeit!«

»Wir warten jedenfalls«, versprach die Finja und der Christoph sagte beide-Daumen-drücklich: »Toi, toi, toi.«

34

Unter den vorpflegeheimlichen Kiefern im Schatten lagerte meine Klasse, zumindest der Teil, der auf dem Weg ins Schwimmbad war und solidarisch entschieden hatte, nachwarwaralich noch auf mich zu warten, und starrte mich nebenspurlich an, als ich völlig zerknirscht und niedergeschmettert vor ihnen stehen blieb. »Es ist vorbei«, sagte ich stockend und die anderen kapierten gar nichts mehr, weil doch die Sybille und die Warwara so himmlisch gewesen waren – zumindest jede auf ihre Weise.

»Was ist vorbei«, fragte der Pawel, »die Warwara hat doch …«

Aber da musste ich schon lachen. »Sie ist mit im Boot, wir sind mit im Boot, alle sind im Boot, sogar die Bürgermeisterin und die EU!«

Da rief die Finja gespielt stöhnend: »Leute, Achtung: ihre Eltern sind am *Theater!*« Und alle waren erleichtert und auch ein bisschen stolz auf unsere Medientauglichkeit.

Dann habe ich berichtet, dass die Warwara unsere Offensive sehr wohl durchschaut, sie aber zur Flucht nach vorne genutzt hat, weil sie letzte Woche, nach unserer Rauskatapultierung, eine intensive Insgebetnahme mit dem Schnauzarzt gehalten hatte – oder vielmehr er mit ihr. Und der habe ihr nicht nur noch mal den Zwischenstand der wirklich verbesserten Gemütszustände der Aktivbewohner begründet dargelegt, sondern auch die Idee gehabt, aus dem Sankt Blasius ein Vorzeigepflegeheim der generationsübergreifenden und innerstädtlichen Interaktion zu machen. Und dann hätte er ihr gleich noch verschiedene Fördertöpfe auf lokaler wie auch auf Landesebene schmackhaft gemacht, wobei man auf Letzterer zwar ein bisschen langsamer mahle, aber zumindest unsere Bürgermeisterin sei bei dieser Idee schon hinundweglich mit dabei. »Und dann hat sie sich tatsächlich entschuldigt. Und sich bedankt. Und uns die gemeinsame Sache angetragen.«

Da waren sie still. Dann hat der Pawel gemurmelt: »Heiliger Blasius Seimituns und halleluja«, und irgendwie hat er es damit mal wieder auf den Punkt gebracht.

Und dann sind wir alle ins Schwimmbad. Und das war noch so eine Sache: Seit wir im Schwimmbad alle auf einem Haufen zusammen lagen und nicht mehr, wie letztes Jahr noch, vereinzelt und feindgräblich versprengt, machte die Schwimmbaderei überhaupt erst so richtig Spaß – auch wenn der Markus noch immer doofe Sprüche klopfte und die Hauchesylvie noch immer nicht die Plaudergranate war, mit der ich ins geistreiche Diskutieren gekommen wäre, und auch bei der Djamila zieht man ertragreicher Regenwürmer aus Permafrostboden als ihr ein Wort aus der Nase, aber an die Merle konnte man sich beim Volleyballspielen ganz hervorragend annähern und auch an die Cosi, die überraschenderweise doch ganz freundlich war, wenn sie auch für meinen Geschmack ein bisschen viel glockenhell lachte und die Augen aufschlug, sobald der Pawel mitspielte.

Und wo hier die Warwara und überhaupt alle so dabei waren, sich zu mausern, oder, um es mit dem Deutsch-Pletzinger zu sagen, im höchstgoethischen Sinne zu erblühen und nach dem Höheren, der besseren Version ihrer selbst zu streben, hab ich auch mal ein kleines Sekündlein darauf verwendet, die aktuelle Version meiner selbst in Hinblick auf den Peter einer kleinen Inventur zu unterziehen. Vorhanden im relativ leeren Regal der Drogerie meiner Gefühlsäußerungen waren da nämlich hauptsächlich: Abwehrspray, Ätzmittel, Kopfwäsche, Niespulver, Ohrstöpsel, Isoliertape. Vielleicht war es an der Zeit, die Regale mit all den Produkten aufzufüllen, die auch meinen Freunden zur fröhlichen Selbstbedienung zur Verfügung standen. Ich könnte zumindest mit einem »Danke schön« anfangen. Das ist ja im Preis-Leistungs-Verhältnis recht *dankbar*. Meistens.

Also bin ich auf dem Weg ins Schwimmbad noch schnell im Theater vorbei, weil ich wusste, dass heute Woyzeck* spielt und der Peter um diese Uhrzeit bereits in der Maske sitzt, genau wie die Suse, die allerdings im Gegensatz zum Peter keine Glatze auf die Locken und falsche Achselhaare geklebt, sondern eine langhaarige Rotmähne aufgesetzt bekommt.

Ich mag die Maske. Wahrscheinlich ist sie mein Lieblingsort im Theater. Wenn die Schauspieler in ihren Bademänteln vor

---

* Für alle in der Dramenliteratur weniger Bewanderten (ohne jemandem irgendwas unterstellen zu wollen): Der Woyzeck ist kein Schauspieler an unserem Theater, sondern die Hauptfigur eines ziemlich grandiosen und gleichnamigen Theaterstücks von Georg Büchner. (Wer zu faul zum Inhalt-Googeln ist: Erbsen, Bitch, Stimmen, Messer, Mord. Ha. Wikipedia kann einpacken.)

238

den beleuchteten Spiegeln sitzen, mit dicken Quasten und Schwämmen geschminkt werden und nach und nach aus dem bekannten Gesicht ein mieser Widerling wird, oder ein geschleimter Lackmonsieur, oder ein lebensmüder Graugram, ein kalkweißer Konturenmensch, ein feister Lebemann … Ich könnte den ganzen Tag nur dabeisitzen und zusehen, was in einem Mensch alles drinstecken kann, wenn man nur weiß, wie man es hervorhebt … Vielleicht mag ich die Maske auch deshalb so sehr, weil ich hier so viel Zeit verbracht habe, als ich klein war, wenn die Suse und der Papa beide in der Probe oder bei der Vorstellung waren und irgendjemand auf mich aufpassen musste. In der Maske wird gelöst plätschernd geplaudert, weil die Schauspieler hier wie beim Friseur sitzen, ein anderer lernt noch Text, während er besprüht und bepinselt wird, irgendjemand knüpft an einer Perücke weiter und es duftet nach Kaffee und Rosinen und Hefezopf. Wie oft mich Grischa, der Chef der Maskenbildner, oder Anita, die alle-Seelen-versorgende Hefezopfbackende, schon auf den Drehstuhl gesetzt und gefragt haben: »Na, kleine Minna, wer willst du sein?«, bevor sie an mir mit ihren sanften Stiften und Pudern und Tuben zu malen anfingen, kann ich gar nicht zählen. Jedenfalls so oft, dass sie einen ziemlich großen Raum in genau der Herzecke einnehmen, in der die persönlichkeitsformenden Schönerinnerungen aufgehoben werden.

Es war auch Grischa, der mich mit einem Aufblitzen in den Augen zuerst begrüßte, wobei er nur in den Spiegel blitzte, da er gerade die einzelnen Strähnen der Suse zu fixiergesprühten Schnecken drehte: »Die Minna«, singsagte er durch die zusammengepressten Lippen, in denen ein Strauß Haarnadeln klemmte, und alle schauten auf und in die Spiegel, damit sich unsere Blicke zur Begrüßung treffen konnten, und singsagten chorisch mit derselben Betonung, als wäre es eine Regieanweisung: »Die Minna.« Dieses Über-Bande-Sprechen und Einen-nur-über-den-Spiegel-Anschauen ist auch etwas, wovon ich in der Maske nie satt werde. Vielleicht fühl ich mich deshalb hier so geborgen, weil durch die vielen Spiegel alle miteinander verbunden sind und sich trotzdem die Rücken zuwenden. Wer dir den Rücken zuwenden kann, vertraut dir. Und wer dir den Rücken zuwendet und dich trotzdem ansieht beim Sprechen – ich weiß nicht, das muss irgendwie die Steigerung oder ein menschgewordenes Zuhause sein. (Nur beim Knarz funktioniert das komischerweise nicht, der hat Aurasperre, der ist vorne wie hinten ein Brett.)

Peter saß vor seinem glühbelampten Spiegel, hatte den Text vor sich, den er offenbar gerade mit der Suse durchging, während er strichweise zum kajalverlebten Hauptmann wurde.

»Dein Plan ist voll aufgegangen«, sprudelte ich strahlend und berichtete von der zur Medienikone gewordenen Warwara, den Ambitionen der Bürgermeisterin und überhaupt: der großartigen Sybilligkeit.

Der Peter grinste: »Jaja, die Sybille. Die weiß, wie's geht.«

»Du weißt es aber auch«, sagte ich und fragte die Anita, die gerade mit dem Ankleben seines Bartes beschäftigt war, indem ich auf seine noch bartfreie Gesichtshälfte deutete: »Darf man dieser Seite hier einen Schmatzer geben?«

Die Anita checkte mit einem kurzen Blick, ob ich auch ja keinen Lippenstift trug, und nickte dann kurz, resolut und gutmütig. Und als ich dem Peter mit einem »Danke« den Schmatzer auf die Wange drückte und wieder aufsah, erwischte ich im Spiegel noch so eine Historischer-Moment-Verständigungs-Augenpaarkreuzung zwischen dem Peter, der Suse, dem Grischa und der Anita, dass ich urplötzlich kapierte, dass die Suse vielleicht nur meinetwegen immer behauptet, dass zwischen ihr und dem Peter nichts sei. Und da nahm ich mir hochheilig vor, nicht mehr jemand zu sein, auf den man Rücksicht nehmen musste, weil er in der Pubertät oder auf andere Weise unberechenbar war.

Der Peter hat, weil er Stratege ist, den historischen Moment gleich genutzt, um zu verkünden, dass die ganze Angelegenheit also zu vollster Zufriedenheit verlaufen sei und man diese Zufriedenheit doch feiern könne, indem man am Sonntag gemeinsam, er, die Suse und ich, in die Berge wandere und auf der Huberhütte Germknödel speise. In der prähistorischen Zeit hätte ich jetzt die Augen verdreht und mich über die Fadigkeit des Bergwanderns ausgelassen. Heute sagte ich: »Yeah, Germknödel«, und dann, weil auch mir ein durchaus historischer Gedanke kam: »Kann die Finja mitkommen?« (Der Basti hat sonntags immer unantastbaren Familientag, aber mit der Finja als Wandergenossin würde so eine Bergbesteigung garantiert auch unterhaltsamer werden als allein mit zwei turtelnden und sich an jeder einzelnen Glockenblume ergötzenden Erwachsenen.)

»Klar«, sagte der Peter nur und wollte sich spiegelblicklich mit der Suse rückversichern, die aber tat so, als hätte sie gar

241

nicht richtig zugehört, und versenkte ihren Blick in ihren Text, bevor er zu komplizenhaft werden konnte. Ich sah aber, wie sie sich freute – und das freute mich wiederum so sehr im Bauch, dass ich auch noch zu ihr rüber bin und ihr, weil sie schon geschminkt war, nur einen Flugkuss gegeben und gesagt hab: »beste Mama der Welt.« Und da musste sie aber endgültig lachen und hat in den Spiegel gesagt: »Jetzt übertreibst du!«

»Du hast recht«, hab ich in den Spiegel gesagt, aufgedreht von der heiteren Stimmung, die ich offenbar verbreiten konnte, »beste Mama *dieser* Welt. Immer schön bescheiden bleiben.«

»Hau schon ab ins Schwimmbad«, hat sie gelacht, die Suse, »ich kann jetzt nicht glücklich sein, ich muss mich auf mein bitteres Scheißleben konzentrieren und auf meinen Typen, der nichts als Erbsen frisst und mich in elf Aufzügen erstechen wird!«

Der Grischa zwinkerte mir zu.

»Ach, sag noch schnell: Was ist mit dem Christoph und dem Internat?«

Ich zuckte die Achseln. »Vorerst Entwarnung. Der Christophpapa ist die nächsten acht Wochen in Kalifornien auf Projekt.«

35

»Jetzt können wir's gleich vergessen.«

»Was ist denn passiert?«

»Was passiert ist? Och, nur das Ende von Lettland, nichts weiter.«

»Schon wieder?«

»Tallinn liegt in Estland, du Pfosten!«

»Mir doch egal, wenn wir eh nicht hinfahren!«

Als wir Mädels leicht vernachzügelt vom Sport in Englisch eintrudelten, war unsere bessere Hälfte offenbar schon in Bierzeltstimmung – aber nicht in der schunkelnden mit Hopsassa, auch nicht in der auf-den-Tischen-tanz-und-grölenden, sondern schon in der fünf-Minuten-bevor-der-erste-Bierkrug-fliegt. Mittendrin stand die Muhbalk, zippelte aufgeregt an ihrem Kettchen und versuchte, mit pädagogisch zarten »Meine lieben Kinder« gegen die hochgeschaukelten Stimmbruchstimmen unserer Jungs anzukommen.

»Der Kanauer will uns reinreiten!«, hat irgendjemand aufgebracht gerufen.

»Quatsch doch nicht so einen Tintenfischblubber«, hat jemand aufgebracht zurückgerufen, »der Kanauer will uns in überhaupt nichts reinreiten, wieso sollte er?«

»Genau! Das war ja nicht die Entscheidung vom Kanauer, dass er die Grinsinger nimmt! Er hat nur bestimmt, dass ein Lehrermensch aus dem Lehrerkollegium mit in der Jury

243

sitzt! Und jetzt ist das eben die Grinsinger und Tallinn ist damit im Eimer. Face it.«

»Das muss ich nicht facen! Das liegt daran, dass sein Sohnemann hier bei uns in der Klasse sitzt.«

»Ruhe!«, hat da aber plötzlich die Muhbalk gebrüllt, dass alle sofort so still waren vor Erstaunen, als hätte sie ihnen den Stecker gezogen. Die Muhbalk hat gezittert vor Wut. »Das möchte ich nicht noch ein einziges Mal hören, Egon, hast du mich verstanden. Ausgrenzung gibt es bei mir nicht. Und erst recht keine Sündenböcke. Du entschuldigst dich.«

Der Stiebereder ist flammrot geworden im Gesicht und es war klar, dass er lieber seine eigene Unterhose mit Besteck und ohne Ketchup gegessen hätte, als sich beim Basti zu entschuldigen. Aber er hat ziemlich schnell eingesehen, dass nicht nur die Stille, sondern auch die Muhbalk auf Dauer empfindlich unangenehm werden würde, und da hat er sich beeilt, kleinlaut ein »Entschuldigung« zu krächzen. Der Basti hat sich beeilt, generös »Schon okay« zu sagen.

Und da hat die Muhbalk das Kettezippeln wieder aufgenommen, als wär nie was gewesen: »Jetzt setzen sich alle Mädchen erst mal hin und die Buben (sie sagt immer Buben zu den Jungs) setzen sich auuuuch wieder hin.« Dann hat sie uns Mädels auch noch einmal offiziell und wieder in ihrer normal liebruhigen Muhbalkart über die Zusammensetzung der Jury informiert, die die Kanauer AG heute pressemitteilungslich verkündet hat, hat bestätigt, dass in der fünfköpfigen Jury tatsächlich die Frau Griesinger als Vertreterin der Lehrerschaft sitzen würde und dass per Satzung die Entscheidungen der Jury nur einstimmig getroffen werden

244

könnten. Jetzt erst haben auch wir Mädels das ganze Ausmaß der Verheerung begriffen und waren dementsprechend sprachlos.

»Und warum sitzen Sie dann nicht in der Jury?«, der Hubsi war sogar wieder aufgesprungen vor lauter Ungerechtigkeitsgefühl. »Als Vertreterin der Lehrerschaft? Mann, Sie sind Konrektorin! Das ist doch voll der Verrat, dass Sie nicht in der Jury sitzen!«

»Mein lieber Hubert«, hat die Muhbalk mit Deeskalationsstimme gesagt, »ich kann ganz genau erklären, warum ich nicht in der Jury sitze: Ich könnte mich nicht entscheiden. Ich finde alle Weltverbesserungen einfach großartig, ich bin richtig stolz auf euch. Auf euch alle. Und das trübt mir den Juryblick. Deswegen ist es ganz gut, dass die Frau Griesinger in der Jury sitzt. Man kann nicht sagen, dass sie für einen Schüler parteiisch wäre – da sie, bei allem Respekt, von Parteinahme wenig bis gar nichts hält – sie lässt sich da, sagen wir mal, von ihren Sympathien nicht so mitreißen, wie ich das tun würde. Die Frau Griesinger wird also nach rein sachlichen Gesichtspunkten ihre Wertung treffen. Und das ist doch, meine lieben Kinder, auch eine Errungenschaft der französischen Revolution, eine Errungenschaft, an der wir festhalten wollen: die Unparteilichkeit unserer Richter! Die Justiz ist blind und soll es bleiben.« Damit hat sie das kleine Goldkreuz von ihrem Kettchen irgendwie feierlich auf ihrem Dekolleté abgelegt und das war fast, als hätte sie »Amen« gesagt.

Wir haben das aber nicht als »Amen« aufgefasst.

»Aber genau das ist es ja!«, haben wir gerufen, durcheinander und doch an einem gemeinsamen Strang der Empörung ziehend. »Die Grinsinger ist ja nicht blind!« – »Es ist die Frau *Griesinger*, lieber Timo, bitte Respekt vor dem Kollegium« – »Griesinger, mein ich doch!« – »Jeder weiß, dass die Grinsinger, äh, die Griesinger das Weltverbessern hasst!« – »Weil es uns vom Lernen abhält!« – »Und uns hasst sie besonders! Weil der Kopetzki seinen Vorzeigeschnitt mit uns nicht halten kann und ihm dann die Fördergelder flöten gehen, und die Grinsinger sagt, das liegt an uns und nicht an ihr!« – »Dabei macht sie einfach nur grottigen Unterricht! Wir sind doch nicht lateindebiler als die d-Klasse!« – »Die Grinsinger würde lieber in einem Haufen Hundekacke barfuß Kneippkur machen als uns ihre Stimme geben!« – »Da können wir's auch gleich sein lassen!« – »Ja, jetzt haben wir eh keine Chance mehr!«

Da ist plötzlich der Markus aufgesprungen von seinem Stuhl: »Ey, seid mal still alle!«, hat er gebrüllt, und zwar gorillagebrüllt, sodass wir uns alle verwundert nach ihm umgedreht haben, was er denn jetzt auf einmal hat. »Ey«, hat er noch mal angesetzt und dann noch einmal: »Ey«, und da war klar, dass er das, was er gleich sagen wird, für genial und weltbedeutend hält, so sehr, dass er nicht gleich damit rausrücken kann, weil die Erkenntnis so ungewohnt groß ist für sein Hirn: »Ey! Scheiß drauf!«

»Jau«, haben ein paar gerufen und höhnisch geklatscht, »das war mal echt 'ne Ansage.«

»Nee, ey, wartet, das mein ich nicht«, hat der Markus gesagt und ich hab gemerkt, dass es ihm nur deshalb nicht so leicht und mackermäßig rausflutschte, weil es ihm wirklich wichtig war: »Wir werfen jetzt nicht das Handtuch. Weil's hier ums Weltverbessern geht. Und nicht ums Gewinnen. Fahren wir halt nicht nach Lettland. Scheiß drauf! Ich werd die Perlinger trotzdem weiter besuchen! Weil sie echt 'n cooler Hund ist. Und ich mein: Schaut euch doch mal das Pflegeheim an! Ich mein: Wir haben da echt was bewirkt, oder?«

»Jau«, hat der Murat gerufen, ist aufgesprungen und hat dem Markus quer über die Bank High five gegeben, »voll meine Rede! Sechzehn Uhr bei der Perlinger. Wir weltverbessern, wie wir wollen! Scheiß drauf!«

Und da haben wir alle »Scheiß drauf« gerufen und geklatscht und gejohlt und die Muhbalk hat uns selig gewähren lassen, bis der Deutsch-Pletzinger von nebenan seinen Kopf zur Tür reingestreckt hat, um sich pikiert darüber zu informieren, ob hier keine Lehrkraft anwesend sei, er versuche gerade, seiner Klasse was beizubringen, nämlich die Schönheit der kleistschen Dichtung, Respekt vor der Poesie, er brauche Ruhe. Da haben wir uns wieder so einigermaßen eingekriegt in unserer Selbstfeierung und die Muhbalk hat die Hoffnung geäußert, für den mickrigen Rest der Stunde könnte man jetzt vielleicht doch noch schnell etwas Englisch machen. In diese Hoffnung hatte sie aber offenbar nicht alle anwesenden Faktoren einberechnet, denn plötzlich ist der Ferdi aufgesprungen und hat schafskäseweiß einen Schrei losgelassen, dass die Muhbalk – und mit ihr die halbe Damenschaft der Klasse – beinah in Ohnmacht gefallen wäre. »Mein lieber Ferdinand, was ist dir denn?«

Der Ferdi konnte aber nicht präzisieren, was ihm war, sondern nur mit den Armen fuchteln und sich an die Brust fassen, als hätte er einen greulichen Herzinfarkt, für den er aber eindeutig zu jung war.

»Hornissenstich?«, schlug ihm die Muhbalk vor.

Bei uns ist außen an der Fensterfront ein honorables Hornissennest, das schon seit Wochen hätte entfernt werden sollen, aber irgendwie passiert das nie und jetzt, wo es warm ist, geht jeden Tag mindestens eine der Hornissen bei uns auf Patrouille, als wollten sie uns nicht vergessen lassen, dass sie die ganze Klitsche in die Luft gehen lassen könnten, wenn sie nur wollten. Aber es war keine Hornisse, die den Ferdi um Luft und Sprache gebracht hatte.

»Der Berthold«, hat er geschrien, »der Berthold ist tot!«

»Wer ist denn der Berthold«, hat der Stiebereder gefragt, als wär es das absurdeste Wort, das er je gehört hatte.

»Mein Hamster, du Penner!«, hat ihn der Ferdi so angeschrien, dass der Stiebereder demnächst wahrscheinlich keine dummen Fragen mehr an den Ferdi richten wird.

Da sind wir anderen alle schon wieder aufgesprungen und die Muhbalk, die auch für Tiere ein großes Herz hat, hat eingesehen, dass sie heute gegen die Aufspringerei bei uns wohl nicht mehr ankommt.

Der Berthold lag steif auf die Seite gekippt, die Pfoten von sich gestreckt, und aus dem Maul hing ihm seine winzige rosa Zunge. Klagen und Ratschläge setzten ein. Der Hamsterkäfig wurde geöffnet, das Gitter entfernt und alles zur Wiederbelebung eingeleitet. Der Timo hat sofort und unter Anleitung ein paar niederer Assistenten begonnen, aus zwei SIM-Karten, ein paar Platinen und einem Ladekabel einen Hamsterdefibrillator zu basteln, während andere schon Mülleimerbestattung versus Grab-unter-der-Birke-vorm-Klassenzimmer diskutierten, und, falls b), ob mit Kreuz oder Halbmond und überhaupt: welcher Konfession so ein Hamster zugehörig sei. Höhepunktlich hat die Sylvie den Ferdi fast zum Stier werden lassen, als sie dem Berthold plötzlich eine ordentliche Portion Deo auf die Schnauze gesprüht hat. Ob sie vollends übergeschnappt sei, wollte er wissen, wenn auch nur rhetorisch, und ob sie probehalber mal eine Sprühladung Odel im Gesicht haben wolle. Die Sylvie hat, was ich noch nie an ihr erlebt habe, mit Adrenalinadern am Hals zurückgeschrien, dass sein »Berthold« ein Weibchen sei, falls er das noch nicht kapiert habe, und dass auch Freud schon bei Frauen das Riechfläschchen angewandt habe und sehr berühmt damit geworden sei, es wäre nämlich kein Maßstab, wenn *ihm*, dem Ferdi, der Name »Freud« nichts sage.

Der Ferdi wollte der Sylvie an die Gurgel, aber da hat vom Hamsterkäfig her was mächtig geniest und plötzlich stand der Berthold geduckt und zitternd wieder auf allen vieren und hat sich dann mit den Vorderpfoten die Schnauze geputzt. Wir waren sofort staunestill und haben gar nix mehr begriffen. Dann ist der Ferdi der Sylvie nicht an die Gurgel, sondern um den Hals gefallen und hat sie geküsst vor Freude, wofür er von der Sylvie eine schallende Ohrfeige kassiert hat, die ihn aber nicht in seiner Freude getrübt hat, ganz und gar nicht, bis auf einmal der Berthold inmitten seiner

Schnauzenputzaktion von seinem Käfig, der ja nur noch ein Tablett war, gesprungen und irgendwo zwischen den Rucksäcken und Turnbeuteln verschwunden ist. Da ist natürlich erst recht ein Geschrei und Gesuche und Auferstehungsdiskutiere losgegangen bei uns, zumal es jetzt auch noch zum Unterrichtsschluss gongte, und im allgemeinen Hamsterchaos stand auf einmal der Pawel neben mir.

»Ich bin noch nicht ganz fertig mit der Dokumentation«, hat er gesagt, »ich muss heute noch zur Klever und zur Frau Perlinger, zu der aber am besten, bevor die Nachhilferei losgeht und die anderen auftauchen. Kommst du mit? Von dir brauch ich nämlich noch ein Interview.«

»Von mir? Ein Interview?«, hab ich, zugegeben nicht sonderlich geistreich, nachgeplappert. »Wozu denn von mir?«

»Weil du die Idee hattest«, hat er schlicht gesagt, »also jedenfalls: in zehn Minuten am Busparkplatz.« Er hat weder auf ein Nicken noch sonst ein Zeichen der Zustimmung gewartet, sondern sich so bestimmt wieder umgedreht, dass ich kurz überlegt hab, ob er sauer auf mich war. Ob das Interview vielleicht ein Vorwand sein und das Busparkplatztreffen ein unangenehmes Problemgespräch werden könnte?

»Kommst du auch mit?«, hab ich vorsichtshalber den Basti gefragt, der zumindest halböhrlich mitgehört haben musste, auch wenn er so tat, als würde er friedlich schon mal Hausaufgaben machen, »Extrarunde für den letzten Dokuschliff?«

Aber da hat er nur gegrinst wie ein Bartwal. »Geh mal mit deinem Pawilein ins Pflegeheim«, wobei er dem »Pflegeheim« mit zweimal zwei Fingern Gänsefüßchen in der Luft verpasst hat.

»Du weiß, wie der Mathe-Möchtl zu so was sagt«, hab ich gesagt und mir ans Hirn gezeigt: »Parallelverschiebung da oben«.

»Ja, ja«, hat er da nur gesagt, »ich seh etwas, was du nicht siehst.«

36

Als ich mich auf den Weg zum Busparkplatz gemacht hab, war »die Berthold«, wie man sie inzwischen im Divastyle getauft hatte, noch nicht wieder aufgetaucht, was ich, um ehrlich zu sein, für ein gutes Zeichen hielt – wenn ich mal an die Berthold dachte. Aber ich konnte nicht länger beim Suchen mithelfen. Schließlich war ich verabredet. Ich war nicht ganz sicher, ob es ein Date war, weil ich nicht weiß, ab wann was ein Date ist. Aber wenn ein Date dann ein Date ist, wenn es sich wie eins anfühlt, dann war es eins. Denn an der Seite, an der der Pawel neben mir ging, hatte ich den ganzen Weg über bis zum Pflegeheim ein prickeliges Gänsehautflimmern. Wir sind nebeneinander hergetrabt und haben irgendwas Rundherumes geredet – von wegen »Interview«! – und ich hab die ganze Zeit gespürt, dass da irgendwann noch was Eigentliches kommt. Es kam aber erst direkt vorm Eingang zum Pflegeheim, das Eigentliche.

»Was ist denn mit dir und dem Christoph?«

»Nix ist mit mir und dem Christoph«, hab ich ausallenwolkenfallig gesagt, »wie kommst du denn darauf?«

Er hat mit den Achseln gezuckt. »Ach. Nur so.«

»Und was ist mit dir und der Cosi?«, hab ich mich getraut zu fragen, natürlich auch in einem sehr beiläufigen mireigentlichegal.

252

Da hat er noch mal mit den Achseln gezuckt. »Die Cosi ist echt nett. Aber ich steh halt auf Mädels mit Hirn.« Dabei hat er mir so fest in die Augen geschaut, dass sich in mir drin alles ganz erdbebig angefühlt hat. Wir standen ziemlich nah, ich glaube, bei Dirty Dancing wäre das schon nicht mehr nur mein Tanzbereich gewesen, und es zog uns magnetisch auch noch näher, da stand plötzlich, wie Zeus in seinem Sonnenwagen, der Schnedelbach mit seinem Rollator vor uns: »Jaja«, hat er geschrien, als wären wir kilometerweit entfernt, »sah der Knab' ein Röslein steh'n! Aber ich will nichts gesagt haben!« Damit ist er o-beinig um die Ecke in Richtung Garten marschiert und hat offenbar unseren Magnetzaubermoment gleich mitgenommen, denn der war plötzlich weg, aber das machte nichts, denn stattdessen haben wir gelacht und das war auch ganz in Ordnung, weil der Pawel wirklich hinreißende Grübchen hat.

»Gehen wir zur Klever«, hat er gesagt, »ich hab dir ja noch gar nicht erzählt, was ich über sie alles rausgefunden hab! Sie hat sogar Verwandtschaft in Australien. Und, halt dich fest: Sie kommt aus Estland.«

Und er hat vom Unzufall angefangen zu erzählen, aber auf dem Weg zur Klever hat uns noch im Erdgeschoss plötzlich ein Geschrei den Mark-und-Bein-Schreck schlechthin beschert.

»Hilfeeeee!«, hat es aus einem der Zimmer geschrien, gefolgt von einem irren Kreischen, und dann wieder: »Hilfe!«

Ich hab noch nie in meinem Leben jemanden in Todesangst schreien hören, also in *echter* Todesangst, nicht in Bühnengeschrei-Todesangst, und ich weiß jetzt, warum es heißt:

253

Das lässt einem das Blut in den Adern gefrieren. Vor allem hörte es nicht auf, das Schreien.

»Das ist doch die Frau Perlinger«, hab ich geflüstert, »oder?«

»Ja, ich glaub auch«, hat der Pawel zurückgeflüstert und auch er sah etwas blutleer aus.

»Hilfe«, hat die Frau Perlinger geschrien, »Hilfe, zu Hilfe!«

Wir haben uns umgesehen, der Pawel und ich, aber weit und breit waren weder die Warwara noch der Freddy noch sonst wer zu sehen. Es kam auch niemand aus seinem Zimmer auf den Gang gestürmt, um der Frau Perlinger zur erwünschten Hilfe zu kommen, dabei war die Perlinger so laut, dass man sie noch durch fünf Meter dicke Betonwände hätte hören können. Ob ein Mörder bei ihr war?

»Glaubst du, sie braucht wirklich Hilfe?«, hab ich schisserig geflüstert.

»Warum sonst sollte sie um Hilfe rufen?«, hat er nur geantwortet, ist losspaziert und beherzt hinein zur Perlinger.

Ich ehrenhalber hinterher.

Die Perlinger war völlig aufgelöst und aufgebracht, sie zitterte am ganzen Körper und trat immer einen Schritt vor und einen zurück. Dazu schrie sie um Hilfe, wie ein Auerhahn balzt, oder so, als würde sie ertrinken, den Kopf immer nach oben gereckt, als würde ihr Wasser bis zum Kinn stehen. Es war natürlich kein Wasser im Zimmer. Aber ein Mensch.

Ein Mensch, den wir kannten.

Der Mensch saß auf dem Kanapee der Frau Perlinger, hatte die Ellbogen auf die Knie gestützt und das Gesicht in den Händen begraben. Als wir reinkamen, hob sie das Gesicht und es war echt kein schöner Anblick, was man da sah. Denn die Grinsinger heulte. Und jeder, der weiß, wie viel Make-up sich die Grinsinger täglich per Spachteltechnik ins Gesicht befördert, weiß auch, welch verheerende Folgen so ein Tränenfluss haben kann, wenn er über die Ufer tritt. Das Schweinchenrosa, das Wimpernschwarz, das Lidgold und das Lippenbraun waren dermaßen verschmiert und verrutscht, dass ihr Gesicht dadurch so zerschoben wirkte, als hätte Picasso ein Porträt von ihr gemalt. Die Grinsinger so derangiert zu sehen war mir peinlicher, als hätte ich sie auf der Schultoilette versehentlich beim großen Geschäft gestört. Auch der Pawel ist ganz schön zusammengezuckt, als die Grinsinger ihr Gesicht gehoben hat. Ich glaube, am liebsten hätten wir uns einfach wieder langsam rückwärts rausgeschlichen, wie man es tun würde, wenn man mitten in freier Wildbahn plötzlich einem gereizten Nashorn gegenübersteht. Dass wir es nicht taten, war nur der Frau Perlinger geschuldet. Denn die schrie und schrie weiterhin spanferkelös wie am Spieß.

»Hilfe«, schrie sie, »Hilfe«, und dazu japste sie mit weit aufgerissenen Augen, als würde sie keine Luft bekommen. Sie zerrte sich am Blusenkragen, schlug sich auf die dörrige Brust und tat auch sonst alles, womit sie einem echt einen hilflosen Schreck einjagen konnte. Wie ein aufgescheuchtes Huhn flatterte sie jetzt schreiend von einer Zimmerecke zur anderen. Die Grinsinger versenkte nur ihr Gesicht wieder in den Händen. »Ich kann nicht mehr«, sagte sie kraftlos, »ich kann einfach nicht mehr. Ich halt das nicht mehr aus.«

»Der Paul soll das machen«, kreischte die Perlinger, was merkwürdig aussah, denn als sie es kreischte, stand sie auf ihrer Hühnertigertour zufällig gerade vor ihrem Ficus, und zwar so dicht, dass man den Eindruck bekommen konnte, sie würde ihr Grünzeug anschreien.

»Ja, ja, der Paul soll das machen«, sagte die Grinsinger müde und hob wieder ihr dekonstruiertes Gesicht, »der Paul hat sich aber schon verabschiedet aus dem Leben. Da ist nur noch die Tanja übrig, die blöde Kuh!« Die letzten Worte hat sie geschrien, der Perlinger sozusagen in den Rücken geschrien, und man konnte sich auch ohne viel Fantasie ausmalen, was passiert wäre, hätte man der Grinsinger in diesem Moment das Arbeitsmaterial eines Messerwerfers in die Hand gedrückt.

Da ist die Perlinger aber endgültig durchgedreht. Sie ist der Schnappatmung verfallen und hat sich mit geballten Fäusten gegen die Schläfen gehämmert und geschrien: »Luft! Hilfe! Luft!«

Ich weiß nicht, wie ich auf die Idee kam. Vielleicht gibt es ja doch so etwas wie ein Kontingent guter Einfälle da oben im Universum und manchmal schlägt einer eben in einen ein wie ein Blitz. Jedenfalls bin ich zur Perlinger hingegangen und hab angefangen, laut und deutlich aufzusagen: »*Ante mare et terras et quod tegit omnia caelum, unus erat toto naturae vultus in orbus, quem dixere chaos …*«

Da ist die Frau Perlinger plötzlich so ruhig geworden, als hätte man den rausgesprungenen Sicherungsschalter in ihr wieder umgelegt. Weil ich ja vor ihr stand, hab ich gesehen, wie ihr Blick eine andere Farbe bekommen hat, es war fast, als würde ein Gewittersee auf ein Fingerschnippen hin windstill daliegen. Sie wandte mir ihr verschwitztes, verheultes, entzündungsrotes, so außer sich gewesenes Gesicht zu und sagte mit ganz friedlicher Stimme, ja, einer ganz anderen Stimme als der vorherigen: »*in orbe*, meine Liebe, *in orbe*, es handelt sich hier um den Ablativus … na, wer kann mir sagen, welcher Ablativ das ist?«

Der Pawel sprang mir bei und ich hätte ihn einmal von unten bis oben abschlecken können dafür: »Der Ablativus locativus!«

»Sehr schön«, bestätigte ihm die Perlinger, »und weiter, bitte!«

Jetzt kam ich ins Stocken. Weiter als den ersten Absatz von Ovids Metamorphosen konnte ich gar nicht auswendig, ich war ja schon von der Existenz des ersten Absatzes in meinem Großhirn überrascht gewesen – und von seiner Wirkung. »*Quem dixere chaos, quem dixere chaos* …«

Da quäkte es vom Kannapee her: »*Quem dixere chaos: rudis indigestaque moles, nec quicquam nisi pondus iners congestaque eodem, non bene iunctarum discordia semina rerum.*« Die Grinsinger hatte ihren Tränenblick gehoben und rezitierte mit einer Stimme, die fester wurde und immer stärker, als würde sie über unsichtbare Wurzeln Kraft aus diesem uralten Text ziehen, der schon durch so viele Menschenmünder zu Sprache und Klang geworden war – wenn auch wohl meistens von Schülern eher gestopselt als so formvollendet in eine Melodie von Sinn gebracht, wie jetzt – dass mich zum ersten Mal so etwas wie eine Ehrfurcht vor Ovid anfiel. Während die Grinsinger so in seinen Worten die Entstehung der Welt und ihre Verwandlungen besang, schien es, als würde sie selbst eine Verwandlung erleben. Ihr Gesicht öffnete, ihre Falten legten sich, sie wurde weich, ihr Blick wurde klar und für einen Moment wirkte die Grinsinger *schön.*

»Hanc deus et melior litem natura diremit. Nam caelo terras et terris abscidit undas et liquidum spisso secrevit ab aere caelum«, schloss sie feierlich und doch auf eine bescheidene Weise und es klang, als würde sie Abschied von etwas nehmen und es zugleich willkommen heißen. Es zirpte mir jedenfalls ziemlich unter der Haut.

»Das haben Sie wirklich wunderschön gesagt«, lobte sie die Frau Perlinger und schien ihre Tochter nicht zu erkennen, »Sie weinen ja! Sie lieben das Lateinische wohl auch so sehr wie ich?«

»Ehrlich gesagt wäre ich lieber Tierärztin geworden«, sagte die Grinsinger mit einem dünnen Lächeln und wischte sich die Tränen mit dem Handrücken ab, »aber in meiner Familie durfte man als Mädchen allenfalls Lehramt studieren. Mein Bruder ist Tierarzt geworden. Was soll's. Hat ihn auch nicht glücklich gemacht. Aber auf irgendwas schiebt man's dann ja immer.« Und da fing die Grinsinger wieder an zu heulen, dass ihre Schultern bebten.

Die Frau Perlinger sah zerpuzzelt aus, man konnte förmlich sehen, wie ihr Alarmlämpchen blinkte und die nächste Panikattacke heranrollte.

»Frau Perlinger«, fragte da der Pawel und holte zeitgleich sein Lateinheft aus seinem Rucksack, »könnten Sie mir vielleicht bitte meine Übersetzung verbessern? Ich hab doch

258

immer so Probleme mit dem Passiv.« Er hielt ihr beflissen sein Heft und einen Stift hin.

»Ja, da warst du aber fleißig, das freut mich«, sagte die Frau Perlinger, »jetzt hab ich nur, jetzt weiß ich nicht …«, sie brach ab und schaute verwundert mich an, dann die Grinsinger, »jetzt weiß ich gar nicht, wo ich meine Brille hab.«

»In der rechten Schublade der Kommode«, sagte die Grinsinger und man merkte ihr an, dass sie versuchte, mit einer möglichst unverfänglichen Stimme zu sprechen.

»Ah, ja, danke«, sagte die Frau Perlinger, holte ihre Brille, empfing Pawelheft und Pawelstift, setzte sich damit in ihren Lehnstuhl, von wo aus sie auch uns schneidersitzenden Schülerlingen die Nachhilfe zu halten pflegte, und versank friedlich in ihren Korrekturen.

Die Grinsinger atmete auf.

Sie sah so mitgenommen aus, als hätte sie einen Gezeitenritt durch die Weltgeschichte samt all ihrer Kriege hinter sich. Wie ich sie so durchgerüttelt und zitternd dasitzen sah, fiel mir ein, was die Joanna zum Schockschreck gesagt hat: *Nach einem Schock braucht der Mensch reale Wärme in den Bauch, sonst friert die Seele zu: Suppe, Schnaps, Kaffee – in der Reihenfolge ihres Vorhandenseins.*

»Ich mach Ihnen jetzt einen Kaffee«, sagte ich resolut zur Grinsinger, weil auch Resolutsein helfen kann, wenn jemand so neben sich sitzt.

»Da wird nichts da sein in der Küche«, sagte die Grinsinger matt, schien dem Kaffeegedanken aber immerhin nicht abgeneigt, »ich hab alles weg, damit sie nicht auf die Idee kommt und die Bude hier abfackelt.«

Da ist der Pawel losgeflitzt und hat ihr schnell einen Automatenkaffee aus der Cafeteria geholt.

»Ich hab Zucker rein«, sagte er entschuldigend, aber bestimmt, als er wiederkam, »Schokoriegel gibt's hier nämlich keine und ich finde, Sie können jetzt ein bisschen Zucker vertragen.«

»Seit wann seid ihr schon so groß«, murmelte die Grinsinger, nahm den Kaffee, trank folgsam und mir fiel auf, dass sie uns duzte. Auch alles übrige grinsingerisch Gespreizte schien von ihr abgefallen, so als hätte man bei einem Schlauchboot die Luft ausgelassen. Sie tat mir leid.

Ich hockte mich neben sie und, ich weiß nicht, wie es passierte, legte ihr meine Hand auf die ihre. Da fing sie wieder an zu schluchzen wie ein kleines Mädchen. »Ich kann einfach nicht mehr«, flüsterte sie, »seit fünf Jahren ist sie dement, seit fünf Jahren komm ich in jeder freien Sekunde zu ihr, damit es ihr gut geht, seit fünf Jahren hab ich ein schlechtes Gewissen, wenn ich mal nur was für mich mache. Und dann bin ich hier und sie ist so … garstig. Oder panisch. Und erkennt mich nicht. Oder schreit mich an. Der Paul, der war immer ihr Lieblingskind und ich … ich hab sie gehasst. Ja, ich hab sie immer nur gehasst. Und jetzt zahl ich dafür … Fünf Jahre, ich kann einfach nicht mehr. Mein Leben …«, sie brach ab und wischte sich mit dem Handrücken die Tränen aus dem Gesicht, was bedeutete, dass aus Picasso ein Aquarell wurde. »Ich hab befürchtet, dass wir uns hier irgendwann über den Weg laufen werden, früher oder später. Deswegen bin ich in letzter Zeit nur noch ab und zu hierhergeschlichen. Ich wollte das nicht.«

»Aber warum denn nicht?«, hat der Pawel sanft gefragt. Die Grinsinger warf einen verhuschten Blick zum Lehnstuhl, in dem die Frau Perlinger rotstiftlich vor sich hin murmelte. »Weil sie … Ich meine … Ich weiß nicht. Vielleicht war es mir peinlich. Oder unangenehm …«, sie brach ab, »ich versuche immer, irgendwie stark zu sein …«, sie schluchzte wieder leise. Der Pawel und ich, wir haben uns heimlich besorgt angesehen. Aber da hat die Grinsinger schon meine Hand gedrückt, die ja noch immer auf der ihren lag, hat sich ein Taschentuch aus ihrer Handtasche genestelt und sich erst mal amtlich geschnäuzt. Dann hat sie ihr Taschentuch zusammengefaltet und zum Taschentuch gesagt: »Und dann kommt auch noch ihr und seid in meine ohnehin schon desolate Situation hinein die schlechteste, unkontrollierbarste Klasse, die ich jemals hatte …« Sie hob den Kopf und lächelte uns kurz hilflos an, so wie man es macht, wenn man merkt, dass man etwas preisgegeben hat, aber nicht mehr rückgängig machen kann, dass es einem aus dem Mund geblubbert ist. Sie senkte den Kopf wieder und reentfaltete verlegen ihr Taschentuch.

Ich sagte leise: »Sie haben die Schux noch nicht korrigiert, Frau Griesinger, oder das Massenausfragen?«

»Nein, dazu bin ich wirklich noch nicht gekommen.«

»Sie werden sich ganz schön wundern, wenn Sie dazu kommen. Wir sind nämlich bei Ihrer Mutter im Bootcamp.«

»Im was, bitte?«

»Ihre Mutter gibt uns Nachhilfe.«

Der Pawel stieg mitflüsternd ein: »Der Arzt sagt, dass Beschäftigung gut ist bei Demenz. Und Beschäftigung mit früheren Steckenpferden ist das Allerbeste. Das hält fit, lebendig – und die Aggression niedrig. Oder niedriger.«

Die Grinsinger starrte uns an, als hätten die Synapsen in ihrem Hirn Jahresurlaub und sie müsste alle losen, herumliegenden Enden ihrer Gedanken selber und von Hand verknüpfen. »Wie bitte, was? Ihr meint ... ich wusste nicht, dass ihr ... auch zu meiner Mutter ... das heißt ... ihr alle seid ...«, sie verlor das Ende wieder.

»Na ja, nicht wir alle, nur die, die es wirklich brauchen. Aber das sind ja schon ein, zwei Handvoll. Und Sie haben ja gesehen, wie der Ferdi lateintechnisch plötzlich abgeht. Und sie nimmt kein Geld. Und ist ja auch echt witzig. Wenn sie in ihrem Element ist«, schränkte der Pawel mit einem leichten Kinnnicken zur perlingerschen Korrekturblase hin ein.

»Dienstags, mittwochs und donnerstags, Frau Griesinger, ist Ihre Mama ausgelastet genug. Da hat sie jede Menge zu tun, da braucht sie nicht auch noch Ihren Besuch. Da können Sie locker Pause machen und stattdessen«, ich zuckte die Achseln, »auch mal ohne schlechtes Gewissen was tun, was Ihnen guttut.«

»Ich könnte wieder reiten gehen«, sagte die Grinsinger sofort.

Ich zuckte wieder die Achseln. »Zum Beispiel.«

»Die Sache ist nur die«, sagte der Pawel vorsichtig, »heute ist Donnerstag und die werden gleich hier sein, Frau Grins... äh ... Griesinger. Also der Ferdi und die anderen. Und zwar jede Sekunde.«

Die Grinsinger sprang auf wie gebissen. »Ich wollte gar nicht so lange bleiben, am Donnerstag komme ich nur in meiner Freistunde, da habt ihr ja Englisch …« Sie brach wieder ab und stand verloren im Raum.

»Vielleicht gehen Sie am besten über die Terrasse und dann durch den Garten und beim Café Kleiber raus?«, schlug ihr der Pawel vorsichtig vor. »So verheult, wie Sie …«, er brach ab, weil ihm die Grinsinger einen starkströmlichen Red-weiter-und-ich-fress-dich-Blick zugeworfen hatte. Dann fiel ihr aber offenbar ein, dass vom bloßen Leugnen des Verheultseins das Verheultsein an sich ja nicht weniger werden würde, und Terrassenflucht die einzige Möglichkeit war, nicht zum Klassen- oder gar Schulgespräch zu werden. Sie nickte ergeben. Ich reichte ihr die Handtasche. Als wären wir in einem schmierigen Agentenfilm, hörten wir genau da schon die Stimmen auf dem Gang. Offenbar machten der Murat und der Markus und der Ferdi lauthalsige Schmutzwitze, über die sich ein, zwei weibliche Stimmlein empörten. Und sie kamen näher, die Stimmen.

»Kommen Sie«, sagte ich zur Grinsinger, weil die vor Schreck festgefroren stand und auf die Zimmertür starrte, »kommen Sie, hier raus!«

Ich hatte die Terrassentür geöffnet und hielt die Gardine beiseite, als würde ich ihr den Vorhang zur Zirkusmanege aufhalten – wobei das hier eindeutig der Weg aus der Manege raus war und nicht der rein. Die Grinsinger schlüpfte hinaus, drehte sich kurz um und öffnete den Mund, hielt inne, drehte sich weg, drehte sich wieder zu uns und zischte: »Das bleibt unter uns, kann ich mich darauf verlassen.«

Wobei sie es nicht als Frage formulierte, sondern als Anordnung.

Der Pawel und ich nickten, der Pawel sagte: »Natürlich, Frau Griesinger.«Wenn er sich getraut hätte, ironisch zu sein, hätte er sicher die Hacken zusammengeschlagen dabei, aber in der grinsingerschen Verfassung hätte das wahrscheinlich mindestens einem von uns dreien das Leben gekostet – und dann ließ ich die Gardine fallen.

»Puh. Für einen Moment hab ich fast geglaubt, sie würde Danke sagen«, hat der Pawel geflüstert. Und dann hat er meine Hand genommen und sie so zärtlich gedrückt, dass ich gedacht hab, ich hebe gleich ab vor Flatterlingen im Bauch, aber dann hat es an der Tür geklopft, die Perlinger ist aus ihrer korrigierenden Unterwasserwelt erwacht und hat geschäftig »Herein« gerufen, und da hat der Pawel meine Hand wieder losgelassen. Aber irgendwie hatte ich während der ganzen Lateinnachhilfe das Gefühl, als hätte er sie doch nicht losgelassen, weil jedes Mal, wenn ich ihn angeschaut hab, hat er mich auch angeschaut, und dann haben wir beide gegrinst, aber das war kein Grinsengrinsen, sondern das Grinsen, das man hat, wenn man ein Geheimnis teilt, ein Geheimnis, das so geheim ist, dass man selbst gar nicht weiß, was es eigentlich ist.

37

Wir waren ganz schön aufgekratzt, als wir die Woche darauf mit den anderen in die Aula zur Preisverleihung strömten. Alle dackelten klassenweise sortiert hinter ihrem jeweiligen Klassenlehrer als Oberhugo, wir, da die Grinsinger auf der Bühne bei der Jury saß, unter den Fittichen der Muhbalk, die versuchte, uns mit leishöflichen, denkbar unwirksamen *Schs* sittsam und lauschend zu halten. Als es losging, ist erstlich der Herr Kanauer himself, der es sich natürlich nicht hat nehmen lassen, seine Aufsichtsratssitzungen so zu legen, dass er hier anwesend sein konnte, auf die Bühne gehupft und hat eine knackige Rede auf das Weltverbessern gehalten. Flammend hat er erzählt, dass man mosern kann auf der einen Seite und verlangen, dass sich »die da oben« um die Erledigung verschiedenster Dinge kümmern – oder die Dinge einfach in die Hand nehmen, aktiv, kreativ werden, Lösungen erfinden, Lösungen umsetzen. Und dass er sich wünscht, dass wir uns nicht an Zustände gewöhnen, sondern nie aufhören, in Bewegung zu bleiben und von einer besseren Welt zu träumen, denn das Träumen sei der Anfang von allem. »Ich will, dass ihr träumt – und dass ihr spinnt.«

Da rief irgendjemand Übermütiges aus der Kollegstufenecke empört: »Ey, wir spinnen doch nicht!«

»Ihr sollt aber spinnen!«, rief der Herr Kanauer leidenschaftlich zurück. »Denn es sind die Träumer und die Spinner,

265

die uns voranbringen! Als John Smith den Zusammenhang zwischen Choleraepidemien und verunreinigtem Trinkwasser entdeckte und ein Kanalisationssystem für London forderte, als Martin Luther King gegen die Apartheit und Clara Zetkin für das Frauenwahlrecht auf die Straße gingen, als Natalia Korsini sich als erste Frau das Recht zu studieren erkämpfte, als Jane Goodall für ihre Beobachtungen über Menschenaffen in den Dschungel von Tansania aufbrach, als Colin Gonsalves das Menschenrecht auf Nahrung erstritt, da galten sie alle als Spinner! Am Anfang. Also versteckt euch nicht hinter Netflix und Youtube oder konsumiert das Leben der anderen auf Instagram! Setzt euch in Bewegung! Und dafür ist egal, was dabei herauskommt oder wie weit ihr damit kommt. Wichtig ist allein, dass ihr etwas tut. Als Malewitsch, ein russischer Künstler«, er unterbrach sich schmunzelnd, »der sagt euch jetzt wahrscheinlich nichts, ich formulier's anders: als ein Künstler, *dessen Bilder 60 Millionen Dollar wert sind*, gewagt hat, Anfang des 20. Jahrhunderts einfach nur ein schwarzes Quadrat auf weißem Grund zu malen, hat ein Kritiker zu ihm gesagt: ›Das kann ich ja auch.‹ Und Malewitsch hat ihm geantwortet: ›Mag sein, dass Sie das auch können. Der Unterschied zu mir allein ist: ich *tu* es!‹« Da hat der Kanauer sich noch mal selbst unterbrochen und gemurmelt: »Man kann jetzt diskutieren, inwieweit Kunst die Welt verbessert … Aber egal«, hat er erneut leidenschaftsbrennend gerufen, »was ich sagen will: Lasst euch nicht davon abhalten, wenn euch jemand für einen Spinner hält – oder wenn die ganze Welt euch für Spinner hält! Im Gegenteil! Ihr steht damit in guter Tradition. Also geht los, spinnt und *tut* was!«

Es gab beeindruckten Applaus. Der Herr Kanauer schien ja echt an uns zu glauben.

Irgendjemand hat gerufen: »Herr Kanauer, ich will ein Kind von dir!«

Aber der Herr Kanauer hat nur gelacht und abgewunken und gerufen: »Danke, aber ich bin versorgt«, und damit hat er sich lässig wieder in die erste Reihe neben seine Frau gesetzt, die natürlich sensationell aussah, weil sie immer sensationell aussieht, die Frau Kanauer, wie Michelle Obama, und er hat ihr galant die Hand geküsst und sie hat gelacht und man hat gesehen, dass sie ein verschworenes Team sind.

»Dein Papa ist mega«, hat der Hubsi anerkennend geflüstert und »Kanauer for president« der Markus und da hat der Basti wieder so einen Haselnussjoghurt-übers-Haupthaar-Glanz in die Glubscher bekommen.

Dann hat der Kopetzki die Ansagen übernommen. Der Kopetzki ist ja manchmal echt eine glutlose Wasserpfeife, aber wenn er auf einer Bühne steht, geht er ab. Das genießt er. Er ließ uns erst mal dem Herrn Kanauer noch einen gesonderten Fettapplaus geben. Dann ließ er uns der Jury einen gesonderten Fettapplaus geben. Und dann, und das ist so kopetzkitypisch, auch noch sich selbst. »Weil ich derjenige bin, der ertragen musste und erduldet hat, dass an seiner Schule verbesserungswürdige Zustände aufgedeckt – und dann auch noch so mirnichtsdirnichts *verbessert* wurden! Und außerdem, weil ich euer euch liebender Direktor bin.«

Ja, so was bringt der Kopetzki, wenn er auf der Aulabühne

steht, auch wenn die halbe Lehrerschaft dann immer die Augen verdreht und sich fremdschämt. Aber wir haben natürlich gejohlt und gepfiffen, weil wir in Johlestimmung waren und außerdem äußerst preiseabräumwillig.

Dann hat der Kopetzki gesagt: »Herr Kanauer, bei Ihrer Rede auf die Träumer und die Spinner haben Sie, denke ich, eine wichtige Sache vergessen: Alle Ihre Träumer und Spinner, die Sie erwähnt haben, waren hochgebildete Leute! Was mich natürlich unendlich freut, weil es mir ermöglicht, den Zusammenhang zwischen schulischem Fleiß …«

»Jane Goodall war Kellnerin, bevor sie nach Tansania aufgebrochen ist«, hat da der Kanauer reingerufen und ist aufgestanden, »und Clara Zetkin war Behelfsgouvernante!« Dann hat sich der Kanauer zu uns umgedreht und revoluzzermäßig gerufen: »Lasst euch nicht einreden, dass nur die Besten und die mit Bildung die Welt verändern können! Ihr alle könnt es!«

Da hat es noch einmal Applaus und Hufgetrampel von uns für den Kanauer gegeben und der Kopetzki hat betrübt den Kopf geschüttelt. »Ja, der hat auch früher schon, als ich ihn noch in Englisch hatte, immer reingequatscht!«

Da hat es natürlich nooooch mehr Applaus gegeben und die Stimmung war grandios.

»Wobei natürlich auch dem Herrn Kanauer die Bildung dabei geholfen hat, das zu werden, was er heute ist«, hat der Kopetzki augenzwinkernd zum Kanauer gesagt, »und deswegen werde ich von meinem Bildungsauftrag nicht einen Zentimeter abrücken«.

Da ist der Kanauer kurz aufgestanden und hat sich zum

Kopetzki hin verbeugt, was im Schülerhirn als Aha-beide-haben-recht-Erkenntnis gespeichert und mit einem weiteren Applausimpuls quittiert wurde.

»Und jetzt kommen wir endlich zur Preisverleihung. So viele tolle Projekte wurden eingereicht«, er zeigte auf die jutesackverhangene Seite der Aula, in der etwas schläpplich aussehende Grünzeugleins hingen, von meiner Dschungelvision war das noch denkbar weit entfernt, »und ich hoffe von Herzen, dass das ganze Gras da ordentlich anwachsen kann, bis uns der Denkmalschutz dahinterkommt, dass wir diese Mauer eigentlich gar nicht antasten dürfen …«

Das gab natürlich wieder Applaus.

Und dann wurde preisverliehen und -verliehen. Unter anderem an die Sarah, die in Zusammenarbeit mit unserem Landkreisimker ein Bienenvolk auf dem Schuldach angesiedelt hat, wovon ich noch gar nichts mitbekommen hatte (»Dann muss sie aber auch dafür sorgen, dass die Bauern keine Bienenkillerpestizide mehr verwenden!«, hat der Pawel kommentiert), und an einen dünnpickligen Bleichmensch aus der Kollegstufe, den ich, glaub ich, noch nie an dieser Schule wahrgenommen habe, der aber eine ziemlich geniale Protoversion von wasserdurchlässigem Asphalt erfunden hatte und trotzdem ganz bescheiden zu sein schien, im Gegensatz zum Schönen Gregor, der mit seinem Akkufahrrad noch nicht mal einen überfliegermäßigen Preis gewonnen hat (Schwimmbaddauerkarte), sich aber trotzdem schon als neuen Elon Musk betrachtete, so geschäftsmäßig, wie er dem Herrn Kanauer bei der Preisentgegennahme die Hand schüttelte.

»Eine ganze Klasse«, hob der Kopetzki an und wir horchten gespannt auf, »hat sich für die Kategorie Nachhaltigkeit qualifiziert.«

Wir starrten uns bestürzt an. In der Kategorie »Nachhaltigkeit« gab es ein Biokistenabo zu gewinnen. Wir wollten keine wöchentliche Kiste voller Möhren und Kohlrabi, selbst wenn es Biomöhren waren. »Scheiße, Mann«, hat sich der Murat entsetzt und zu mir umgedreht, »sind wir etwa nachhaltig? Bitte sag mir, dass wir nicht nachhaltig sind.«

»Ich hoffe nicht«, hab ich zurückentsetzt.

»Ich dachte, wir sind die einzige Komplettklasse«, hat der Ferdi gestöhnt.

»... sich wirklich beharrlich dafür eingesetzt, dass alle Plastikverpackungen und vor allem alle Nestléprodukte aus dem Sortiment unseres Kiosks verschwunden sind.«

Wir klatschten erleichtert und gönnerisch opulent.

»Für diejenigen, die sich gewundert haben, warum es bei uns jetzt keine Snickers und Kitkats und M&Ms mehr gibt, stattdessen diese wirklich süchtig machenden Schokoriegel Marke Eigenherstellung und diese köstlichen hausgemachten Kuchen, die die 5a von engagierten Hausfrauen unserer Stadt backen lässt – jetzt hab ich's ja schon verraten: Es war die 5a, die es geschafft hat, unseren Hausmeister von diesem Geschäftsmodell zu überzeugen! Ein Applaus auch für unseren Hausmeister, dass er sich überzeugen ließ! Und der Herr Kanauer findet diese Idee so gut, dass er die Biokiste um ein Eier-Mehl-und-Butter-Abo aufstockt.«

Es gab jubilösen Applaus für alle.

»Da könnten wir doch mit unseren Altdamen eine Kooperation vorschlagen«, hat die Finja applaudierend gesagt und auch die Sylvie vor sich angestupst dabei, »oder?«

»Und jetzt kommen wir zu unserem Hauptpreis, der nicht nur Schülerherzen höher schlagen ließ, wie ich den gehäuften Bewerbungen und Hinweisen und »besonderen Empfehlungen« der jeweiligen *Klassenlehrer* entnommen habe: Die Klassenfahrt nach Tallinn geht – und das freut mich ganz besonders – an eine absolute Problemklasse.«

»Hyähhhh!«, hooliganten die aus der 9a siegesgewiss, weil es in ihrer Klasse erst letzte Woche noch Verschärfte gehagelt hat, nachdem sie eine Großfamilienpackung Waschpulver in den pausenhöflichen Springbrunnen gekippt haben, weil sie, Zitat: »einfach mal Bock auf 'ne Schaumparty« gehabt hatten.

»Das sind wir«, schrien sie und klatschten sich highfivelich ab: »Chaosklasse 9a goes Lettland!«

»Tallinn liegt in Estland«, knurrten einige von uns leise.

Der Kopetzki unterbrach seine Rede und schaute einen Moment irritiert in die 9a-liche Richtung. »Sagt mal, von welchem Planeten seid ihr eigentlich? Bei uns auf der Erde muss man nämlich, wenn man bei einem Wettbewerb gewinnen will, zuallererst auch daran *teilnehmen*! Oder, wartet, hab ich was übersehen …«, er fuhr gespielt beflissen seine Liste mit dem Finger nach unten, »nein, kein einziges weltverbesserndes Projekt aus der 9a verzeichnet!«

»Hö?«, grunzten die 9a-ler wie die Orks, schauten sich verdattert an, riefen: »Ey, Ani, du wolltest doch die ganze Zeit die Welt verbessern!« Und setzten sich, als die Info dann doch langsam sickerte, betreten wieder hin, während jetzt, mathematische Gleichung, die Aulamenge-ohne-Teilmenge-9a klatschte und grölte: »Was seid ihr denn für Pfosten?« – »Ein Lauch am andern!« – »Ihr könnt echt zu Dieter Bohlen, Deutschland sucht die Superspackos!«

Der Kopetzki genoss die Stimmung, ließ uns grölen und hob dann erst beschwichtigend seine Handflächen, auf dass wieder Ruhe einkehre in der Aula. »Zurück zu den Gewinnern«, sagte er lächelnd, wobei er die »Gewinner« so betonte, dass wohl selbst den 9a-Honks aufging, dass er sie für das glatte Gegenteil hielt, »die Klasse, die ich meine …«

Wir hielten kollektiv den Atem an. Ich zwickte dem Basti in den Oberarm vor Anspannung. Er hat es gar nicht gespürt, weil er sich auf der anderen Seite auch schon von der Finja die Hand weißquetschen ließ vor Aufregung.

»… die Klasse, die ich meine, hat, ich verlese aus der Begründung der Jury: … *es auf herausragende Art und Weise geschafft, mittels Kompromiss und Mobilisierung aller in der vormals stark fragmentierten Klasse agierenden Kräfte eine Sozietät zu etablieren, die …«,* er brach ab und drehte sich tadelnd zur Jury, »wer soll denn das vernünftig lesen können! Mutwilligen Latinismus nennt man so was!«, und, da die Jury nur entschuldigend und amüsiert auf die Grinsinger pantomimisierte, drehte er sich wieder nach vorne und warf, da er jetzt unter dem Beifall aller Schüler vollends zur Rampensau geworden war, die gesammelten Blätter der Jury wie ein Schnapsglas hinter sich, wodurch die konfettimäßig aufblätterten und auf die Jury herabregneten, wofür er *noch* mehr Applaus erntete, und rief: »Für die Gründung eines Besuchsdienstes im St.-Blasius-Pflegeheim samt Durchführung di-

verser Aktionen sowie für die Schaffung einer Klassenge-
meinschaft, geprägt von Toleranz und Inklusion!«

Kann sich natürlich jeder vorstellen, was da schon nach
seinen ersten Worten bei uns für ein Geschreie, Gejuble und
Geumarme losgegangen war.

»Es ist: die 8b! Kommt bitte hoch«, rief der Kopetzki in
sein Mikro, als wär er Jimmy Fallon bei der Oscarverleihung,
und wir sind hochgestrudelt, lachend, V-Zeichen-winkend
und uns-auf-die-Schultern-klopfend, und dann standen wir
da oben, vor der Jury, wir unsortierter Haufen, und der Kopetzki hat versucht, uns allen der Reihe nach irgendwie die
Hand zu geben, aber weil wir noch immer damit beschäftigt
waren, uns gegenseitig um die Hälse zu fallen und so schnell
nicht vorhatten, damit aufzuhören, hat er sehr schnell den
Überblick verloren und es wieder sein lassen. Die Jury stand
neben uns, und weil sie erst gar nicht versuchten, uns geord-
net die Hände zu schütteln, haben sie einfach nur applaudiert.

»Jedenfalls: Herzlichen Glückwunsch!«, hat der Kopetzki
gerufen. »Ihr fahrt auf Klassenreise nach Tallinn – zusammen
mit Studiendirektorin Muhbalk und eurer Klassenlehrerin,
Oberstudienrätin Griesinger!«

Da haben wir uns aber fast verschluckt vor Schreck und
unser Klatschen und Johlen und Selbstgefeiere hat eine Herz-
infarktsekunde lang ausgesetzt, eine kaum wahrnehmbare
Millisekunde, in der sich Daumen-des-Imperators-beim-Gla-
diatorenkampflich entschied, ob wir in einen umstürzleri-
schen Tumult ausbrechen und losbuhen würden oder weiter-
klatschen – und es entschied sich einstimmig, denn die Jury

hatte schließlich auch einstimmig entschieden: Wir klatschten und johlten weiter – und noch lauter. Und der Murat, der direkt neben der Grinsinger stand, hat sie vor lauter Euphorie sogar umarmt und da sind beide so über sich erschrocken, und zwar gleichzeitig, der Murat und die Grinsinger, dass sie lachen mussten. Ja, die Grinsinger lachte. Und dann geschah aber erst das eigentlich Historische, das, was in die Chronik dieser Schule eingeschrieben werden wird wie der Klau der Abiaufgaben im Jahre 1968: Die Grinsinger hob die Hand zum High five. Und der Murat, der war erst völlig verdattert, weil das High-five-Angebot der Grinsinger so hölzern aussah, dass man Fantasie brauchte, um zu erkennen, was sie wollte – aber zum Glück hatte der Murat ausreichend Fantasie und er schlug ein. Das hätte mal jemand fotografieren sollen: Der Murat und die Grinsinger klatschen sich ab. Ein Moment für die Jahresrückschau im ZDF. Wir alle, auch die unten, haben für einen Augenblick des Unglaubens innegehalten – und dann haben wir alle nur noch mehr applaudiert und gejohlt und getrampelt, richtig rockkonzertig wurde es, während die Grinsinger sich die Schluppe gerichtet und an ihren Manschetten gezupft, den Applaus aber sichtlich aufgesogen hat wie ein Wüstendörrpflanzi den Regen.

Selbst der Kopetzki war sprachlos. Aber nur kurz. Dann rief er in den brandenden Lärm hinein: »Schöne neue Welt! Und jetzt habt ein exorbitantes Wochenende – und hört nicht auf, die Welt besser zu machen!«

Da haben wir uns alle wild gackernd nach draußen vertröpfelt, wo wir siegesrauschend im 8b-Pulk standen und uns weiter gegenseitig um die Hälse fielen und uns für die Durchführung über den grünen Klee hinaus lobten. »Schwimmbad« war die Ansage, man wartete noch auf diesen und jenen, Fahrräder wurden geholt und in der kollektiven Aufbrecherei stand plötzlich der Pawel neben mir, und das war, als hätte mir ein heiterer Zitteraal einen netten kleinen Stromschlag versetzt und das Drumherum wäre urplötzlich nur noch in halbfarbener Zeitlupe unterwegs.

»Ich darf im Sommer Praktikum machen. Bei der Sybille«, hat er gesagt.

»Ist nicht dein Ernst. Wirklich?«

Er nickte und grinste auf seine unbeschreibliche Grübchenpawelweise. »Ich hab ihr doch meine Texte über die Pflegeheimlinge und uns geschickt. Fand sie gut. Und ich kann sogar bei 'nem Cousin vom Cousin von der Cousine meiner Mama wohnen.« Er grinste. »Die Polen halten zusammen.«

»Wie, du ziehst sogar in die Stadt?« Im Geiste sah ich den Pawel an der Reling eines gewaltigen Ozeandampfers stehen und langsam, aber machtvoll mit tausend anderen goldgrabwilligen Auswanderern an Bord auf Nimmerwiedersehen nach Amerika abschieben.

»Doch nur für vier Wochen.«

»Ach so«, ich klang verräterisch erleichtert und setzte schnell ein fideleres »Wow. Cool. Mega. Echt. Krass. Toll« hinterher, auch wenn das, als ich es aus meinem Mund hörte, nicht weniger verräterisch klang. Und wohin packt man seine Hände, wenn man zufällig einen Rock anhat und keine Jeans mit Hosentaschen? *Ohne* dabei wie ein Stubenküken auszusehen??

Der Pawel nickte schon wieder (oder noch immer?) mit diesem Honiggrinsen und mir fiel auf, dass ich an ihm ganz besonders seinen Glückswillen mag. Wir beobachteten beide eine Handvoll Fünftklässler, die großspurig schnatternd ihre Fahrräder an uns vorbeischoben. Ich meinte, zwei der Mädchen vom weltverbessernden Empfangskomitee an den morgendlichen Schuleingängen wiederzuerkennen. Sie senkten beide scheu die Augen, als sie uns sahen.

»Hey«, rief ich, »ich mochte eure Begrüßungen! Das war megamutig! Schade, dass ihr das nicht mehr macht!«

Sie kicherten und ich hätte mir so auf die Zunge beißen wollen, weil ich mir jetzt erstens gar nicht mehr sicher war, ob das überhaupt die beiden vom Guten-Morgen-schön-dass-du-da-bist-Kommando waren, und zweitens, weil ich offenbar auch ohne Schnedelbach jeden Zaubermoment zwischen dem Pawel und mir zerstören konnte.

Aber der Pawel hat sich von meinem Zerstörer nicht in die Flucht schlagen lassen. »Glaubst du, die Grinsinger hätte auch für uns gestimmt, wenn das letzte Woche nicht passiert wäre?«, hat er gefragt.

»Keine Ahnung. Mich wundert ja, dass sie überhaupt für irgendwas gestimmt hat.«

»Stimmt. Jetzt wo du's sagst: Merkwürdig, dass sie sich überhaupt in die Jury hat wählen lassen! Ich meine, sie ist ja nicht verpflichtet dazu, der Kopetzki kann so was ja nicht per Dekret bestimmen, das ist doch ihr Freizeitvergnügen!«

Ich zuckte die Achseln und sagte verschmitzt und verlegen (ja, das geht gleichzeitig!): »Wahrscheinlich wollte sie halt auch mal nach *Lettland*.«

Da hat er mich plötzlich angeschaut, mit diesem schillernd brunnentiefen Pawelblick, dass es mich durchrieselt hat, als wär ich ein freundlicher Ameisenhaufen, und ich dachte, wenn er mich jetzt auch nur eine Sekunde länger so anschaut, dann will ich in den hineinkriechen und mich dort verstecken und nichts wissen vom Weltverbessern und auch sonst von nichts mehr und da hab ich doch lieber schnell weggeschaut, weil ich ja noch ein bisschen was vorhabe, nicht nur weltverbesserungstechnisch. Aber als ich wieder zu ihm hingeschaut habe, da hatte er nicht weggeschaut in der Zwischenzeit. Er hat mich noch immer angeschaut und seine Pupillen waren so groß wie Peters Pupillen, wenn er der Suse ansichtig wird.

»Weißt du, was ich grade denke?«, hat er gefragt.

Meine Knie wurden weich. »Nein, was denn?«

»Dass wir schon lang nicht mehr zusammen bei der Klever Arien hören waren.«

Und dann hat er einfach meinen Kopf zwischen beide Hände genommen und mir einen langen, unendlich weichen Kuss auf die Lippen gedrückt, obwohl rund um uns herum alle standen und andere noch an uns vorbeigingen und natürlich johlten und mit den Fahrradklingeln klingelschrillten. Aber der Pawel hat deshalb nicht aufgehört mit der Küsserei. Er hat sogar seine Lippen ein bisschen aufgemacht und es ging richtig zur Sache und das war wie Glitzerblubber im ganzen Körper haben.

Und während wir uns küssten und der Radau der anderen außen vor blieb wie vor einer Taucherglocke, dachte ich: Vielleicht kann man auch beides haben. Diese Wahnsinnspawelküsse und das Weltverbessern, jedenfalls will ich, dass es nie aufhört.

Und tatsächlich hat er dann meine Hand genommen und ist mit mir zum Pflegeheim spaziert, auf dass wir der Frau Klever erst mal 'ne neue Platte auflegen und ihr eine A-Seite lang die kaltsteifen Klauen massieren, bevor wir ins Schwimmbad nachkommen, und ich hab ihn mir heimlich von der Seite angesehen, wie er so unerschütterlich seine Zuversicht an den Tag legt, und hab mich gefreut wie ein Schneehase im August.

Stepha Quitterer wurde 1982 in Niederbayern geboren, hat in Rio de Janeiro mit Straßenkindern gearbeitet, in Berlin und Kairo Politik studiert, in Moskau Unmengen Wodka getrunken und in München ein Regiestudium in den Sand gesetzt. Sie hat beim Film Bierbänke getragen, auf den Probebühnen des Thalia Theaters in Hamburg und des Staatsschauspiels Hannover Kaffee gekocht, bis sie 2009 als feste Regieassistentin am Deutschen Theater Berlin landete. 2015 erfüllte sie sich ihren Eigentlich-wollte-ich-schon-immer-Traum und wurde Schriftstellerin. Zack. *Weltverbessern für Anfänger* ist ihr erstes Jugendbuch.

Johannes Herwig

Bis die Sterne zittern

256 Seiten, gebunden
ISBN 978-3-8369-5955-1

Leipzig, 1936. Die Sommerferien haben eben erst begonnen, als Harro von Hitlerjungs in die Mangel genommen wird. Unverhofft bekommt er Hilfe von Gleichgesinnten, die wie er mit der Nazi-Ideologie nichts zu tun haben wollen. In dem Jahr, das folgt, ändert sich für Harro alles.
Die Leipziger Meuten, oppositionelle Jugendcliquen ähnlich den Edelweißpiraten, haben Johannes Herwig inspiriert: Eine mitreißende Geschichte über jugendliche Rebellen, die sich nicht sagen ließen, wie sie zu leben haben.

Johannes Herwig beschreibt authentisch und berührend Harros Bemühen, seinen Weg zu finden. Das Buch dreht die Zeit zurück und man findet sich in Harros Geschichte wieder – mit all seinen Problemen und Ängsten ... Bis die Sterne zittern regt zum Nachdenken an: Was bin ich bereit zu tun für eine freie, offene Gesellschaft? Würde ich Widerstand leisten, wenn sie bedroht wäre?
Nominierung Deutscher Jugendliteraturpreis, Jugendjury

Paul-Maar-Preis für junge Talente,
Deutsche Akademie für Kinder- und Jugendliteratur
Leselotse, Börsenblatt

www.gerstenberg-verlag.de

Dirk Reinhardt

Train Kids

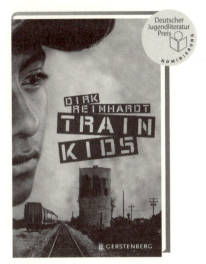

320 Seiten, gebunden
ISBN 978-3-8369-5800-4

Zu fünft brechen sie auf: Miguel, Fernando, Emilio, Jaz und Ángel. Die Jugendlichen haben ein gemeinsames Ziel: über die Grenze in die USA zu gelangen. Wenn sie zusammenhalten, haben sie vielleicht eine Chance. Vor ihnen liegen mehr als zweieinhalbtausend Kilometer durch ganz Mexiko, die sie als blinde Passagiere auf Güterzügen zurücklegen. Doch auf den Zügen herrschen eigene Gesetze und unterwegs lauern zahlreiche Gefahren.

»Train Kids« ist ein packendes Stück Flüchtlingsliteratur, authentisch und ergreifend. Nicht nur für Jugendliche.

Amnesty Journal

Buch des Monats, Deutsche Akademie für Kinder- und Jugendliteratur e. V.
Die besten 7 Bücher für junge Leser, Deutschlandfunk
White Raven, Internationale Jugendbibliothek
Friedrich-Gerstäcker-Preis für Jugendliteratur, Stadt Braunschweig
Katholischer Kinder- und Jugendbuchpreis, Empfehlungsliste

www.gerstenberg-verlag.de

Dirk Reinhardt

Über die Berge und über das Meer

320 Seiten, gebunden
ISBN 978-3-8369-5676-5

Jedes Jahr im Frühling kommen die Nomaden auf dem Weg zu ihrem Sommerlager in den afghanischen Bergen in Sorayas Dorf vorbei. Mit ihnen kommt Tarek, der so wunderbare Geschichten zu erzählen weiß. Doch dieses Jahr wartet Soraya vergeblich auf ihn. Als siebte Tochter ist sie einem alten Brauch zufolge als Junge aufgewachsen. Inzwischen hat sie das Alter erreicht, wo sie wieder als Mädchen leben sollte, in der Stille des Hauses. Die Taliban drängen unmissverständlich darauf. Auch Tarek haben sie bedroht. Tarek und Soraya sehen keinen anderen Ausweg: Unabhängig voneinander machen sie sich auf in die Fremde.

Die Luchs-Jury empfiehlt: Eine Geschichte, die stellvertretend für viele Schicksale steht. DIE ZEIT

Buch des Monats Akademie für
  Kinder- und Jugendliteratur

www.gerstenberg-verlag.de

Dieses Buch entstand mit Unterstützung der Franz-Edelmaier-Residenz für Literatur und Menschenrechte und mit Unterstützung des Goethe-Instituts Tschechien, des Tschechischen Literaturzentrums der Mährischen Landesbibliothek und des Literaturhauses des Klosters Broumov.

1. Auflage 2020
Copyright © 2020 Gerstenberg Verlag, Hildesheim
Alle Rechte vorbehalten
Umschlag von Marion Blomeyer, LaVoila
Druck und Bindung: GGP Media GmbH, Pößneck
Printed in Germany
www.gerstenberg-verlag.de
ISBN 978-3-8369-6024-3